新能源汽车专业系列教材

新能源汽车电力电子技术

主　编　张建才
副主编　张君智　张建国　焦永红
参　编　张　博　杨强强　王岩松　魏　理
主　审　杨志平

机械工业出版社

本书结合新能源汽车技术发展现状和趋势，为满足新能源汽车专业教学需要编写。根据高职教育的基本要求和培养目标，本书以为后续专业课程教学打基础为编写目的，基础知识以够用为度，注重理论联系实际，突出高职院校的教育特色，以满足新能源汽车检测与维修实践需求。同时，考虑到部分院校没有开设新能源汽车电力电子技术必修课，本书涵盖了传统电工电子技术课程的必修内容，院校可根据情况，将本书选为电工电子技术课程教学用书以补充新能源汽车电力电子技术知识和技能。

本书共11章，主要内容包括直流电路、交流电路、电磁学基础及应用、车用驱动电机、新能源汽车安全用电及高压防护、车用电路中常用元器件、直流稳压电源、新能源汽车电子电路转换、数字电路、新能源汽车技术应用基础和新能源汽车电路检测维修基础。

本书适合高职院校汽车类专业新能源汽车电力电子技术课程、电工电子技术课程教学使用，也适合汽车维修技术人员参考学习。

图书在版编目（CIP）数据

新能源汽车电力电子技术/张建才主编. —北京：机械工业出版社，2024.2（2025.7重印）
新能源汽车专业系列教材
ISBN 978-7-111-75036-9

Ⅰ.①新… Ⅱ.①张… Ⅲ.①新能源-汽车-电力电子技术-教材 Ⅳ.①U469.7

中国国家版本馆 CIP 数据核字（2024）第 076061 号

机械工业出版社（北京市百万庄大街22号　邮政编码100037）
策划编辑：母云红　　　　　责任编辑：母云红　周海越
责任校对：王小童　牟丽英　封面设计：马精明
责任印制：张　博
北京机工印刷厂有限公司印刷
2025年7月第1版第4次印刷
184mm×260mm · 13.5 印张 · 332 千字
标准书号：ISBN 978-7-111-75036-9
定价：49.90 元

电话服务　　　　　　　　　网络服务
客服电话：010-88361066　　机　工　官　网：www.cmpbook.com
　　　　　010-88379833　　机　工　官　博：weibo.com/cmp1952
　　　　　010-68326294　　金　书　网：www.golden-book.com
封底无防伪标均为盗版　机工教育服务网：www.cmpedu.com

前 言

伴随我国汽车产销量快速增长，作为能源消费大国，我国的石油资源变得十分短缺，能源形势更为严峻。因此，在我国研究发展新能源汽车是一项意义重大的长远战略。

2021年10月26日，国务院发布《2030年前碳达峰行动方案》，明确提出大力推广新能源汽车，逐步降低传统燃油汽车在新车产销量和汽车保有量中的占比。据中国汽车工业协会发布的数据，2024年我国新能源汽车产销分别完成1288.8万辆和1286.6万辆，连续10年位居全球第一，同比分别增长34.4%和35.5%。新能源汽车新车销量达到汽车新车总销量的40.9%，较2023年提高9.3个百分点。新能源汽车发展已是大势所趋。

关于我国新能源汽车发展与专业化人才培养的要求，国务院在《节能与新能源汽车产业发展规划（2012—2020年）》中明确指出，以纯电驱动为新能源汽车发展和汽车工业转型的主要战略取向，当前重点推进纯电动汽车和插电式混合动力汽车产业化，普及电动汽车、节能内燃机汽车，提升我国汽车产业整体技术水平。

"十三五"规划明确了国家发展新能源汽车的技术路线，指出职业院校汽车专业发展的新方向。新能源汽车产业正呈现出蓬勃的生机，而新能源汽车检测维修行业从业人员明显存在数量不足等问题。作为培养高技能人才的高等职业院校应顺应企业和市场的需求，尽快培养新能源汽车检测与维修技术人才。

本书为了满足新能源汽车专业教学需要，并结合现代汽车技术发展的新动向、新态势而编写。根据高职教育的基本要求和培养目标，本书以为新能源汽车专业后续专业课教学打基础为编写目的，基础知识以够用为度，注重理论联系实际，突出高职院校的教育特色，以满足新能源汽车检测与维修实践需求。同时，考虑到部分院校没有开设新能源汽车电力电子技术必修课，本书涵盖了传统电工电子技术课程的必修内容，院校可根据情况，将本书选为电工电子技术课程教学用书以补充新能源汽车电力电子技术知识和技能。

本书共11章，主要内容包括直流电路、交流电路、电磁学基础及应用、车用驱动电机、新能源汽车安全用电及高压防护、车用电路中常用元器件、直流稳压电源、新能源汽车电子电路转换、数字电路、新能源汽车技术应用基础和新能源汽车电路检测维修基础。

本书在组织编写过程中，认真总结了全国交通职业院校多年来的专业教学实践经验，注意吸收发达国家先进的职教理念和方法，形成了本书的编写特色。在内容编写及章节安排上秉持高职汽车类专业"理论知识够用和实用"的教学改革方向，突出新知识、新技术，注重培养学生的创新意识和实践能力。本书内容叙述简明扼要，语言简洁，图文并茂，淡化理论性、强化技术性、注重应用性为其基本特色。

本书作为新能源汽车专业的一门专业基础课，其内容完全满足其他汽车类专业的教学需要。

在本书编写过程中甘肃畜牧工程职业技术学院农机与汽车学院（原车辆工程系）往届优秀毕业生，多年来从事汽车检测、维修的业务技术骨干张博、杨强强、王岩松、魏理等校友为本书的编写提供了许多非常宝贵的建议和意见。在此，对他们为本书的编写所做出的重要贡献表示衷心感谢！

本书由甘肃畜牧工程职业技术学院农机与汽车学院张建才副教授任主编，张君智、张建国、焦永红任副主编，甘肃畜牧工程职业技术学院农机与汽车学院院长杨志平教授任主审。具体任务分工如下：张君智、张建国编写第1、第2、第3和第9章；焦永红、张建国编写第4、第5、第7和第11章；张建才编写第6、第8和第10章，并完成了全书的统稿、修订工作。

由于编者水平有限，书中难免有疏漏和错误之处，恳请读者和同行不吝指正。

张建才

目 录

前言
第1章　直流电路 ... 1
1.1　电路的基本概念 ... 1
1.2　电路的基本物理量 ... 2
1.3　电路的基本定律 ... 6
1.4　电路的工作状态 ... 8
1.5　电路的基本分析方法 ... 10
小结 ... 12
课后练习 ... 12

第2章　交流电路 ... 14
2.1　正弦交流电的基本知识 ... 14
2.2　正弦量的相量表示法 ... 17
2.3　单相交流电路 ... 18
2.4　RLC 串联电路 ... 22
2.5　三相正弦交流电路 ... 23
小结 ... 27
课后练习 ... 27

第3章　电磁学基础及应用 ... 29
3.1　磁场的基础知识 ... 29
3.2　铁心线圈磁路 ... 34
3.3　汽车中常用的电磁器件 ... 36
小结 ... 42
课后练习 ... 42

第4章　车用驱动电机 ... 44
4.1　直流电机 ... 44
4.2　三相异步电机 ... 49
4.3　永磁同步电机 ... 54
4.4　开关磁阻电机 ... 56
小结 ... 58
课后练习 ... 58

第5章　新能源汽车安全用电及高压防护 ... 60
5.1　人体触电及其防护 ... 60
5.2　新能源汽车高压安全与防护 ... 64
小结 ... 73
课后练习 ... 73

第6章　车用电路中常用元器件 ... 75
6.1　基本元件 ... 75
6.2　半导体器件 ... 80
小结 ... 100
课后练习 ... 100

第7章　直流稳压电源 ... 103
7.1　概述 ... 103
7.2　二极管整流电路 ... 104
7.3　晶闸管整流电路 ... 107
7.4　车用发电机整流电路 ... 109
7.5　滤波电路 ... 110
7.6　稳压电路 ... 112
小结 ... 115
课后练习 ... 116

第8章　新能源汽车电子电路转换 ... 118
8.1　DC/AC 逆变电路 ... 118
8.2　AC/DC 变换电路 ... 122
8.3　AC/AC 变换电路 ... 125
8.4　PWM 控制电路 ... 130
小结 ... 137
课后练习 ... 138

第9章　数字电路 ... 140
9.1　数字电路的基本概念 ... 140
9.2　逻辑门电路 ... 142
9.3　组合逻辑电路 ... 145
9.4　时序逻辑电路 ... 150
9.5　555 定时器 ... 157
9.6　模拟信号与数字信号的转换 ... 158
9.7　数字电路在汽车电路中的应用举例 ... 161
小结 ... 163
课后练习 ... 163

第10章　新能源汽车技术应用基础 …… 166
10.1　动力蓄电池及其管理、充电技术 …… 166
10.2　电机及其驱动控制技术 ………… 179
10.3　整车控制技术 …………………… 186
小结 …………………………………… 187
课后练习 ……………………………… 188

第11章　新能源汽车电路检测维修基础 ………………………… 190

11.1　新能源汽车电路常用测量仪器仪表 ………………………… 190
11.2　新能源汽车电路常用维修工具 …… 196
11.3　新能源汽车电路常见元器件的检测 ………………………… 200
小结 …………………………………… 205
课后练习 ……………………………… 206

参考文献 …………………………………… 209

第1章 直流电路

学习目标

- 理解电路的组成和作用，了解电路模型的概念。
- 理解电路中基本物理量的含义。
- 掌握电路的基本定律，会应用电路的基本定律分析、计算电路。
- 理解电路的3种工作状态，并会分析、解决电路故障。
- 会利用电阻串并联法和支路电流法分析、计算较为复杂的电路。

1.1 电路的基本概念

1.1.1 电路的组成

电路，简单地说就是电流流通的路径。它是由若干电气设备或元件按照一定方式用导线连接而成的，通常由电源、负载和中间环节3个部分组成。

电源是将其他形式的能量转换为电能的装置，如发电机、干电池、蓄电池等将各种非电能（如热能、化学能、机械能、水能、原子能等）转换成电能。

负载是消耗电能的设备，它将电能转换成非电形态的能量并消耗掉，如电动机、照明灯、电炉等。它们可将电能转换成机械能、光能和热能。

中间环节包括变压器、连接导线、控制开关和保护装置等，主要起控制、保护和测量等作用。

汽车电源系统电路图如图 1-1 所示，其中发电机和蓄电池是电源，用电设备和起动机是负载，起动按钮、开关 S、调节器、电流表 A、连接导线都是中间环节。电路理论中，通常用电路原理图来表示实际电路。在电路原理图中，各种电气元件都不需要画出原有的形状，而是采用统一规定的图形符号来表示，所以

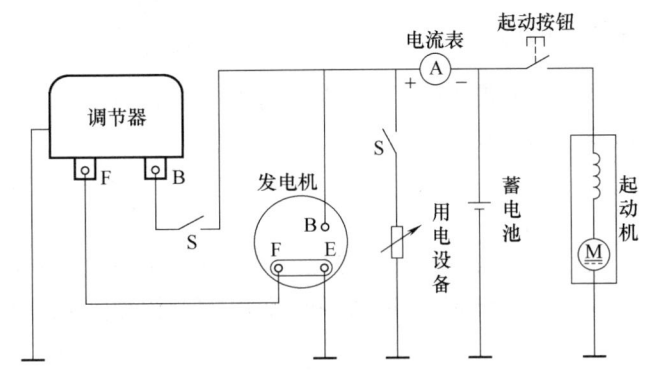

图 1-1 汽车电源系统电路原理图

图 1-1 就是汽车电源系统电路原理图。

1.1.2 电路模型

生活中接触到的实际电路是由实际电路元件组成的。每一个实际电路元件中都包含多种复杂的电磁关系,给分析和计算带来了一定的困难。为了便于对电路进行分析计算,将电路中实际元件理想化(或称模型化),即在一定条件下突出其主要的电磁性质,忽略其次要因素,把它们近似看作理想电路元件。用国家规定的标准电气元件符号所组成的电路图称为电路模型,简称电路。电路模型是电路分析研究的对象。

图 1-1 中用电设备和起动机相当于电阻元件,其参数为电阻 R;蓄电池和发电机是电源,其参数为电动势 E 和内电阻 R_0;中间环节(起动按钮、开关 S、调节器、电流表 A、连接导线),其电阻都可以忽略不计,认为是无电阻的理想导体。

常见的理想电路元件符号如图 1-2 所示。

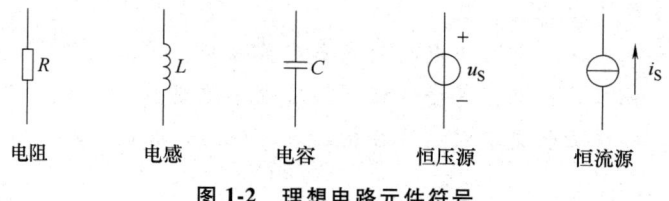

图 1-2 理想电路元件符号

1.1.3 电路的作用

电路种类繁多,从基本功能上分为以下两类:

一类是电力电路,其主要作用是电能的传输和转换,如把发电厂发电机组产生的电能,通过变压器、输电线路送到工厂和千家万户的电力系统。

另一类是信号电路,其主要作用是传递和处理电信号,如各种物理量的测量电路、放大电路、声音、图像或文字处理电路等。

1.2 电路的基本物理量

1.2.1 电流

电流是由带电粒子有规则的定向运动形成的,其大小等于单位时间 t 内通过导体横截面的电荷量 Q,即

$$I = \frac{Q}{t} \tag{1-1}$$

大小和方向不随时间变化的电流称直流电流(Direct Current,DC),用大写字母 I 表示;大小和方向都随时间变化的电流称为交流电流(Alternating Current,AC),用小写字母 i 表示。

在国际单位制中,电流的单位是安培(简称安),用大写字母 A 表示。常用单位还有毫

安（mA）、微安（μA），它们之间的换算关系为
$$1\text{A} = 10^3 \text{mA} = 10^6 \mu\text{A}$$

电流不但有大小而且有方向。习惯上规定正电荷运动的方向为电流的实际方向。在复杂电路的分析中，一段电路电流的实际方向很难预先判断出来的，在电路中就无法标明电流的实际方向。为了便于分析和计算电路，人为地引入电流参考方向的概念。所谓参考方向就是任意选定一个方向作为电流的方向，这个方向就称为电流的参考方向，有时又称为电流的正方向。电流的参考方向一般用实线箭头表示。

图1-3所示为某电路的一部分，其中长方框表示一个二端元件，流过这个元件的电流为i，其实际方向可能是从A到B，也可能是从B到A。在该图中用实线箭头表示电流参考方向，它不一定与电流的实际方向一致。如果电流i的实际方向是由A到B，如图1-3a中虚线箭头所示，与参考方向一致，则电流为正值，即$i>0$；在图1-3b中，电流的参考方向由B到A，电流的实际方向是由A到B，两者不一致，故电流为负值，即$i<0$。这样，在指定的电流参考方向的情况下，电流值的正和负就可以反映出电流的实际方向。

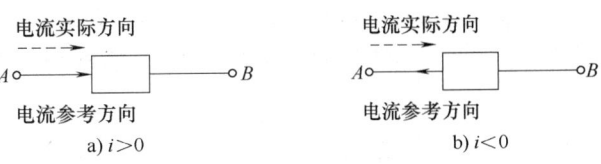

图1-3 电流的参考方向与实际方向的关系

今后在分析与计算电路时，要在电路图中标出电流的参考方向。这样，最后计算出来的电流正负值才有意义。

1.2.2 电压与电动势

电荷在电路中运动，必然受到电场力的作用，也就是说，电场力对电荷做了功。为了衡量其做功的能力，引入"电压"这一物理量，并定义：电路中a、b两点间的电压，在数值上等于电场力把单位正电荷q从电路中a点移动到b点所做的功W_{ab}，用U_{ab}表示，即

$$U_{ab} = \frac{\mathrm{d}W_{ab}}{\mathrm{d}q} \tag{1-2}$$

电压的实际方向规定为由高电位端指向低电位端，即指向电位降低的方向。

与电流一样，在较为复杂的电路中，通常无法事先确定电压的实际方向（或者极性）。因此，电路图上标出的是电压的参考方向。若电压的参考方向与实际方向一致，则其值为正，反之为负。这样，在指定电压参考方向的情况下，电压值的正和负就可以反映出电压的实际方向，如图1-4所示。

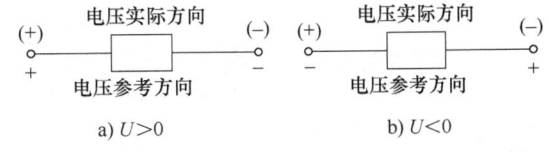

图1-4 电压的参考方向与实际方向的关系

电动势是用来表示电源力移动单位正电荷做功本领的物理量，在图1-5中，电源的电动势E_{ba}，在数值上等于电源力把正电荷q从负极b（低电位）经由电源内部移到电源的正极a（高电位）所做的功W_{ba}，即

$$E_{ba} = \frac{W_{ba}}{q} \tag{1-3}$$

由式（1-2）和式（1-3）可知

$$U_{ab} = -E_{ba} \tag{1-4}$$

电压也称为两点间的电位差，即

$$U_{ab} = V_a - V_b \tag{1-5}$$

在国际单位制中，电压和电动势的单位都是伏特（焦耳/库仑），简称伏，用大写字母 V 表示，还有千伏（kV）、毫伏（mV）和微伏（μV），它们之间的换算关系为

$$1\text{kV} = 10^3 \text{V} = 10^6 \text{mV} = 10^9 \mu\text{V}$$

电源电动势的实际方向规定为在电源内部由低电位端指向高电位端，即电位升高的方向。对于同一个元件或同一段电路上的电压和电流的参考方向的假定，原则上是任意的，但为了方便起见，习惯上常将电压和电流的参考方向设定为一致，称为关联参考方向，如图 1-6 所示。

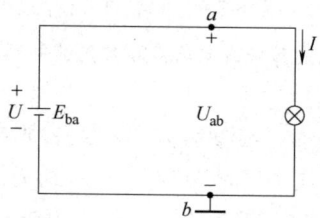

图 1-5 电动势 E、电压 U 和电流 I 的关系

图 1-6 u 与 i 参考方向相关联系

1.2.3 电位

为了分析电路方便，通常假定电路中某一点的电位为零，把这一点称为参考点。定义：电场力把单位正电荷从电路中某点移到参考点所做的功称为该点的电位，用大写字母 V 表示。电路中某点的电位即为该点与参考点之间的电压。

为了确定电路中各点的电位，必须在电路中选取一个参考点。分析如下：

1）参考点的电位为零。在图 1-7a 中，$V_O = 0$。

2）其他各点的电位为该点与参考点之间的电位差。图 1-7a 中 A、B 两点的电位分别为

$$V_A = V_A - V_O = U_{AO} = 1\text{V}$$
$$V_B = V_B - V_O = U_{BO} = -2\text{V}$$

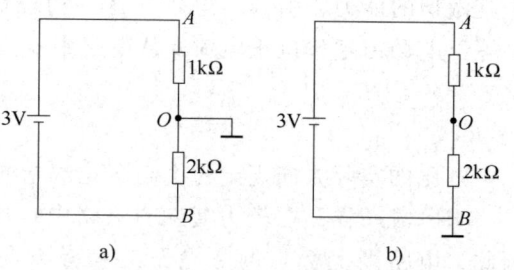

图 1-7 电位的计算示例

3）参考点选取不同，电路中各点的电位也不同，但任意两点间的电位差（电压）不变。如选取 B 点为参考点，如图 1-7b 所示，则 $V_B = 0$。

$$V_A = V_A - V_B = U_{AB} = 3\text{V}$$

但 A、B 两点间的电压不变，仍然为 $U_{AB} = 3\text{V}$。

由以上分析可知：电压是绝对的，电位是相对的。

4）在研究同一电路系统时，只能选取一个电位参考点。电位概念的引入给电路分析带来了方便，因此在电子线路中通常不再画出电源，而改用电位标出。图 1-8 所示为电路的一般画法与电子线路的习惯画法。

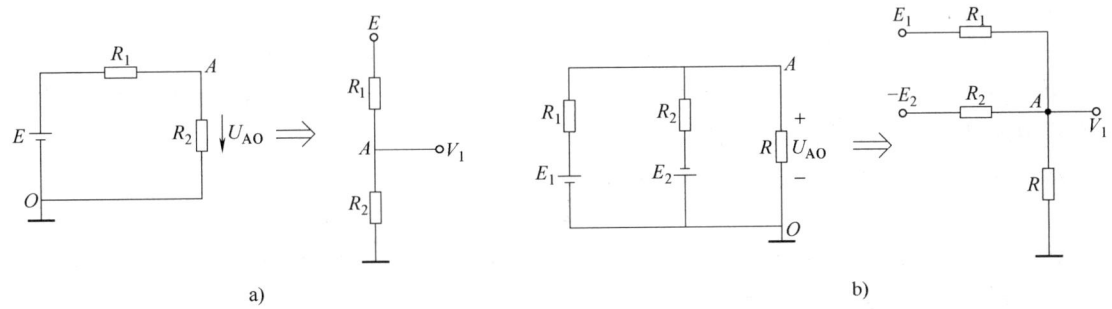

图 1-8 电路的一般画法与电子线路的习惯画法

1.2.4 电能和电功率

在图 1-9 所示的直流电路中，a、b 两点间的电压为 U，在 t 时间内电荷 Q 受电场力作用，从 a 点移动到 b 点，电场力所做的功为

$$W = UQ = UIt \tag{1-6}$$

若负载为电阻元件，则在 t 时间内所消耗的电能为

$$W = UIt = I^2Rt = \frac{U^2}{R}t \tag{1-7}$$

在国际单位制中，电能的单位是焦耳，简称焦（J）。

单位时间内消耗的电能称为电功率（简称功率），即

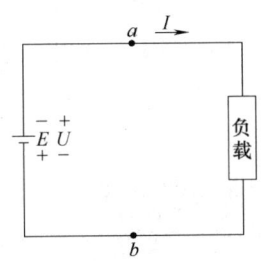

图 1-9 电路的功率

$$P = \frac{W}{t} = UI = I^2R = \frac{U^2}{R} \tag{1-8}$$

在国际单位制中，电功率的单位是瓦特，简称瓦（W）。

说明：某一段电路在 U 和 I 取关联参考方向时，功率 $P = UI$；在 U 和 I 取非关联参考方向时，功率 $P = -UI$。当 $P > 0$ 时，表明元件吸收功率；当 $P < 0$ 时，表明元件释放功率。

延展阅读：直流变电配电技术在国家工农业发展中将会发挥越来越重要的作用！

随着电力电子技术的发展和突破，直流电的升压问题从根本上得到了解决，它在节能环保方面的巨大优势得到了体现，并且节省线路材料和施工投资。直流电在国家工业和城市建设中将发挥越来越大的作用。另外，直流配电系统便于可再生能源和储能设备灵活、方便地投入；直流配电技术与储能相结合可提高供电可靠性和电能质量，为新能源汽车能量优化管理策略的实施提供了技术保障。

如图 1-10a 所示，u 和 i 取关联参考方向，功率 $p = ui$，若 $p > 0$，说明这段电路上电压和电流的实际方向是一致的，元件吸收了功率，是负载性质。

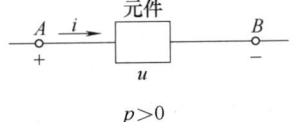

a) u 与 i 参考方向相关联 b) u 与 i 参考方向非相关联

图 1-10 元件的功率

如图 1-10b 所示，u 和 i 取非关联参考方向，功率 $p = -ui$，若 $p < 0$，则这段电路上电压和电流的实际方向不一致，元件发出

功率,是电源性质。

【例1-1】 电路如图1-10a所示,$u=12\text{V}$,$i=-2\text{A}$,计算元件的功率。

解:由电路可知,电流和电压为关联参考方向,$p=ui=12\times(-2)\text{W}=-24\text{W}<0$。所以,元件释放功率而不是吸收功率,相当于电源。

在时间 t 期间,元件(或电路)吸收的电能为

$$W = UIt$$

若 $W \geq 0$,则该元件为有源元件,否则为无源元件。在工程实际中,常用千瓦时(kW·h),俗称度,表示电能的单位。

$$1\text{度} = 1\text{kW·h} = 1000\text{W} \times 3600\text{s} = 3.6 \times 10^6 \text{J}$$

【例1-2】 汽车照明用12V蓄电池来供60W车灯,若蓄电池的额定值为100A·h(安时),求蓄电池储存的能量。

解:$I = P/U = 60\text{W}/12\text{V} = 5\text{A}$,$t = 100\text{A·h}/5\text{A} = 20\text{h}$

100A·h(安时)表明提供5A的电流,可使用20h,因此储存能量为

$$W = 60 \times 20 \times 60 \times 60 \text{J} = 4.32 \times 10^6 \text{J}$$

1.3 电路的基本定律

1.3.1 欧姆定律

欧姆定律是电路的基本定律之一,它指出流过电阻的电流与加在电阻两端的电压成正比,与电阻成反比。

在图1-11a的电路中,电压和电流的参考方向相关联,欧姆定律可表示为

$$U = IR \quad (1-9)$$

在图1-11b、c中,电压和电流的参考方向非关联,欧姆定律可表示为

$$U = -IR \quad (1-10)$$

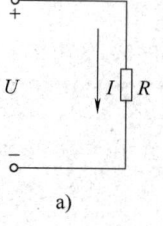
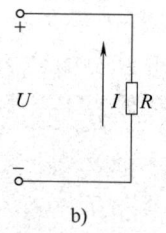
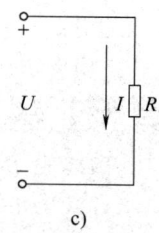

a)　　　　　　　b)　　　　　　　c)

图1-11 欧姆定律

当器件的电压 U 和电流 I 之间的关系满足欧姆定律时,称为线性器件;当器件的电压 U 和电流 I 之间的关系不满足欧姆定律时,称为非线性器件。

1.3.2 基尔霍夫定律

基尔霍夫定律是求解复杂电路的基本定律。在阐述基尔霍夫定律之前,先介绍几个有关的名词,如图1-12所示。

1. 电路中几个专用名词

(1)支路 电路中由一个元件或多个元件组成的一条路径,可以流过独立的电流,就称这条路径为一条支路。图1-12所示的电路中,有a-c-b(由 E_1 和 R_1 串联而成)、a-d-b

（由 E_2 和 R_2 串联而成）、a-b（由单个元件 R_3 构成）3 条支路。

（2）节点　电路中 3 条或 3 条以上支路的连接点称为节点。图 1-12 所示电路中，有 a、b 两个节点。

（3）回路　由若干条支路所组成的闭合路径称为回路。图 1-12 所示的电路中，有 a-d-b-c-a、a-b-d-a、a-b-c-a 3 条回路。

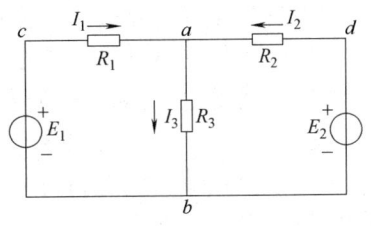

图 1-12　电路举例

2. 基尔霍夫第一定律——电流定律（KCL）

基尔霍夫电流定律（KCL）指出：在任一时刻，通过电路中任一节点的各支路电流的代数和等于零。其数学表达式为

$$\sum I = 0 \tag{1-11}$$

式（1-11）中各支路电流的正负号规定如下：

1）首先选定各支路电流的参考方向。

2）流进节点电流为正，流出节点电流为负。

在图 1-12 中，对节点 a 有 $I_1+I_2-I_3=0$，经变形得 $I_1+I_2=I_3$。

可见，基尔霍夫电流定律也可以表述为：在任一时刻，流入电路中任一节点的各支路电流的代数和等于流出该节点的各支路电流的代数和，即

$$\sum I_i = \sum I_o \tag{1-12}$$

基尔霍夫电流定律不仅适用于某一具体节点，而且可以推广应用到包围几个节点的闭合面上。在图 1-13 中，我们设想有一个闭合面把节点 A、B、C 包围起来，如虚线所示，则流过该闭合面的总电流为零。由 KCL 可知

$$\begin{cases} I_A = I_{AB} - I_{CA} \\ I_B = I_{BC} - I_{AB} \\ I_C = I_{CA} - I_{BC} \end{cases}$$

以上三式相加得

$$I_A + I_B + I_C = 0$$

可见，图 1-13 中虚线包围的闭合面相当于一个节点，即在任一瞬时，流过任一闭合面的电流的代数和恒等于零。由于闭合面具有与节点相同的性质，因此称为广义节点。

基尔霍夫电流定律充分体现了电路中电流的连续性和电荷的守恒性。

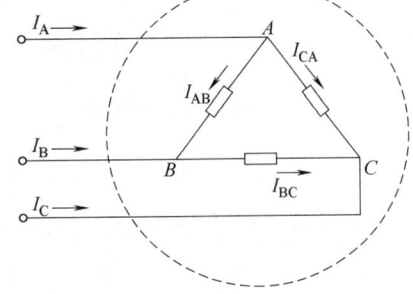

图 1-13　广义节点

3. 基尔霍夫第二定律——电压定律（KVL）

基尔霍夫电压定律（KVL）指出：在任一时刻，电路中的任一闭合回路，沿任意方向绕行一周，电压的代数和等于零，即

$$\sum U = 0 \tag{1-13}$$

式（1-13）中各支路电压正负号确定如下：

1）首先任意规定回路的绕行方向。
2）标明各支路电压的参考方向。
3）凡支路电压参考方向与回路绕行方向一致者，此电压前面取"+"号，反之取"-"号。

在图 1-14 所示的闭合回路中，以 ABCD 绕行方向为回路的绕行方向，应用基尔霍夫电压定律有

$$U_{AB}+U_{BC}+U_{CD}+U_{DA}=0$$

其中 $U_{AB}=I_1R_1, U_{BC}=I_2R_2, U_{CD}=I_3R_3+E_3, U_{DA}=-I_4R_4-E_4$

所以 $U_{AB}+U_{BC}+U_{CD}+U_{DA}=I_1R_1+I_2R_2+I_3R_3+E_3-I_4R_4-E_4=0$

若将电阻电压写在等式的一边，电源电动势写在等式的另一边，则有

$$I_1R_1+I_2R_2+I_3R_3-I_4R_4=-E_3+E_4$$

即

$$\sum IR = \sum E \tag{1-14}$$

这是基尔霍夫电压定律的另一种表达式。

按式（1-14）列基尔霍夫电压定律方程时，应遵循以下 3 点规定：
1）在图中标明各支路电流的参考方向，并规定回路绕行方向。
2）当支路电流的参考方向与回路绕行方向一致时，该电阻电压取"+"号，反之取"-"号。
3）当电动势的方向与回路绕行方向一致时，电动势取"+"号，反之取"-"号。

基尔霍夫电压定律不仅适用于实际的闭合回路，而且适用于假想的闭合回路。例如，计算图 1-15 中的电压 U，可列出下列方程：

$$E-RI-U=0$$
$$U=E-RI$$

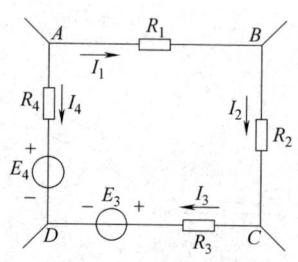

图 1-14 电路举例

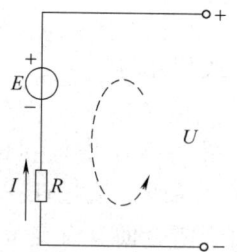

图 1-15 广义回路

1.4 电路的工作状态

1.4.1 通路状态

在图 1-16 中，当开关 S 闭合后，电源和负载接通形成闭合回路，称为电源的有载工作状态，又称通路态。电路在这种状态下，电源输出的电流即为流经负载的电流，因此电路具

有下列特征：

1）电路中的电流（负载电流）为

$$I = \frac{E}{R_0 + R_L} \quad (1\text{-}15)$$

2）电源端电压 U 等于负载电阻两端的电压，由式（1-15）可得

$$U = IR_L = E - IR_0 \quad (1\text{-}16)$$

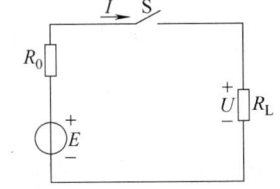

图 1-16 电源的有载工作状态

3）电源的输出功率为

$$P = UI = EI - I^2 R_0 \quad (1\text{-}17)$$

应当指出：在实际电路中，为了保证电气设备安全可靠地工作，每一个电路元件在工作中都有一定的使用限额，这种限额称为额定值。电气设备的额定值一般列入产品说明书或直接标明在电气设备的铭牌上。例如，某电机铭牌上标明"5kW、380V、166A"等，这些功率、电压、电流值均指额定值，表明该电机接在额定电压为380V的电源上，带有额定负载时输出 5kW 的额定功率，允许通过的安全电流值为 166A。当所加电压或电流超过额定电压或额定电流时，电气设备可能会损坏。当在低于额定值的状态下工作时，电气设备可能不能正常工作。额定值用带下标 N 的大写字母表示。额定电压、额定电流和额定功率分别用 U_N、I_N、P_N 表示。

1.4.2 开路状态

将图 1-16 中的开关 S 断开，电路即处于开路状态。开路也称为断路，有时也称为空载状态。电路空载时，外电路呈现的电阻为无穷大（相当于 $R_L \to \infty$），这时电路具有下列特征：

1）由欧姆定律可知 $I = U/R = U/\infty \to 0$，所以电路中电流 $I = 0$。

2）电源外特性可知 $U = E - IR = E - 0 = E$，所以电源的端电压恒等于电源电动势，即 $U = U_o = E$，U_o 称为开路电压或空载电压，即开路处的电压等于电源电动势。通常应用这个特性检测电路故障。

3）电源产生的功率 P_E 和负载消耗的功率 P_L 均为零（因为 $I = 0$）。

1.4.3 短路状态

电源的两个输出端由于某种原因而短接时称为短路，如图 1-17 所示。电源发生短路时，主要特征如下：

1）由于无阻导线的存在使得 $U_L = 0$，所以电源对外输出的端电压 $U = 0$。

2）电源内通过的电流 $I = I_S = E/R_0$，称为短路电流。

3）流过负载中的电流 $I = U/R = 0/R = 0$。

4）电源产生的电功率全部被内阻吸收，即

$$P_E = P_r = I_S E = I_S^2 R_0 \quad (1\text{-}18)$$

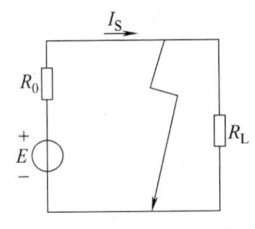

图 1-17 电源的短路状态

5）电源对外无能量输出，即

$$P = UI = 0$$

由上可知，电源被短路时电流 I_S 很大，电源产生的功率 P_E 全部消耗在内阻上，造成电源因过热而损坏。此时负载上没有电流流过，负载的功率为 0（因为 $U=0$）。

短路是一种严重的事故，应尽量避免，所以要对电源进行可靠的保护。通常的保护措施是在电路中接入熔断器（俗称熔丝、保险丝）或者自动断路器，以便在发生短路时迅速将故障电路与电源断开，从而保护电源的安全。

【例 1-3】 有一只额定电压 $U_N=220V$，额定功率 $P_N=60W$ 的灯泡，接在 220V 的电源上，试求流过电灯的电流和灯泡的内阻。如果每晚用 3h，那么一个月（按 30 天计）消耗多少电能？

解：因为

$$I_N = \frac{P_N}{U_N} = \frac{60}{220}A \approx 0.273A$$

所以

$$R = \frac{U_N}{I_N} = \frac{220}{0.273}\Omega \approx 806\Omega$$

一个月用电量为

$$W = P_N = 60 \times 10^{-3} \times 3 \times 30 = 5.4 kW \cdot h$$

1.5 电路的基本分析方法

分析与计算电路要应用欧姆定律和基尔霍夫定律，但根据实际需要，电路的结构形式很多，通常由于电路复杂，计算过程极为烦琐。因此，要根据电路的结构特点寻找分析与计算的简便方法。下面介绍 2 种适用于直流电路的基本分析方法。

1.5.1 电阻串并联电路

1. 电阻的串联

将 n 个电阻元件 R_1、R_2、R_3、…、R_n 依次连接起来，中间没有分支，这种连接方式称为电阻的串联。图 1-18a 所示为 3 个电阻的串联电路。

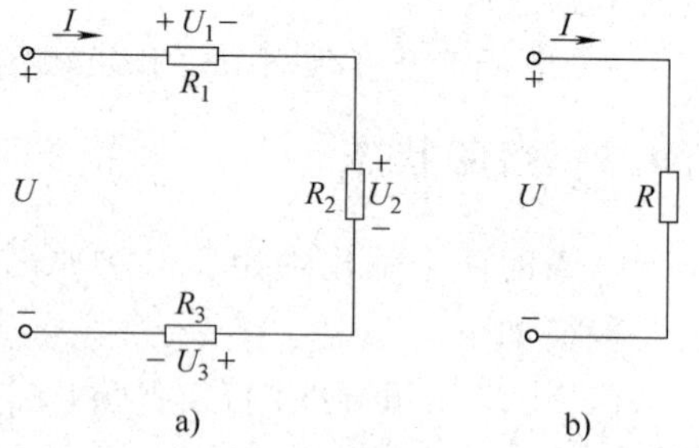

2. 电阻串联电路的特点

1）流过每个电阻的电流相等。

2）电路的总电压等于各电阻两端的分电压之和，即

$$U = U_1 + U_2 + U_3 \tag{1-19}$$

图 1-18 电阻的串联

3）电路的总电阻（等效电阻）等于各串联电阻之和，即

$$R = R_1 + R_2 + R_3 \tag{1-20}$$

R 称为串联电阻的等效电阻。图 1-18b 为图 1-18a 的等效电路。

4）电路中每个电阻上的电压与其电阻值成正比，即

$$U_1 : U_2 : U_3 = R_1 : R_2 : R_3 \tag{1-21}$$

5）电阻消耗的功率与电阻成正比，即

$$P_1 : P_2 : P_3 = R_1 : R_2 : R_3 \tag{1-22}$$

6）电路的总功率等于各电阻消耗的功率之和，即

$$P = P_1 + P_2 + P_3 \tag{1-23}$$

3. 电阻的并联

将 n 个电阻元件 R_1、R_2、R_3、$\cdots$、R_n 首末端分别连接起来，这种连接方式称为电阻并联。图 1-19a 所示为 3 个电阻的并联电路。

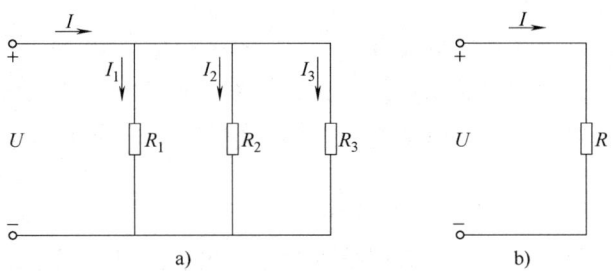

图 1-19　电阻的并联

4. 电阻并联电路的特点

1）各电阻两端的电压相等。

2）电路的总电流等于流过每个电阻的分电流之和，即

$$I = I_1 + I_2 + I_3 \tag{1-24}$$

3）电阻并联时总电阻的倒数等于各并联电阻的倒数之和，即

$$\frac{1}{R} = \frac{1}{R_1} + \frac{1}{R_2} + \frac{1}{R_3} \tag{1-25}$$

R 称为并联电阻的等效电阻。图 1-19b 为图 1-19a 的等效电路。

4）流过每个电阻的电流与其电阻值成反比，与电阻的倒数成正比，即

$$I_1 : I_2 : I_3 = \frac{1}{R_1} : \frac{1}{R_2} : \frac{1}{R_3} \tag{1-26}$$

5）电阻消耗的功率与电阻成反比，与电阻的倒数成正比，即

$$P_1 : P_2 : P_3 = \frac{1}{R_1} : \frac{1}{R_2} : \frac{1}{R_3} \tag{1-27}$$

1.5.2　支路电流法

支路电流法是以支路电流为未知量，应用基尔霍夫电流定律（KCL）和基尔霍夫电压定律（KVL），列出与未知量数目相等的独立方程，然后解出未知的支路电流。

支路电流法的解题步骤为：

1）确定各支路电流的参考方向。

2）如果电路中有 n 个节点，根据基尔霍夫电流定律列出 $n-1$ 个独立节电流方程。

3）选取回路并选定回路的绕行方向，根据基尔霍夫电压定律列出回路电压方程，补齐所需方程数。

4）联立方程组，计算出各支路电流。

图 1-20 电路中有 3 条支路，但仅有一个独立节点和两个平面回路。所以只需列出一个电流方程式和两个电压方程式。

对节点 a，有　　　$I_1+I_2-I_3=0$　　　①

左边回路的电压方程为

$$E_1=I_1R_1+I_3R_3 \quad ②$$

右边回路的电压方程为

$$E_2=I_2R_2+I_3R_3 \quad ③$$

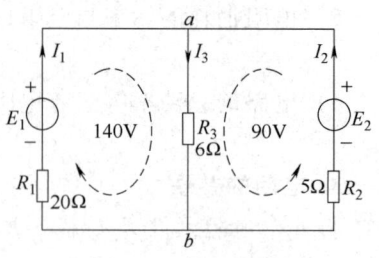

图 1-20　支路电流

联立①、②、③可求出各支路电流分别为：$I_1=4A$，$I_2=6A$，$I_3=10A$。

支路电流法是求解复杂电路最基本的方法，在需要求解电路中全部支路电流时，可采用此法。但如果只需要求出某一条支路电流时，用支路电流法计算就会比较烦琐。

小结

本章是在中学物理的基础上，从工程技术的角度出发，以直流电路为分析研究对象，着重讨论电路的基本概念、基本物理量、基本定律以及电路的基本分析计算方法。

电路是由若干电气设备或元件按照一定方式用导线连接而成的，通常由电源、负载和中间环节 3 个部分组成。电路从基本功能上分为两类：一类是电力电路，另一类是信号电路。电路的基本物理量有：电流、电压、电位、电功率、电能。电路的基本定律有：欧姆定律（电路的基本定律之一）、基尔霍夫定律（求解复杂电路的基本定律）。电路的 3 种工作状态为：通路状态、开路状态和短路状态。通常利用开路状态和短路状态的特性分析解决电路故障。电阻串并联法是分析简单电路常用的方法。支路电流法是以支路电流为未知量，应用基尔霍夫电流定律（KCL）和基尔霍夫电压定律（KVL）求未知支路电流的常用方法。

课后练习

一、填空题

1. 电路由_____、_____和_____三部分组成。

2. 中间环节的作用是把_____和_____连接起来，形成闭合回路，并对整个电路实行_____、_____和_____。

3. 电路从基本功能上分，可分两大类：一类是_____电路，另一类是_____电路。

4. 电源电动势的方向规定为从_____极指向_____极，它是_____力克服_____力移动电荷做功的结果。

5. 电压的方向规定为由_____端指向_____端，是_____力移动电荷做功，通过负载把电能转换成其他形式的能。

6. 为了防止因短路而引起事故，在实际电路中一般串联接入_____。电路一旦发生短路或_____，它将断开电源，达到保护的目的。

7. 将标有 10V、0.25W 和 10V、1W 的两个灯泡串联起来，接在 10V 的电源上工作，它们实际消耗的功率：10V、0.25W 灯泡 $P_1=$_____W，10V、1W 灯泡 $P_2=$_____W。

8. 一段粗细均匀的导线，其电阻值是 R，若将其从中间对折合成一根导线，则这个导线的电阻是_____。

二、选择题

1. 下列设备中,其中(　　)必是电源。
   A. 发电机　　　　B. 蓄电池　　　　C. 电视机　　　　D. 电炉

2. 下列设备中,不属于中间环节的是(　　)。
   A. 测量仪表　　　B. 开关　　　　　C. 熔断器　　　　D. 蓄电池

3. 一根粗细均匀的电阻丝,电阻值为25Ω,将其等分成五段,然后并联使用,则其等效电阻是(　　)。
   A. 1/25Ω　　　　B. 1/5Ω　　　　　C. 1Ω　　　　　　D. 5Ω

4. 10W、500Ω 的电阻 R_1 与 15W、500Ω 的电阻 R_2 相串联后的等效电阻值及等效电阻的额定功率分别为(　　)。
   A. 500Ω、10W　　B. 1kΩ、20W　　C. 1kΩ、25W　　D. 1kΩ、15W

5. 两个电阻 R_1 和 R_2 串联时,消耗的功率分别为 P_1 和 P_2。已知 $P_1/P_2 = 2$,则 R_1/R_2 与 U_1/U_2 的比值分别是(　　)。
   A. $R_1/R_2 = 2$,$U_1/U_2 = 2$　　　　B. $R_1/R_2 = 2$,$U_1/U_2 = 1/2$
   C. $R_1/R_2 = 1/2$,$U_1/U_2 = 2$　　　D. $R_1/R_2 = 1/2$,$U_1/U_2 = 1/2$

6. 若把电路中电位为3V的一点改选为参考点,则电路中各点电位比原来(　　)。
   A. 升高　　　　　B. 降低　　　　　C. 升高或降低　　D. 不变

7. 在下列规格的电灯泡中,电阻最大的是(　　)。
   A. 200W、220V　B. 100W、220V　C. 60W、220V　　D. 40W、220V

三、计算题

1. 有一可调电阻器,允许通过的最大电流为0.3A,电阻值为2kΩ,电阻器两端允许加的最大电压为多少?此时电阻器消耗的功率是多少?

2. 两只白炽灯泡,额定电压均为110V,甲灯泡的额定功率 $P_{N1} = 60W$,乙灯泡的额定功率 $P_{N2} = 100W$。如果把甲、乙两灯泡串联,接在220V的电源上,试计算每个灯泡的电压,并说明这种接法是否正确。

3. 设有电阻 $R_1 = 20Ω$,$R_2 = 30Ω$,串联后接于总电压为100V的电源上。求:1)总电流强度和各电阻两端的电压;2)若将电阻 R_2 换成80Ω,再求总电流强度和各电阻两端的电压。

第2章 交流电路

学习目标

- 理解正弦交流电的基本概念和表征正弦交流电特征的物理量。
- 了解三相电源及三相负载的联结,提高三相电路功率因数的意义。
- 掌握三相四线制供电系统中相线与中性线、线电压与相电压的概念。
- 了解正弦交流电路串联谐振的条件及特征。

2.1 正弦交流电的基本知识

2.1.1 正弦交流电的基本概念

大小和方向随时间做周期性变化的电压、电流和电动势统称交流电。图 2-1 所示为几种交流电的波形图。把大小和方向随时间按正弦规律变化的电压、电流和电动势统称为正弦交流电,简称正弦量,如图 2-1c 所示。

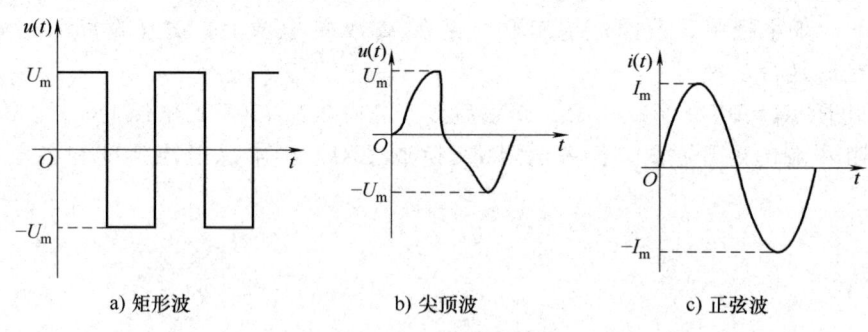

a) 矩形波 b) 尖顶波 c) 正弦波

图 2-1 交流电的波形图

在现代工农业生产和日常生活中,广泛地使用着交流电。主要原因是与直流电相比,交流电在产生、输送和使用方面具有明显的优点和重大的经济意义。

2.1.2 正弦交流电的三要素

图 2-2 所示为正弦交流电的电流变化曲线,该曲线可用正弦函数表示为

$$i = I_m \sin(\omega t + \varphi_0) \tag{2-1}$$

式中，i 为交流电流任意瞬时的大小，称瞬时值；I_m 为瞬时值中最大的值，称为幅值；ω 为正弦电流的角频率；φ_0 为正弦电流的初相位。I_m、ω、φ_0 合称为正弦量的三要素，它们分别表示正弦交流电变化的幅度、快慢和起点。下面分别加以说明。

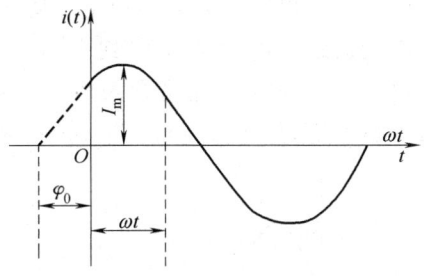

图 2-2 正弦交流电的电流变化曲线

1. 幅值和有效值

幅值是瞬时值中的最大值，又称为峰值，通常用 I_m、U_m 和 E_m 表示，它们是与时间无关的常数。

有效值是由电流的热效应来规定的。在电工技术中，如果一个交流电流 i 通过电阻 R 时，在一个周期内产生的热量与直流电流通过同一电阻 R 在相等时间内产生的热量相等，就将这一直流电流的数值定义为交流电流的有效值。有效值用大写字母表示。

交流电流的有效值与幅值之间的关系为

$$I = \frac{I_m}{\sqrt{2}} = 0.707 I_m \tag{2-2}$$

$$U = \frac{U_m}{\sqrt{2}} = 0.707 U_m \tag{2-3}$$

$$E = \frac{E_m}{\sqrt{2}} = 0.707 E_m \tag{2-4}$$

可见，正弦交流电的有效值等于最大值的 70.7%。

一般情况下，人们所说的交流电流和交流电压，以及测量仪表所指示的电流和电压值都是指有效值，所有电气设备铭牌上标注的额定电压和额定电流也都是有效值。

2. 角频率

角频率 ω 是表示正弦量变化快慢的一个物理量，为了说明角频率的概念，先了解周期 T 和频率 f 的含义。

周期 T 是正弦量变化一周期所需要的时间，周期 T 越大，波形变化越慢；周期 T 的单位是秒（s）。

频率 f 表示每秒时间内正弦量重复变化的次数，频率 f 越大，正弦量变化越快；频率的单位是赫兹（Hz），较高的频率用千赫（kHz）和兆赫（MHz）表示。

周期 T 和频率 f 互为倒数，即

$$T = \frac{1}{f} \text{ 或 } f = \frac{1}{T} \tag{2-5}$$

我国发电厂提供的电能规定频率 $f = 50\text{Hz}$，则 $T = 1/50\text{s} = 0.02\text{s}$。

角频率 ω 表示正弦量每秒变化的弧度数，单位是弧度/秒（rad/s）。角频率、周期、频率三者之间的关系为

$$\omega = \frac{2\pi}{T} = 2\pi f \tag{2-6}$$

3. 初相位

式（2-1）中的 $\omega t + \varphi_0$ 称为正弦量的相位角，简称相位。相位是时间的函数，$t = 0$ 时的

相位称作初相位,又称初相角。初相位 φ_0 的大小和正负与正弦量变化起点的时间有关,通常规定正弦量由负值变化到正值经过的零点为该正弦量的零点,正弦量零点与计时起点($t=0$)之间对应的角度即为初相位 φ_0。由于正弦量是周期性变化的,所以初相位的取值范围一般规定为 $-\pi<\varphi_0<\pi$。图 2-3 所示为不同初相位的正弦电压波形。

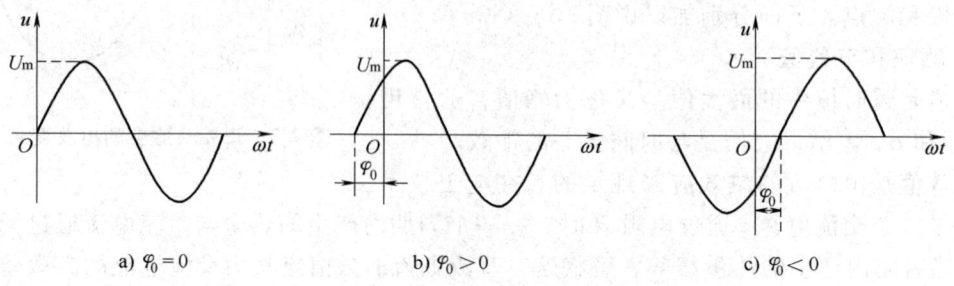

图 2-3 不同初相位的正弦电压波形

图 2-3a 中,$\varphi_0=0$,正弦电压的表达式为 $u=U_m\sin\omega t$。

图 2-3b 中,$\varphi_0>0$,正弦电压的表达式为 $u=U_m\sin(\omega t+\varphi_0)$。

图 2-3c 中,$\varphi_0<0$,正弦电压的表达式为 $u=U_m\sin(\omega t-\varphi_0)$。

φ_0 的正负可以这样确定:当正弦量的初始瞬时值为正时,φ_0 为正;初始瞬时值为负时,φ_0 为负。两个同频率的正弦交流电在任意瞬时的相位之差或初相位之差称为相位差,用 ϕ 表示。在图 2-4 中,u 和 i 的波形可表示为

$$u=U_m\sin(\omega t+\varphi_1)$$
$$i=I_m\sin(\omega t+\varphi_2)$$

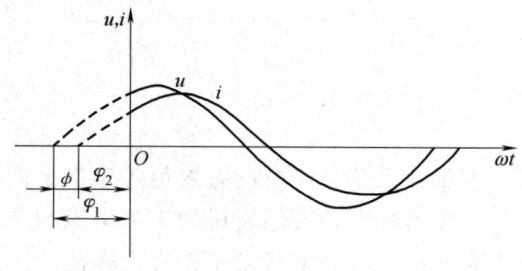

图 2-4 相位差

u 和 i 的相位差为

$$\phi=(\omega t+\varphi_1)-(\omega t+\varphi_2)=\varphi_1-\varphi_2 \quad (2-7)$$

由式(2-7)可见,两个同频率正弦量的相位差 ϕ 的大小与时间 t、角频率 ω 无关,它只取决于正弦量的初相位。

【例 2-1】 在某电路中,$i=200\sin(628t-\pi/4)\text{mA}$。它的频率、周期、角频率、幅值、有效值以及初相位各为多少?

解: 角频率 $\quad\quad\quad\quad\quad\quad\quad\omega=628\text{rad/s}$

频率 $\quad\quad\quad\quad\quad\quad f=\dfrac{\omega}{2\pi}=\dfrac{628}{2\pi}=100\text{Hz}$

周期 $\quad\quad\quad\quad\quad\quad T=\dfrac{1}{f}=\dfrac{1}{100}\text{s}=0.01\text{s}$

幅值 $\quad\quad\quad\quad\quad\quad I_m=200\text{mA}$

有效值 $\quad\quad\quad\quad\quad I=0.707I_m=0.707\times200\text{mA}=140.14\text{mA}$

初相位 $\quad\quad\quad\quad\quad \varphi_0=-\dfrac{\pi}{4}$

【例 2-2】 已知某正弦电压波形如图 2-3b 所示。在 $t=0$ 时电压为 $110\sqrt{2}\text{V}$,初相位为

30°，求其有效值。

解：此正弦电压表达式为

$$u = U_m \sin(\omega t + 30°)$$

$t = 0$ 时，$u(0) = U_m \sin 30°$。

$$U_m = \frac{u(0)}{\sin 30°} = \frac{110\sqrt{2}}{0.5} \text{V} = 220\sqrt{2} \text{ V}$$

$$U = \frac{U_m}{\sqrt{2}} = \frac{220\sqrt{2}}{\sqrt{2}} \text{V} = 220 \text{V}$$

2.2 正弦量的相量表示法

一个正弦量具有幅值、角频率以及初相位 3 个特征量（三要素），它可用三角函数式如 $i = I_m \sin(\omega t + \varphi_0)$ 或正弦波形（见图 2-2）来表示，但用这两种表示方法进行正弦交流电的和、差运算时，过程烦琐，很不方便。为此在电工技术中，常用相量来表示正弦量，达到简化运算的目的。

2.2.1 相量图

按照各个正弦量的大小和相位关系用初始位置的有向线段画出的若干相量的图形，称为相量图。相量图能形象地看出各个正弦量的大小和相互间的相位关系。例如，图 2-5 所示为用相量图表示的两个正弦量。

由图中容易看出，电压相量 $\dot{U}$ 比电流相量 $\dot{I}$ 超前 φ，即正弦电压 u 比正弦电流 i 超前 φ。

关于相量表示法有以下几点说明：
1) 只有正弦量才能用相量表示。
2) 只有同频率的正弦量才能画在同一相量图上。
3) 在相量图中，可以用幅值相量，也可化为有效值相量，但是必须注意，有效值相量在纵轴上的投影不再代表正弦量的瞬时值。
4) 作相量图时，各相量的相对位置很重要，一般任选一个相量为参考相量，通常把它画在直角坐标系的横轴位置上，其余各相量的位置，则以与这个参考相量之间的相位差来确定。

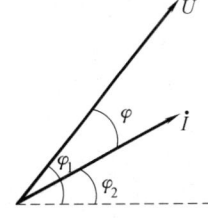

图 2-5 相量图

2.2.2 正弦量的加法运算

在交流电路的分析计算中，常常需要将几个同频率的正弦量相加或相减。如图 2-6 所示的电路中，已知两正弦电流 $i_1 = I_{1m} \sin(\omega t + \varphi_1)$，$i_2 = I_{2m} \sin(\omega t + \varphi_2)$，试用相量合成法计算 $i = i_1 + i_2$。

求解总电流 i 的方法很多，可用三角函数式求解，也可用复数式求解，还可用正弦波形求解。下面仅讨论相量法。其具体方法如下：

如图 2-7 所示，先画出电流 i_1 和 i_2 的相量 $\dot{I}_{1m}$ 和 $\dot{I}_{2m}$，然后以 $\dot{I}_{1m}$ 和 $\dot{I}_{2m}$ 为两邻边作一

平行四边形，其对角线即为总电流 i 的幅值相量 $\dot{I}_m$。对角线与横轴正方向（或参考相量）之间的夹角即为初相位 φ。这就是相量运算中的平行四边形法则。

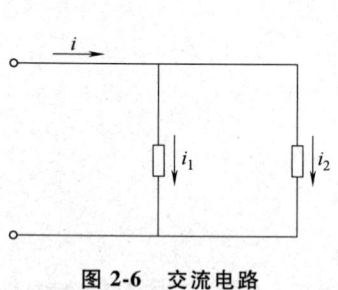

图 2-6　交流电路

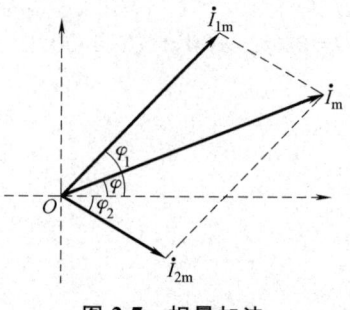

图 2-7　相量加法

由此可见，利用相量分析法进行正弦量的加、减运算十分简便。相量图是分析正弦交流电路的常用工具。

2.3　单相交流电路

2.3.1　纯电阻电路

1. 电路中电压与电流的关系

图 2-8a 所示为一个线性电阻元件的交流电路，电压 u 和电流 i 的参考方向如图所示，两者的关系由欧姆定律确定。

$$i = \frac{u}{R}$$

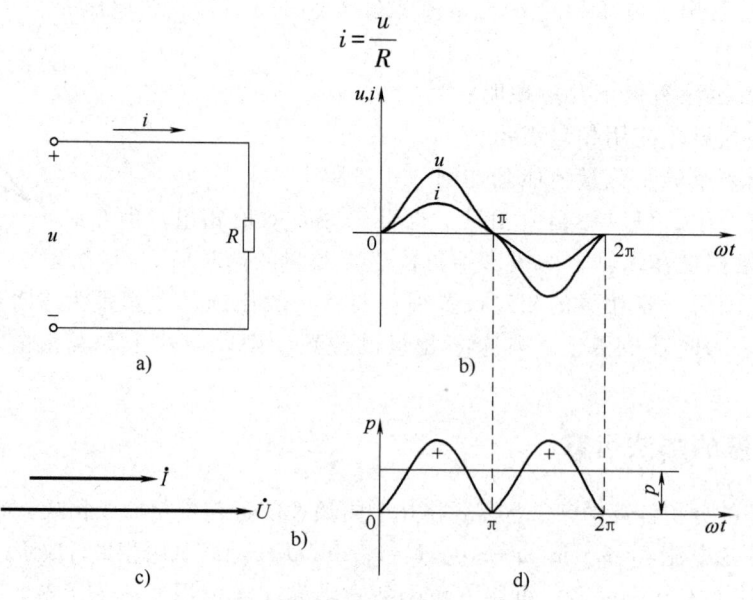

图 2-8　纯电阻电路

设电阻两端的电压 u 为参考正弦量，即

$$u(t) = U_m \sin\omega t \tag{2-8}$$

则

$$i(t) = \frac{u(t)}{R} = \frac{U_m \sin\omega t}{R} = I_m \sin\omega t \tag{2-9}$$

比较式（2-8）和式（2-9）可以看出，在纯电阻电路中，电阻两端的电压 u 和电流 i 的频率相同、相位相同，电压与电流的有效值（或最大值）的关系符合欧姆定律，它们在数值上满足

$$\frac{U_m}{I_m} = \frac{U}{I} = R \tag{2-10}$$

电压 u 和电流 i 的波形如图 2-8b 所示。

2. 电路中的功率

（1）瞬时功率　在任意瞬间，电压瞬时值 u 与电流瞬时值 i 的乘积称为瞬时功率，用小写字母 p 表示，即

$$p = p_R = ui = U_m I_m \sin^2\omega t = \frac{U_m I_m}{2}(1-\cos2\omega t) = UI(1-\cos2\omega t) \tag{2-11}$$

在纯电阻电路中，由于 u 和 i 同相位，它们的变化步调一致，同时为正，同时为负，如图 2-8c 所示，所以瞬时功率总是正值，即 $p \geq 0$。这表明任何瞬时，电阻元件从电源取用电能而转换为热能。这是一种不可逆的能量转换过程。瞬时功率 p 的变化波形如图 2-8d 所示。

（2）平均功率　在工程中常用瞬时功率在一个周期内的平均值表示的功率，称为平均功率，平均功率也称有功功率，用大写字母 P 表示，表达式为

$$P = \frac{U_m I_m}{2} = UI = I^2 R = \frac{U^2}{R} \tag{2-12}$$

式（2-12）中的 U、I 不是直流电压、电流，而是正弦交流电压、电流的有效值。

2.3.2　纯电感电路

1. 电路中电压与电流的关系

图 2-9a 所示为一电感线圈组成的交流电路，假定这个线圈中只有电感 L，而电阻 R 可忽略不计，这就是一个纯电感电路。设电流为参考正弦量，即

$$i = I_m \sin\omega t$$

则电感两端的电压为

$$u = L\frac{di}{dt} = \omega L I_m \cos\omega t = \omega L I_m \sin(\omega t + 90°) = U_m \sin(\omega t + 90°) \tag{2-13}$$

比较电压和电流的关系式可以看出，在纯电感电路中，电感两端的电压 u 和电流 i 的关系为：频率相同，在相位上电压 u 超前电流 i 90°，如图 2-9b 所示。电压 u 和电流 i 在数值上满足

$$\frac{U_m}{I_m} = \frac{U}{I} = \omega L \tag{2-14}$$

电压 u 和电流 i 相位关系如图 2-9c 所示。

2. 感抗

由式（2-14）可知，在纯电感电路中电压与电流的幅值或有效值之比为 ωL，显然它的

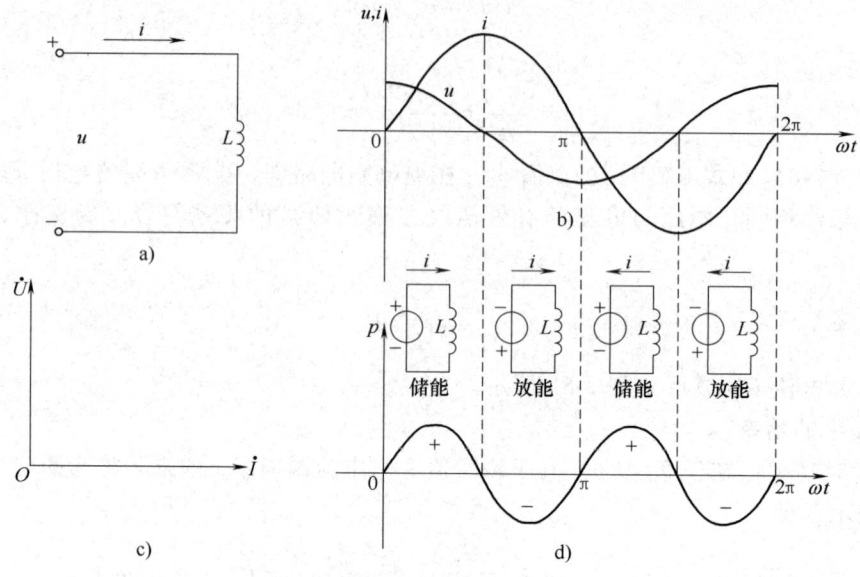

图 2-9 纯电感电路

单位是欧姆（Ω）。当电压 U 一定时，ωL 越大，则电流 I 越小。可见，ωL 具有对交流电流起阻碍作用的物理性质，称为感抗，用 X_L 表示，即

$$X_L = \omega L = 2\pi f L \tag{2-15}$$

式（2-15）表明，当 $f=0$ 时，$X_L=0$，电感元件对直流电流相当于短路；当 $f \neq 0$ 时，$X_L \propto f$，即 f 越大，X_L 越大，电感元件对电流的阻碍也越大。这就是电感元件本身所固有的"通直流、阻交流，通低频、阻高频"特性。

3. 电路中的功率

（1）瞬时功率 由式（2-16）可见，瞬时功率 p 是一个幅值为 UI 并以 2ω 的角频率随时间变化的正弦量，其变化波形如图 2-9d 所示。

$$p = p_L = ui = U_m \sin(\omega t + 90°) I_m \sin \omega t = \frac{U_m I_m}{2} \sin 2\omega t = UI \sin 2\omega t \tag{2-16}$$

（2）平均功率 平均功率为

$$P = 0 \tag{2-17}$$

从图 2-9d 可以看出，在第一个和第三个 1/4 周期内，电流值在增大，即磁场在建立，$p>0$，电感线圈从电源取用电能，并转换为磁场能储存在线圈的磁场中；在第二个和第四个 1/4 周期内，电流值在减小，即磁场在消失，$p<0$，线圈放出储存的磁场能并转换为电能返还给电源。这是一种可逆的能量转换过程，线圈从电源取用的能量一定等于它返还给电源的能量。瞬时功率的这一特性反映了电感元件不消耗电能，是一种储能元件。平均功率 $P=0$，这一点从功率波形中也容易看出。

（3）无功功率 由上述可知，在纯电感电路中，没有能量消耗，只有电源与电感元件间的能量互换。这种能量互换的规模可用无功功率 Q 来衡量。一般规定无功功率等于瞬时功率 p 的幅值，即

$$Q = UI = I^2 X_L = \frac{U^2}{X_L} \tag{2-18}$$

无功功率的单位是乏（var）或千乏（kvar）。

2.3.3 纯电容电路

1. 电路中电压与电流的关系

图 2-10a 所示为一电容器组成的交流电路，假定这个电容器中只有电容量 C，而电阻 R 可忽略不计，这就是一个纯电容电路。电路中电流 i 和电容器两端电压 u 的参考方向如图 2-10a 所示。

如果在电容器的两端加一正弦电压

$$u = U_m \sin\omega t$$

则流过电容器的电流为

$$i = C\frac{d(U_m \sin\omega t)}{dt} = \omega C U_m \cos\omega t = I_m \sin(\omega t + 90°) \tag{2-19}$$

比较电压和电流的关系式可以看出，在纯电容电路中，电容两端的电压 u 和电流 i 的关系为：频率相同，在相位上电压 i 超前电流 u 超前 90°，如图 2-10b 所示。电压 u 和电流 i 在数值上满足

$$\frac{U_m}{I_m} = \frac{U}{I} = \frac{1}{\omega C} \tag{2-20}$$

电压 u 和电流 i 相位关系如图 2-10c 所示。

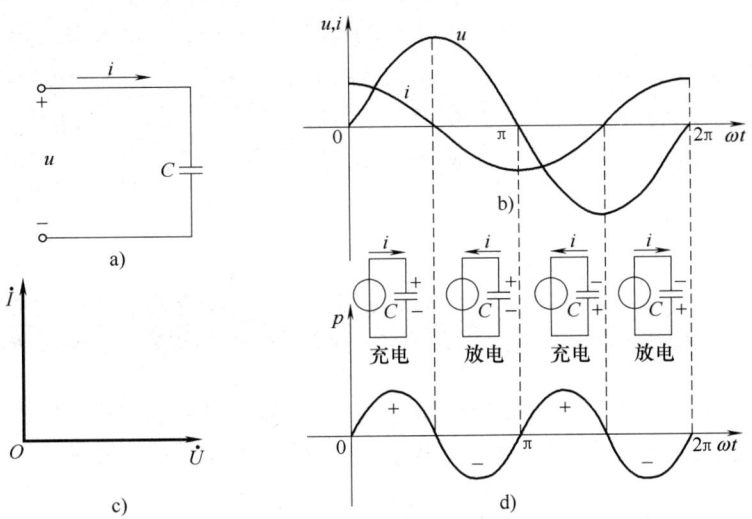

图 2-10 纯电容电路

2. 容抗

由式（2-20）可知，在纯电容电路中电压与电流幅值（或有效值）的比值为 $1/\omega C$，它的单位是欧姆（Ω）。当电压 u 一定时，$1/\omega C$ 越大，则电流 i 越小。可见，$1/\omega C$ 具有对电流起阻碍作用的物理性质，故称为容抗，用 X_C 表示，即

$$X_C = \frac{1}{\omega C} = \frac{1}{2\pi f C} \tag{2-21}$$

式（2-21）表明，当 $f = 0$ 时，$X_C \to \infty$，电容元件对直流电流相当于开路；当 $f \neq 0$ 时，f 越大，X_C 越小，电容元件对电流的阻碍也越小。这就是电容元件本身所固有的"阻直流、

通交流、阻低频、通高频"特性。

3. 电路中的功率

(1) 瞬时功率　瞬时功率 p 为

$$p = ui = U_m\sin\omega t I_m\sin(\omega t + 90°) = \frac{U_m I_m}{2}\sin 2\omega t = UI\sin 2\omega t \qquad (2-22)$$

由式 (2-22) 可见，p 是一个幅值为 UI 并以 2ω 为角频率随时间变化的正弦量，其变化波形如图 2-10d 所示。

(2) 平均功率　平均功率 P 为

$$P = 0$$

平均功率 $P = 0$ 表示电容元件是不消耗能量的，是一种储能元件。

(3) 无功功率　在纯电容电路中，电源与电容之间只发生能量的互换，能量互换的规模用无功功率 Q 来衡量。

$$Q = UI = I^2 X_C = \frac{U^2}{X_C} \qquad (2-23)$$

> **延展阅读：节约用电人人有责！**
>
> 　　由于交流电可以通过变压器变换电压，在远距离输电时，实现高压输电、低压用电，以减少线路损耗，降低用电设备的绝缘要求。另外，工农业生产和生活中用量最大的用电器——交流电动机，具有比直流电动机结构简单、造价低廉、性能优越、维修方便等优点，使交流电获得了广泛的使用。但是交流电从发电、输电到变电、配电整个过程不可避免地要消耗大量的社会资源，提高了用电成本。所以，节约用电人人有责，倡议节约用电成为全社会遵从、崇尚的优良作风和美德。

2.4　RLC 串联电路

2.3 节讨论了单一参数的正弦交流电路，然而在实际电路中，不但存在电阻性元件，也存在感性及容性元件。本节将讨论电阻、电感与电容元件串联的交流电路。

图 2-11a 所示为电阻、电容、电感元件串联的交流电路，图中标注了电流及各个电压的参考方向。

根据 KVL 得

$$u = u_R + u_L + u_C \qquad (2-24)$$

设电路中的电流 $i = I_m\sin\omega t$ 为参考正弦量，则

$$u = u_R + u_L + u_C = U_m\sin(\omega t + \varphi) \qquad (2-25)$$

由式 (2-25) 可见，u 与 i 是同频率的正弦量，其幅值为 U_m，电压 u 与电流 i 之间的

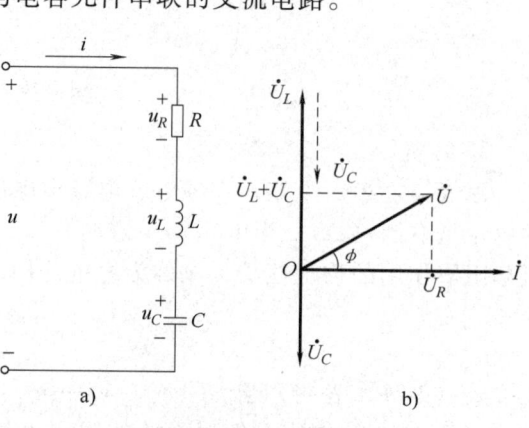

图 2-11　RLC 串联电路

相位差为 φ。

下面用相量图求幅值 U_m（或有效值 U）和相位差 ϕ。

将电压 u_R、u_L、u_C 用相量 $\dot{U}_R$、$\dot{U}_L$、$\dot{U}_C$ 表示，则它们相加便可得到电源电压的相量 $\dot{U}$，如图2-11b所示。可见，电压相量 $\dot{U}$、$\dot{U}_R$ 及 $\dot{U}_L+\dot{U}_C$ 组成一个直角三角形，称为电压三角形。

利用这个电压三角形便可确定电源电压 u 的有效值 U 及相位差 ϕ，即

$$U=\sqrt{U_R^2+(U_L-U_C)^2}=\sqrt{(RI)^2+(IX_L-IX_C)^2}=I\sqrt{R^2+(X_L-X_C)^2}$$

或写为

$$\frac{U}{I}=\sqrt{R^2+(X_L-X_C)^2} \tag{2-26}$$

电源电压与电流之间的相位差 ϕ 为

$$\phi=\arctan\frac{U_L-U_C}{U_R} \tag{2-27}$$

2.5 三相正弦交流电路

2.5.1 三相交流电源的星形联结

将发电机3个定子绕组的末端连在一起引出的1根导线称为中性线 N，3个绕组的始端 U_1、V_1、W_1 分别引出的3根导线称为相线，这种连接称为三相交流电源的星形联结，如图2-12所示。

由3根相线和1根中性线组成的供电方式称为三相四线制，只用3根相线组成的供电方式称为三相三线制。

电源每相绕组两端的电压，即相线与中性线之间的电压称为电源相电压。参考方向规定为从绕组始端指向末端，分别用 u_U、u_V、u_W 表示，其有效值用 U_P 表示。

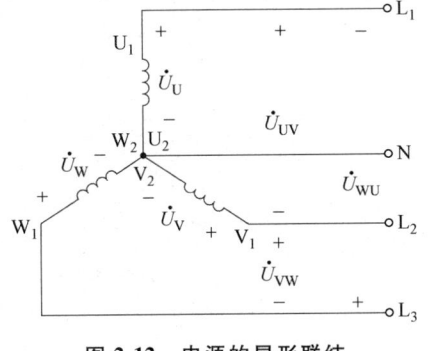

图2-12 电源的星形联结

三相电源相电压的瞬时值表达式为

$$\begin{cases} u_U=\sqrt{2}\,U_P\sin\omega t \\ u_V=\sqrt{2}\,U_P\sin(\omega t-120°) \\ u_W=\sqrt{2}\,U_P\sin(\omega t+120°) \end{cases} \tag{2-28}$$

电源任意两根相线之间的电压称为线电压，分别用 u_{UV}、u_{VW}、u_{WU} 表示，其中下标字母 UV、VW、WU 即为各电压的参考方向。线电压和相电压之间的关系为

$$\begin{cases} u_{UV} = u_U - u_V \\ u_{VW} = u_V - u_W \\ u_{WU} = u_W - u_U \end{cases} \qquad (2\text{-}29)$$

线电压和相电压的相量关系如图 2-13 所示。用 U_L 表示线电压的有效值,从相量图上可以看出

$$\frac{1}{2}U_L = U_P \cos 30° = \frac{\sqrt{3}}{2}U_P$$

$$U_L = \sqrt{3}\,U_P \qquad (2\text{-}30)$$

$$\begin{cases} u_{UV} = U_L \sin(\omega t + 30°) = \sqrt{3}\,U_P \sin(\omega t + 30°) \\ u_{VW} = U_L \sin(\omega t - 90°) = \sqrt{3}\,U_P \sin(\omega t - 90°) \\ u_{WU} = U_L \sin(\omega t + 150°) = \sqrt{3}\,U_P \sin(\omega t + 150°) \end{cases} \qquad (2\text{-}31)$$

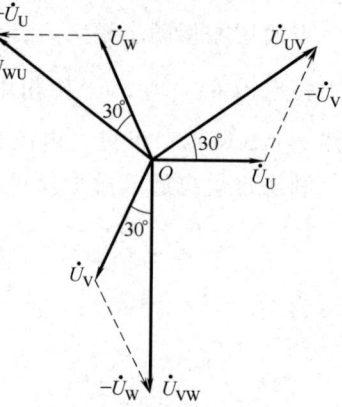

图 2-13　线电压与相电压的相量图

式（2-31）表明，3 个线电压的有效值相等，均为相电压有效值的 $\sqrt{3}$ 倍。线电压的相位超前相应的相电压相位 30°。线电压、相电压均为对称的三相电压。

通常三相四线制低压供电系统线电压为 380V，相电压为 220V，可以提供两种电压供负载使用。

2.5.2　三相负载的连接

三相负载有两种连接方式：星形（Y）联结和三角形（△）联结。

若负载如电照明负载、家用电器等所需的电压是电源的相电压，应当将负载接到相线与中性线之间。当负载数量较多时，应当尽量平均分配到三相电源上，使三相电源得到均衡利用，这就构成了负载的星形联结，如图 2-14a 所示。

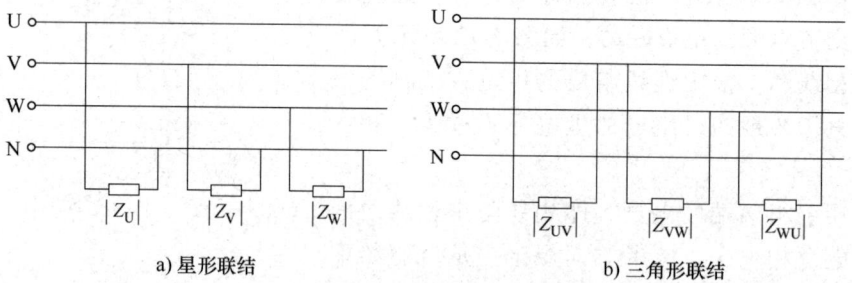

a) 星形联结　　　　　　　　　b) 三角形联结

图 2-14　负载的星形、三角形联结

若负载如电动机、功率较大的电炉等所需的电压是电源的线电压，应当将负载接到相线与相线之间。当负载数量较多时，应当尽量平均分配到三相电源上，这就构成了负载的三角形联结。

如图 2-14b 所示，若三相电源上接入的负载完全相同，即阻抗值相同、阻抗角相等，则称为对称三相负载，如三相电机、三相变压器等。

1. 三相负载的星形联结

图 2-15 所示为三相负载的星形联结，每相负载两端的电压是电源的相电压，每相负载中的电流称为相电流 I_P（I_{UN}、I_{VN}、I_{WN}），每根相线上的电流称为线电流 I_L（I_U、I_V、I_W），

中性线上的电流称为中性线电流 I_N。由图 2-15 可得各相负载电流的有效值为

$$\begin{cases} I_{UN} = \dfrac{U_{UN}}{|Z_U|} \\ I_{VN} = \dfrac{U_{VN}}{|Z_V|} \\ I_{WN} = \dfrac{U_{WN}}{|Z_W|} \end{cases} \quad (2-32)$$

各线电流等于对应的各相电流,即

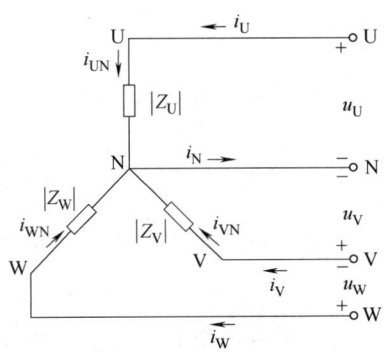

图 2-15 负载的星形联结

$$\begin{cases} I_U = I_{UN} \\ I_V = I_{VN} \\ I_W = I_{WN} \end{cases} \quad (2-33)$$

根据基尔霍夫定律得中性线电流为

$$i_N = i_{UN} + i_{VN} + i_{WN} = i_U + i_V + i_W \quad (2-34)$$

$$\dot{I}_N = \dot{I}_U + \dot{I}_V + \dot{I}_W \quad (2-35)$$

下面分两种情况讨论。

(1) 对称三相负载

$$|Z_U| = |Z_V| = |Z_W| = |Z_P| \quad (2-36)$$

$$\varphi_U = \varphi_V = \varphi_W = \varphi_P \quad (2-37)$$

$$I_{UN} = I_{VN} = I_{WN} = I_P = I_L \quad (2-38)$$

各相电流大小与线电流的大小相等,相位依次互差120°,各相电流瞬时值代数和为零,则中线电流为零,即

$$i_N = i_{UN} + i_{VN} + i_{WN} = 0 \quad (2-39)$$

$$\dot{I}_N = \dot{I}_{UN} + \dot{I}_{VN} + \dot{I}_{WN} = 0 \quad (2-40)$$

可见,星形联结的三相对称负载中性线可以省去,采用三相三线制供电。低压供电系统中的动力负载(电动机)就采用这样的供电方式。

(2) 不对称三相负载 三相负载不对称,若存在中性线,中性线使每相负载两端的电压是对称的电源相电压,从而保证了三相负载能独立正常的工作。如果中性线断开,各相负载两端的电压会根据各相负载阻抗值的大小重新分配,这有可能使电压高的用电设备在高于额定电压的情况下运行,会危及设备的安全和缩短使用寿命。而电压低的用电设备在低压下运行,无法达到应有的功率,影响使用效果。因此,三相负载不对称时,必须采用三相四线制,且中性线上不能安装开关、熔断器等装置。

2. 三相负载的三角形联结

将三相负载分别接在三相电源的每两根相线之间,称为三相负载的三角形联结,如图 2-16 所示。每相负

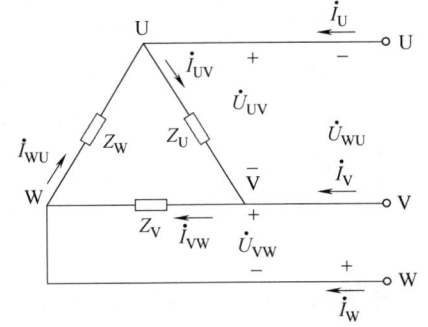

图 2-16 三相负载的三角形联结

载两端的电压都是电源的线电压,每相负载中流过的电流为相电流,流过相线上的电流为线电流。

各相电流的有效值为

$$I_{UV} = \frac{U_{UV}}{|Z_{UV}|} \quad I_{VW} = \frac{U_{VW}}{|Z_{VW}|} \quad I_{WU} = \frac{U_{WU}}{|Z_{WU}|} \tag{2-41}$$

由基尔霍夫定律可确定线电流与相电流的关系为

$$\dot{I}_U = \dot{I}_{UV} - \dot{I}_{WU} \quad \dot{I}_V = \dot{I}_{VW} - \dot{I}_{UV} \quad \dot{I}_W = \dot{I}_{WU} - \dot{I}_{VW} \tag{2-42}$$

假设负载为对称的三相感性负载,每相负载上的电流均滞后对应的电压 φ,可做出三相负载三角形联结时各相电流及各线电流的相量关系,如图 2-17 所示。

由相量图可知,3 个相电流对称,3 个线电流对称,线电流等于 $\sqrt{3}$ 倍相电流,线电流滞后相应的相电流 30°,即

$$I_L = \sqrt{3} I_P \tag{2-43}$$

【例 2-3】 三相对称负载,各相负载 $R = 6\Omega$,$X_L = 8\Omega$,接到 $U_L = 380V$ 的三相四线制电源上,试分别计算负载做星形、三角形联结时的相电流、线电流。

解:(1) 负载做星形联结时,每相负载两端承受的是电源的相电压,即

$$U_{UN} = U_{VN} = U_{WN} = U_P = \frac{U_L}{\sqrt{3}} = \frac{380}{\sqrt{3}}V = 220V$$

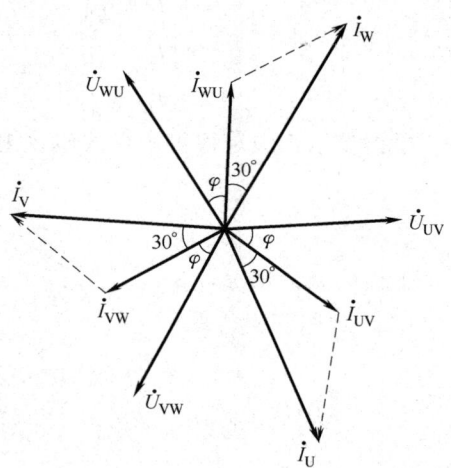

图 2-17 三相负载三角形联结时的相量图

每相负载的阻抗值为

$$|Z_P| = \sqrt{R^2 + X_L^2} = \sqrt{6^2 + 8^2}\Omega = 10\Omega$$

相电流为

$$I_P = \frac{U_P}{|Z_P|} = \frac{220}{10}A = 22A$$

线电流等于相电流,为

$$I_L = I_P = 22A$$

(2) 负载做三角形联结时,每相负载两端承受的是电源的线电压,即

$$U_P = U_{UV} = U_{VW} = U_{WU} = U_L = 380V$$

相电流为

$$I_P = \frac{U_L}{|Z_P|} = \frac{380}{10}A = 38A$$

线电流等于 $\sqrt{3}$ 倍相电流,为

$$I_L = \sqrt{3} I_P = \sqrt{3} \times 38A = 66A$$

小结

在生产和日常生活中应用最多的是正弦交流电,即随时间按正弦规律变化的电流(或电压)。分析与计算正弦交流电路,主要是确定不同参数和不同结构的各种正弦交流电路中电压与电流之间的关系及功率。正弦量的三要素分别表示正弦交流电变化的幅度、快慢和起点。正弦电流在电工技术中常用相量来表示正弦量,达到简化运算的目的。

正弦电路中的瞬时功率为 $p = ui = UI\cos\varphi - UI\cos(2\omega t+\varphi)$,电路中的有功功率 $P = UI\cos\varphi$,无功功率反应电感元件和电容元件与电源之间进行能量互换的规模。在实际电路中,不但存在电阻性元件,也存在电感性及电容性元件。本章还分析了 RLC 串联电路中电压与电流的关系,三相交流电源的连接、三相四线制供电线路和三相负载的连接。

课后练习

一、填空题

1. 正弦交流电的三要素是_____、_____和_____。

2. 在纯电感正弦交流电路中,电压有效值不变,增加电源频率时,电路中电流将_____。

3. 一个工频正弦电压的最大值为 20V,$t = 0$ 时其瞬时值为 10V,该正弦电压的瞬时值表达式为_____。

4. 已知某电炉接在 220V 的正弦交流电源上,取用功率为 500W,电炉的电阻 $R = $_____,4h 消耗的电能 $W = $_____。

5. 一个电感线圈接在 $U = 120$V 的直流电源上,电流为 20A,若接在 $U = 220$V 的工频交流电源上,电流为 28.2A,则线圈的电阻 $R = $_____Ω,感抗 $X_L = $_____Ω。

6. 三相电路中,通常可把三相负载连接成星形、三角形两种形式。三相负载的一端连接在一起称中性点,另一端和中性点分别引出导线与三相电源及三相电源的中性点连接组成供电系统,叫作_____制。

7. 在三相对称负载星形联结的情况下,$U_L = $_____$U_P$,$I_L = $_____$I_P$。在三相对称负载三角形联结的情况下,$U_L = $_____$U_P$,$I_L = $_____$I_P$。

8. 在三相对称负载星形联结的情况下,若 $U_L = 380$V,则 $U_P = $_____V。

二、选择题

1. 交流电的周期越长,说明交流电变化得(   )。
   A. 越快   B. 越慢   C. 无法判断   D. 时快时慢

2. 一度电可供 "220V、40W" 的灯泡正常发光的时间是(   )。
   A. 20h   B. 25h   C. 45h   D. 不能确定

3. 在 RLC 串联电路中,已知 $R = 3$Ω,$X_L = 5$Ω,$X_C = 8$Ω,则电路的性质为(   )。
   A. 感性   B. 容性   C. 阻性   D. 不能确定

4. 在对称三相四线制供电线路上,每相负载连接相同的灯泡(正常发光)。当中性线断开时,将会出现(   )的现象。
   A. 三个灯泡都变暗   B. 仍然能正常发光
   C. 三个灯泡都因过亮而烧坏   D. 无法判断

三、计算题

1. 已知交流电路中某电阻 R 上电流瞬时值表达式为 $i=10\sin(3140t+30°)$ A，求其频率、周期、角频率、最大值、有效值和初相位。

2. 有一个灯泡接在 $u=311\sin(314t+\pi/6)$ V 的交流电源上，灯丝炽热时电阻为 484Ω。1）试写出流过灯丝的电流瞬时值表达式；2）如果每天用电 4h，每月按 30 天计，问 1 个月用多少度电？

3. 含有 R、L 的线圈与电容 C 串联后接到交流电源两端，线圈端电压 $U_1=100$V，电容电压 $U_C=80$V，且总电压与电流同相位。求总电压的有效值。

4. 一个三相电炉，每相电阻为 100Ω，接到线电压为 380V 的电源上。1）电炉连接成星形时，求其线电流、相电流；2）电炉连接成三角形时，求其线电流、相电流。

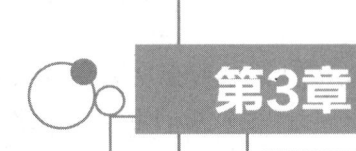

第3章

电磁学基础及应用

学习目标

- 理解磁场和磁路的基本概念以及铁磁材料的磁性能和使用。
- 掌握铁心线圈磁路的电磁关系、功率损耗。
- 掌握电磁铁和单相变压器的基本结构、工作原理及用途。
- 掌握电磁阀和继电器的基本结构、工作原理及用途。
- 熟悉接触器的基本结构、工作原理及用途。

3.1 磁场的基础知识

磁场是指存在磁力作用的空间。电流能够产生磁场,通有电流的线圈内部及周围有磁场产生。而通过磁场的作用也可以产生电,例如各种电机的工作原理都离不开磁场和磁性材料。自然界中有的材料具有导磁的特性,称为导磁材料,没有导磁特性的称为非导磁材料。在变压器、电机等电工设备中,为了用较小的电流产生较强的磁场,通常把线圈绕在由铁磁材料制成的铁心上。

3.1.1 磁场的基本物理量

1. 磁感应强度

磁感应强度 B 是表示磁场内某点磁场强弱及方向的物理量。它是一个矢量,其方向与该点磁力线切线方向一致,磁感应强度 B 的方向与产生该磁场的电流方向关系符合右手螺旋定则。其大小可用通过单位电流强度的单位长度的导线所受的力即 $B=F/IL$ 来确定。若磁场内各点的磁感应强度大小相等、方向相同,则为均匀磁场。在国际单位制中,磁感应强度的单位是特斯拉(T),简称特。

2. 磁通

在均匀磁场中,磁感应强度 B 与垂直于磁场方向的面积 S 的乘积,称为通过该面积的磁通 Φ,即 $\Phi=BS$ 或 $B=\Phi/S$。磁感应强度 B 在数值上可以看成与磁场方向相垂直的单位面积所通过的磁通,故又称磁通密度。

在国际单位制中,磁通的单位是韦伯(Wb),简称韦。

3. 磁导率

磁导率 μ 是表示物质导磁性能的物理量,它的单位是亨/米(H/m)。真空的磁导率

$\mu_0 = 4\pi \times 10^{-7} \text{H/m}$。任意一种物质的磁导率与真空的磁导率之比称为相对磁导率,用 μ_r 表示。

4. 磁场强度

磁场强度 H 是进行磁场分析时引用的一个辅助物理量,为了从磁感应强度 B 中除去磁介质的因素,定义磁场强度为 $H = B/\mu$。磁场强度也是矢量,只与产生磁场的电流以及这些电流的分布情况有关,而与磁介质的磁导率无关,它的单位是安/米(A/m)。

3.1.2 铁磁材料的磁性能

物质按其导磁性能可分为两大类。一类为铁磁材料,如铁、钢、镍、钴等,这类材料的导磁性能好,磁导率 μ 大;另一类为非铁磁材料,如铜、铝、纸、空气等,此类材料的导磁性能差,磁导率 μ 小(接近真空的磁导率 μ_0)。铁磁材料是制造变压器、电机等各种电工设备的主要材料。铁磁材料的磁性能对电磁器件的性能和工作状态有很大影响。铁磁材料的磁性能主要表现为高导磁性和磁滞性。

1. 高导磁性

铁磁材料具有很强的导磁能力,在外磁场作用下,其内部的磁感应强度会大大增强,相对磁导率可达几百、几千甚至几万。这是因为,在铁磁材料的内部存在许多磁化小区,称为磁畴,每个磁畴就像一块小磁铁,在无外磁场作用时,这些磁畴的排列是不规则的,对外不显示磁性,如图3-1a所示。在一定强度的外磁场作用下,这些磁畴将顺着外磁场的方向趋向规则的排列,产生一个附加磁场,使铁磁材料内的磁感应强度大大增强,如图3-1b所示,这种现象称为磁化。非铁磁材料没有磁畴结构,不具有磁化特性。

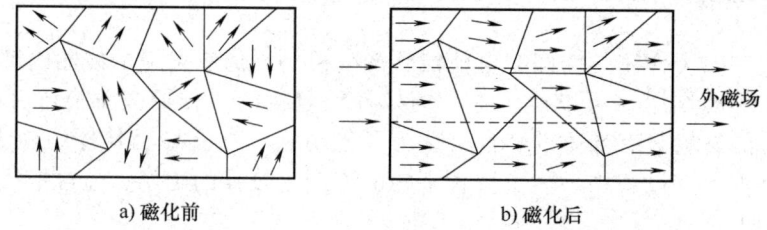

图 3-1 铁磁材料的磁化

2. 磁滞性

如果励磁电流是大小和方向都随时间变化的交变电流,则铁磁材料将受到交变磁化。在电流交变的一个周期中,磁感应强度 B 随磁场强度 H 变化的关系如图3-2所示。由图可见,当磁场强度 H 减小时,磁感应强度 B 并不沿着原来这条曲线回降,而是沿着一条比它高的曲线缓慢下降。当 H 减速到 0 时,B 并不等于 0 而保留一定的磁性。这说明铁磁材料内部已经排齐的磁畴不会完全恢复到磁化前杂乱无章的状态,这部分剩余的磁性称为剩磁,用 B_r 表示。如要去掉剩磁,使 $B = 0$,应施加一反向磁场强度 H_c。H_c 的大小称为矫顽磁力,它表示铁磁材料反抗退磁的能力。

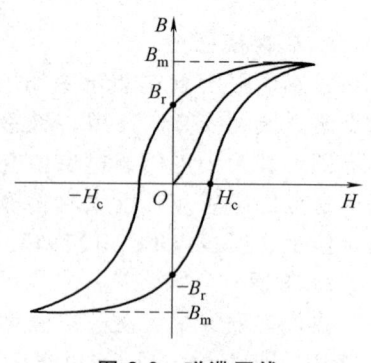

图 3-2 磁滞回线

若再反向增大磁场,则铁磁材料将反向磁化;当反向磁场减小时,同样会产生反向剩磁($-B_r$)。随着磁场强度不断正反向变化,得到的磁化曲线为一封闭曲线。在铁磁材料反复磁化的过程中,磁感应强度 B 的变化总是落后于磁场强度 H 的变化,这种现象称为磁滞现象,如图 3-2 所示的封闭曲线称为磁滞回线。

铁磁材料按其磁性能可分为软磁材料、硬磁材料和矩磁材料 3 种类型,图 3-3 所示为不同类型的磁滞回线。其中,图 3-3a 是软磁材料,图 3-3b 是硬磁材料,图 3-3c 是矩磁材料。软磁材料的剩磁和矫顽磁力较小,磁滞回线形状较窄,但磁化曲线较陡,即磁导率较高,所包围的面积较小。它既容易磁化,又容易退磁,一般用于有交变

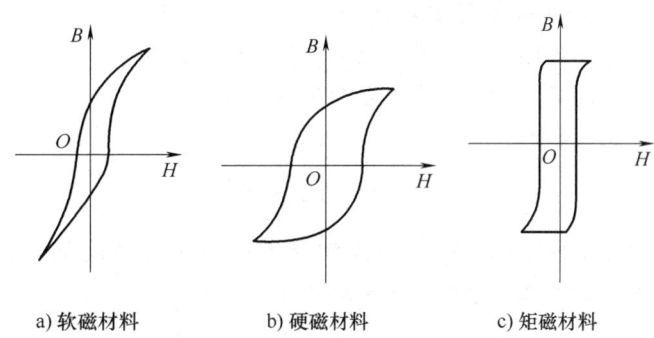

a) 软磁材料　　b) 硬磁材料　　c) 矩磁材料

图 3-3　3 种不同类型的磁滞回线

磁场的场合,如用来制造镇流器、变压器、电机以及各种高频电磁元件的铁心等。常见的软磁材料有纯铁、硅钢、玻莫合金以及非金属软磁铁氧体等。硬磁材料的剩磁和矫顽力较大,磁滞回线形状较宽,所包围的面积较大,适用于制作永久磁铁,如扬声器、耳机、电话机、录音机及各种磁电式仪表中的永久磁铁。常见的硬磁材料有碳钢、钴钢及铁镍铝钴合金等。矩磁材料的磁滞回线近似于矩形,剩磁很大,接近饱和磁感应强度,但矫顽磁力较小,易于翻转,常在计算机和控制系统中用作记忆元件和开关元件。矩磁材料有镁锰铁氧体及某些铁镍合金等。

3.1.3　磁路的基本定律

1. 磁路

在通有电流的线圈周围和内部存在着磁场,但是空心载流线圈的磁场较弱,一般难以满足电工设备的需要。工程上为了得到较强的磁场并有效地加以应用,常采用导磁性能良好的铁磁材料做成一定形状的铁心,而将线圈绕在铁心上。当线圈中通过电流时,铁心即被磁化,使得其中的磁场大为增强,故通电线圈产生的磁通主要集中在由铁心构成的闭合路径内,这种磁通集中通过的路径便称为磁路。用于产生磁场的电流称为励磁电流,通过励磁电流的线圈称为励磁线圈或励磁绕组。

图 3-4 所示为常见电气设备的磁路。

电路有直流和交流之分,磁路也分为直流磁路(如直流电磁铁和直流电机)和交流磁

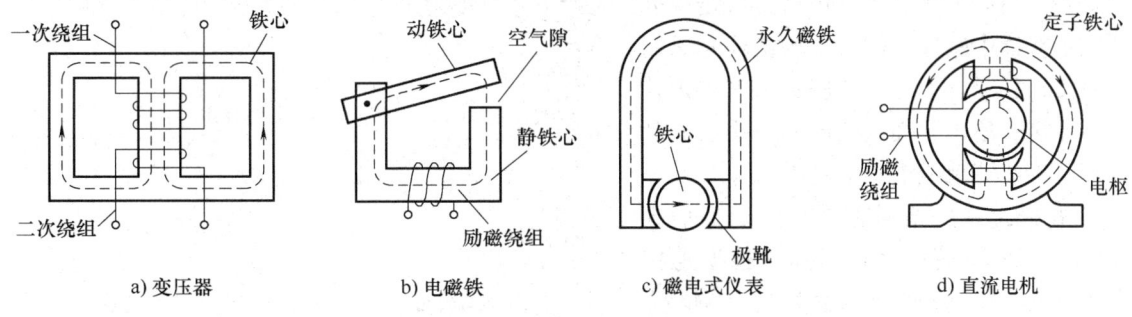

a) 变压器　　b) 电磁铁　　c) 磁电式仪表　　d) 直流电机

图 3-4　常见电气设备的磁路

路（如变压器、交流电磁铁和交流电机），它们各自具有不同的特点。此外，也有用永久磁铁构成磁路的（如磁电式仪表），它不需要励磁绕组。

2. 电生磁的基本定律——安培环路定律

安培环路定律也称为全电流定律，如图 3-5 所示。沿空间任意一条闭合回路 l，磁场强度的线积分等于该闭合回路所包围的电流的代数和，即

$$\int H \mathrm{d}l = \sum i \tag{3-1}$$

式中，H 为沿该回路上各点切线方向的磁场强度分量；i 为每根导体中的电流。磁场强度沿闭合回路的线积分与所选的路径无关。

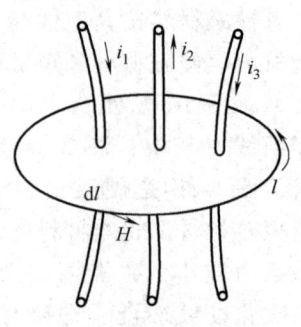

图 3-5　安培环路定律

在均匀磁场中，沿着回路 l 磁场强度 H 处处相等，则

$$Hl = Ni \tag{3-2}$$

式中，N 为导体根数。

3. 磁生电的基本定律——法拉第电磁感应定律

电磁感应现象：变化的磁场会产生电场，使导体中产生感应电动势，这就是电磁感应现象。感应电动势和磁场之间符合法拉第电磁感应定律。电磁感应现象主要表现在以下两个方面：

（1）磁场对通电直导体的作用　如图 3-6 所示，导体与磁场有相对运动，导体切割磁力线时，导体内产生感应电动势，称为切割电动势。做切割磁力线运动的导体，产生感应电动势的方向可用右手定则来确定：伸出右手，拇指与四指垂直，让磁力线垂直穿过手心，拇指指向运动方向，四指所指方向就是感应电动势的方向（或是感应电流方向）。

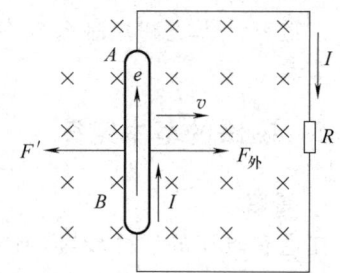

图 3-6　导体做切割磁力线运动

在均匀磁场中，做切割磁力线运动的直导体，其感应电动势 e 的大小与磁感应强度 B、导体的有效长度 l、导体的运动速度 v，以及导体运动方向与磁力线方向之间夹角的正弦值成正比，即

$$e = Blv\sin\alpha \tag{3-3}$$

（2）磁场对通电线圈的作用　当线圈中磁通发生变化时，线圈中产生感应电动势。感应电动势的方向由楞次定律来判定：线圈中感应电流产生的磁通总是阻碍原磁通的变化。图 3-7 所示为楞次定律实验原理，给出了插入线圈和拔出线圈两种情况下线圈感应电动势的方向。

图 3-7a 中，条形磁铁自上而下插入线圈时，线圈磁通量要增加，根据楞次定律，感应电流产生的磁通自下而上，由右手螺旋定则可确定感应电流的方向

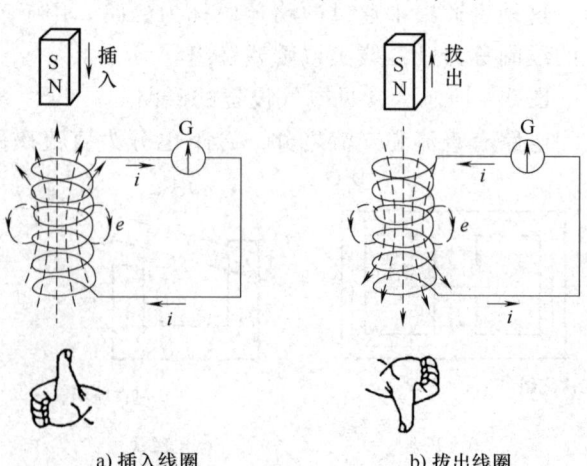

a) 插入线圈　　　　b) 拔出线圈

图 3-7　楞次定律实验原理

自左向右流过检流计 G。在图 3-7b 中，感应电流的方向为自右向左流过检流计。

法拉第通过大量实验总结出：当线圈中原有磁通量增加时，感应电流就要产生与它方向相反的磁通来阻碍它的增加（增反）；当线圈中原有磁通量减小时，感应电流就要产生与它方向相同的磁通来阻碍它的减小（减同）。

4. 自感现象

由通入线圈的电流变化而产生感应电动势的现象叫自感现象，由自感现象产生的感应电动势叫自感电动势。自感现象属于电磁感应现象。

自感系数是用来描述线圈产生自感磁通能力的物理量。定义线圈中磁通量与产生该磁通电流的比值叫自感系数，又叫电感，用符号 L 表示，单位是亨或亨利（H），即

$$L = \frac{\Phi}{i} \tag{3-4}$$

按照法拉第电磁感应定律，回路中所产生的自感电动势可用自感系数 L 表示为

$$e = -L \frac{\mathrm{d}i}{\mathrm{d}t} \tag{3-5}$$

式（3-5）表明，自感电动势的大小与线圈的电感及线圈中外电流的变化率成正比。负号表示自感电动势的方向总是企图阻碍外电流的变化。

5. 互感现象

互感现象是指一个线圈中的电流变化使得另一个线圈产生感应电动势的现象，如图 3-8 所示。互感现象产生的电动势叫作互感电动势，也用符号 e 表示。

$$e_1 = -N_1 \frac{\mathrm{d}\Phi_{11}}{\mathrm{d}t}, e_2 = -N_2 \frac{\mathrm{d}\Phi_{12}}{\mathrm{d}t} \tag{3-6}$$

正弦交流电在交流铁心中产生磁通 Φ，电源电压 $U \approx -e_1$。

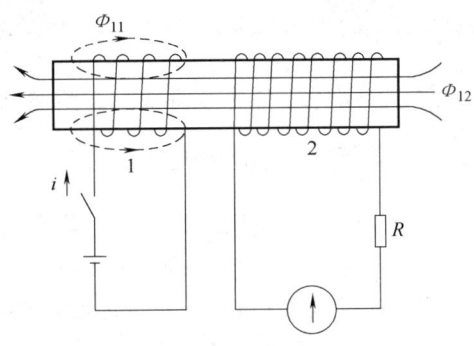

图 3-8 互感现象

设磁通 $\Phi = \Phi_m \sin\omega t$，得

$$u \approx N \frac{\mathrm{d}\Phi}{\mathrm{d}t} = N \frac{\mathrm{d}}{\mathrm{d}t}(\Phi_m \sin\omega t) = U_m \sin\left(\omega t + \frac{\pi}{2}\right) \tag{3-7}$$

则电源电压的有效值为

$$U = \frac{U_m}{\sqrt{2}} \approx \frac{2\pi f N \Phi_m}{\sqrt{2}} = 4.44 f N \Phi_m = 4.44 f N B_m S \tag{3-8}$$

式（3-8）是交流发电机设置电压调节器的理论依据。

延展阅读：崇尚科学，景仰、怀念为人类文明进步做出重大贡献的科学家们！

电磁学的发展主要基于两个重要的实验发现，即电流的磁效应和变化磁场的电效应。这两个实验现象奠定了电磁学的整个理论体系。电磁学理论的实践应用在工农业生产和日常生活中随处可见。将前人所建立的电磁学理论运用到现代科技中，使我们的生活更加便捷、高效。我们应该缅怀电磁学之父——麦克斯韦，铭记这位伟大的科学家用他短暂的一生为人类文明进步所做出的巨大贡献。

6. 磁路的欧姆定律

图 3-9 所示为绕有线圈的铁心，当线圈通入电流 I 时，铁心中就会有磁通 Φ 通过。实验表明，铁心中的磁通必与通过线圈的电流 I、线圈匝数 N 以及磁路的截面积 S 成正比，与磁路的长度成反比，还与组成磁路的材料的磁导率 μ 成正比，即

$$\Phi = \frac{INS\mu}{l} = \frac{IN}{\dfrac{l}{\mu S}} = \frac{F}{R_m} \tag{3-9}$$

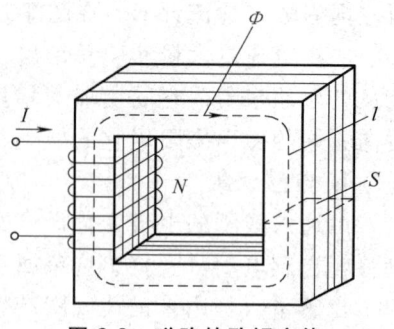

图 3-9 磁路的欧姆定律

式（3-9）中，$F=IN$ 称为磁通势，R_m 为磁阻，即磁通 Φ 正比于磁通势 F，反比于磁阻 R_m。该式与电路中的欧姆定律相似，因而称它为磁路欧姆定律。

应指出，磁路与电路虽然有许多相似之处，但它们的实质是不同的。而且由于铁心磁路是非线性元件，其磁导率是随工作状态剧烈变化的。因此，一般不宜直接用磁路欧姆定律和磁阻公式进行定量计算，但在很多场合可以用来进行定性分析。

3.2 铁心线圈磁路

铁心线圈磁路分为直流铁心线圈磁路和交流铁心线圈磁路两种。

3.2.1 直流铁心线圈磁路

直流铁心线圈磁路通过直流电流来励磁，因为励磁电流是直流，产生的磁通是恒定的，在线圈中不会感应出电动势。在一定电压 U 下，线圈中的电流 I 只和线圈本身的电阻 R 有关，功率损耗也只有 I^2R。在铁心线圈中通入直流电流则形成直流铁心线圈磁路。

直流铁心线圈磁路有以下特点：

1) 励磁电流 $I=U/R$，与磁路无关。
2) 励磁电流 I 产生的磁通是恒定磁通，不会在线圈和铁心中产生感应电动势。
3) 磁通 Φ 的大小不仅与线圈的电流 I 有关，还决定于磁通中的磁阻 R_m。
4) 线圈的功率损耗为铜损。而交流铁心线圈在电磁关系、电压电流关系及功率损耗等方面和直流铁心线圈不同。

3.2.2 交流铁心线圈磁路

交流铁心线圈磁路由交流电来励磁，产生的磁通是交变的，其电磁和功率消耗相对直流铁心线圈要复杂。在介绍电磁铁之前，先了解交流铁心线圈电路的一些特性。

1. 电磁关系

图 3-10 所示为交流铁心线圈磁路，线圈的匝数为 N，当在线圈两端加上正弦交流电压 u 时，就有交变励磁电流 i 流过。在交变磁通势 IN 的作用下产生交变的磁通，其绝大部分通过铁心，称为主磁通 Φ，但还有很小部分从附近空气中通过，称为漏磁通 Φ_σ。这两种交变的磁通都将在线圈中产生感应电动势。设线圈电阻为 R，主磁通在线圈上产生的感应电动势

为 e，漏磁通产生的感应电动势为 e_σ，它们与磁通的参考方向之间符合右手螺旋定则。

由基尔霍夫电压定律可得铁心线圈中电压、电流与电动势之间的关系为

$$u = Ri - e - e_\sigma \tag{3-10}$$

由于线圈电阻上的电压降 Ri 和漏磁通 Φ_σ 产生的感应电动势 e_σ 都很小，与主磁通 Φ 产生的感应电动势 e 比较可以忽略不计，故式（3-10）可写为

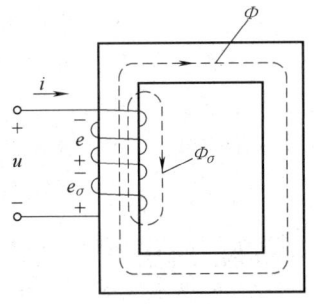

图 3-10 交流铁心线圈线路

$$u \approx -e \tag{3-11}$$

根据法拉第电磁感应定律有

$$e = -N\frac{\mathrm{d}\Phi}{\mathrm{d}t}$$

于是可得

$$u = N\frac{\mathrm{d}\Phi}{\mathrm{d}t} \tag{3-12}$$

设主磁通 $\Phi = \Phi_\mathrm{m}\sin\omega t$，则

$$u = N\frac{\mathrm{d}(\Phi_\mathrm{m}\sin\omega t)}{\mathrm{d}t} = \omega N\Phi_\mathrm{m}\cos\omega t = 2\pi f N\Phi_\mathrm{m}\sin(\omega t + 90°)$$

可见，外加电压的相位超前于铁心中磁通 90°时，外加电压的有效值为

$$U = \frac{1}{\sqrt{2}}\omega N\Phi_\mathrm{m} = \frac{2\pi}{\sqrt{2}}fN\Phi_\mathrm{m} = 4.44fN\Phi_\mathrm{m} \tag{3-13}$$

式中，Φ_m 的单位是韦伯（Wb），f 的单位是赫兹（Hz），U 的单位是伏（V）。

式（3-13）给出了铁心线圈在正弦交流电压作用下，铁心中磁通最大值与电压有效值的数量关系。在忽略线圈电阻和漏磁通的条件下，当线圈匝数 N、外加电压 U 和频率 f 都一定时，铁心中的磁通最大值 Φ_m 将保持不变，这个结论对于分析交流电机、变压器的工作原理是十分重要的。

2. 功率损耗

在交流铁心线圈电路中，除了线圈电阻上有功率损耗外，铁心中也会有功率损耗。线圈上损耗的功率称为铜损；铁心中损耗的功率称为铁损，铁损包括磁滞损耗和涡流损耗两部分。

（1）磁滞损耗 铁磁材料交变磁化的磁滞现象所产生的铁损称为磁滞损耗。它是由铁磁材料内部磁畴反复转向，磁畴间相互摩擦引起铁心发热而造成的损耗。铁心单位体积内每周期产生的磁滞损耗与磁滞回线所包围的面积成正比。为了减小磁滞损耗，交流铁心均由软磁材料制成。

（2）涡流损耗 铁磁材料不仅有导磁能力，同时也有导电能力，因而在交变磁通的作用下铁心内将产生感应电动势和感应电流，感应电流在垂直于磁通的铁心平面内围绕磁力线呈旋涡状，如图 3-11a 所示，故称为涡流。涡流使铁心发热，其功率损耗称为涡流损耗。

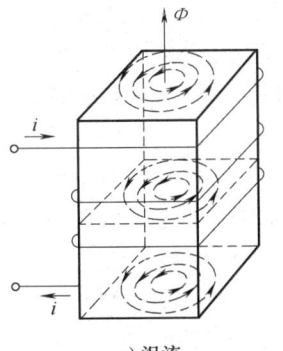

a) 涡流　　　　　　b) 涡流损耗

图 3-11 铁心中的涡流

为了减小涡流，可采用硅钢片叠成的铁心，它不仅有较高的磁导率，还有较大的电阻率，可使铁心的电阻增大、涡流减小；同时硅钢片的两面涂有绝缘漆，使各片之间互相绝缘，可把涡流限制在一些狭长的截面内流动，从而减小涡流损耗，如图3-11b所示。所以，各种交流电机、变压器等电气设备的铁心普遍用硅钢片叠成。

3.3 汽车中常用的电磁器件

3.3.1 电磁铁

电磁铁是利用载流铁心线圈产生的电磁吸力来操纵机械装置，以完成预期动作的一种电器。它是将电能转换为机械能的一种电磁元件。

电磁铁主要由线圈、铁心及衔铁三部分组成，铁心和衔铁一般用软磁材料制成。铁心一般是静止的，线圈装在铁心上。开关电器的电磁铁的衔铁上还装有弹簧，如图3-12所示。

当线圈通电后，铁心和衔铁被磁化，成为极性相反的两块磁铁，它们之间产生电磁吸力，当吸力大于弹簧的反作用力时，衔铁开始向着铁心方向运动。当线圈中的电流小于某一定值或中断供电时，电磁吸力小于弹簧的反作用力，衔铁将在反作用力的作用下返回原来的释放位置。

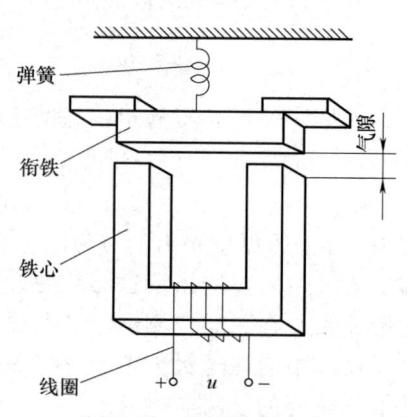

图 3-12 电磁铁的组成

电磁铁可以分为直流电磁铁和交流电磁铁两大类型。如果按照用途来划分，电磁铁分为牵引电磁铁、起重电磁铁、制动电磁铁、自动电器的电磁系统、其他用途的电磁铁。牵引电磁铁主要用来牵引机械装置、开启或关闭各种阀门，以执行自动控制任务；起重电磁铁用作起重装置来吊运钢锭、钢材、铁砂等铁磁性材料；制动电磁铁主要用于对电机进行制动以达到准确停车的目的；自动电器的电磁系统，如电磁继电器和接触器的电磁系统、自动开关的电磁脱扣器及操作电磁铁等；其他用途的电磁铁，如磨床的电磁吸盘及电磁振动器等。

3.3.2 变压器

变压器是利用电磁感应原理传输电能或信号的器件，具有变电压、变电流、变阻抗和隔离的作用。它的种类很多，应用广泛，但基本结构和工作原理相同。

1. 变压器的基本结构

变压器由铁心和绕在铁心上的两个或多个线圈（又称绕组）组成。铁心的作用是构成变压器的磁路。为了减小涡流损耗和磁滞损耗，铁心采用硅钢片交错叠装或卷绕而成。根据铁心结构形式的不同，变压器分为心式和壳式两种。图 3-13a 所示为心式变压器，特点是线圈包围铁心。功率

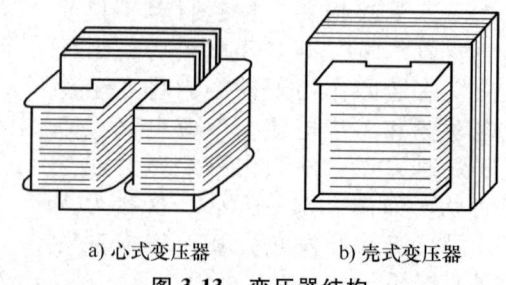

a) 心式变压器   b) 壳式变压器

图 3-13 变压器结构

较大的变压器多采用心式结构,以减小铁心体积,节省材料。壳式变压器则是铁心包围线圈,如图 3-13b 所示,其特点是可以省去专门的保护包装外壳。

图 3-14 为一个单相双绕组变压器的结构示意图及其图形符号。两个绕组中与电源相连接的绕组称为一次绕组,表示一次绕组各量的字母均标注下标"1",如一次电压 u_1、一次绕组匝数 N_1;与负载相连接的绕组称为二次绕组,表示二次绕组各量的字母均标注下标"2",如二次电压 u_2、二次绕组匝数 N_2。变压器二次电压 u_2 高于一次绕组电压 u_1 的是升压变压器,反之是降压变压器。为了防止内部短路,变压器应有良好的绝缘性。

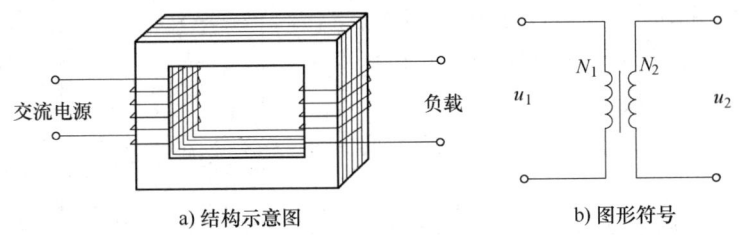

图 3-14 单相双绕组变压器结构示意图及其图形符号

2. 变压器的工作原理

(1) 电压变换 图 3-15 所示为单相变压器的工作原理,一次绕组、二次绕组的匝数分别为 N_1 和 N_2。当变压器的一次绕组接上交流电压 u_1 时,一次绕组中便有电流 i_1 流过。电流 i_1 在铁心产生闭合磁通 Φ,磁通 Φ 随 i_1 的变化而变化,从而在二次绕组中产生感应电动势。如果二次绕组接有负载,则在二次绕组和负载组成的回路中有负载电流 i_2 产生。由法拉第电磁感应定律可知

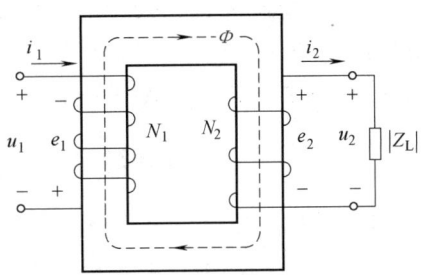

图 3-15 单相变压器原理

$$e_1 = -N_1 \frac{d\Phi}{dt} \quad (3-14)$$

若略去漏磁通的影响,不考虑绕组上电阻的电压降,则可认为绕组上电动势的有效值近似等于绕组上电压的有效值,即 $U_1 \approx E_1 = 4.44fN_1\Phi_m$。

同理可推出

$$U_2 \approx E_2 = 4.44fN_2\Phi_m$$

所以

$$\frac{U_1}{U_2} = \frac{E_1}{E_2} = \frac{4.44fN_1\Phi_m}{4.44fN_2\Phi_m} = \frac{N_1}{N_2} = k$$

即

$$\frac{U_1}{U_2} = \frac{N_1}{N_2} = k \quad (3-15)$$

由式 (3-15) 可知,变压器负载运行时,一、二次绕组上电压的比值等于两者的匝数比,这个比值 k 称为变压器的电压比。当一、二次绕组匝数不同时,变压器就可以把某一数值的交流电压变换为同频率的另一数值的电压,这就是变压器的电压变换作用。当 $N_1 > N_2$ 时,$k > 1$,这种变压器称为降压变压器,反之为升压变压器。

(2) 电流变换 变压器运行时，一、二次绕组的磁动势方向相反，即二次电流 i_2 对一次电流 i_1 产生的磁通有去磁作用。当负载阻抗减小，二次电流 i_2 增大时，铁心中的主磁通将减小，于是一次电流 i_1 必然增加，以保持主磁通基本不变。无论负载怎样变化，一次电流 i_1 总能按比例自动调节以适应负载电流的变化。当变压器额定运行时，可认为 $N_1 I_1 \approx N_2 I_2$，于是得变压器一、二次侧电流有效值的关系为

$$\frac{I_1}{I_2} \approx \frac{N_2}{N_1} = \frac{1}{k} \tag{3-16}$$

由式（3-16）可知，当变压器额定运行时，一、二次电流之比近似等于其匝数比的倒数。改变一、二次绕组的匝数，可以改变一、二次绕组电流的比值，这就是变压器的电流变换作用。

(3) 阻抗变换 如图 3-16 所示，变压器一次绕组接电源电压 u_1，二次绕组接负载阻抗 $|Z_L|$，对于电源来说，图中点画线框内的电路可用另一个阻抗 $|Z_1'|$ 来等效代替。当忽略变压器的漏磁和损耗时，等效阻抗可由下式求得

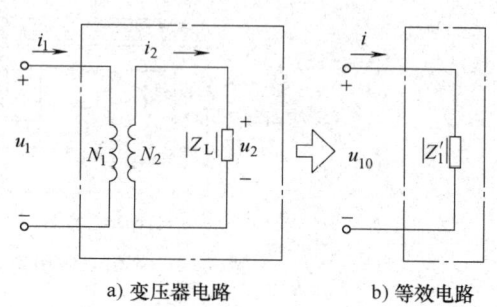

图 3-16 变压器阻抗变换

$$|Z_1'| = \frac{U_1}{I_1} = \frac{(N_1/N_2) U_2}{(N_2/N_1) I_2} \left(\frac{N_1}{N_2}\right)^2 |Z_L| = k^2 |Z_L| \tag{3-17}$$

式（3-17）中 $|Z_L| = U_2/I_2$ 为负载阻抗，式（3-8）说明，在电压比为 k 的变压器二次绕组接阻抗为 $|Z_L|$ 的负载，相当于在电源上直接一个阻抗 $|Z_1'| = k^2 |Z_L|$，通过选择合适的电压比可把实际负载阻抗变换为所需的数值，这就是变压器的阻抗变换。

在电子电路中，为了提高信号的传输功率，常用变压器将负载阻抗变换为适当的数值，这种做法即为阻抗匹配。

3. 特殊的变压器

(1) 自耦变压器 自耦变压器的结构特点是：二次绕组是一次绕组的一部分，而且一、二次绕组不仅有磁的耦合，还有电的联系。上述变电压、变电流和变阻抗关系都适用于它。如图 3-17 所示，有

$$\frac{U_1}{U_2} = \frac{I_2}{I_1} = \frac{N_1}{N_2} \tag{3-18}$$

式中，U_1、I_1 为一次绕组的电压和电流；U_2、I_2 为二次绕组的电压和电流。

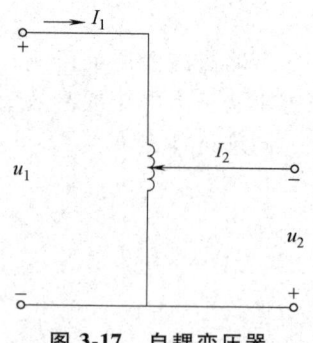

图 3-17 自耦变压器

实验室中常用的调压器就是一种可改变二次绕组匝数的特殊自耦变压器，它可以均匀地改变输出电压，图 3-18 所示为单相自耦变压器外形和原理，除了单相自耦变压器之外，还有三相自耦变压器。但使用自耦变压器时应注：输入端应接交流电源，输出端接负载，不能接错，否则可能将变压器烧坏；使用完毕后，手柄应退回零位。

(2) 互感器 互感器是配合测量仪表专用的小型变压器，使用互感器可以扩大仪表的测量范围，使仪表与高压隔开，保证仪表安全使用。根据用途不同，互感器分为电压互感器

和电流互感器两种。

1）电压互感器：电压互感器是一台一次绕组匝数较多而二次绕组匝数较少的小型降压变压器。一次绕组与被测电压的电路并联，而二次绕组与电压表相接，二次额定电压一般为100V，如图3-19所示。电压互感器一、二次电压关系为

$$U_1 = \frac{N_1}{N_2}U_2 \tag{3-19}$$

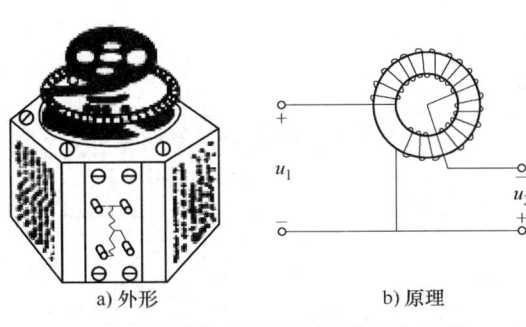

图3-18 单相自耦变压器外形和原理

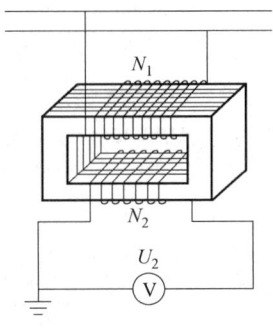

图3-19 电压互感器

电压互感器正常运行时二次绕组不应短路，否则将会烧坏互感器。同时为了保证人员安全，高压电路与仪表之间应有良好的绝缘材料隔开。而且，铁心与二次侧的一端应安全接地，以免绕组间绝缘击穿而引起触电。

2）电流互感器：电流互感器是一台一次绕组匝数很少而二次绕组匝数很多的小型升压变压器。其一次绕组与被测电流的电路串联，二次绕组与电流表相接，如图3-20所示。电流互感器一、二次电流关系为

$$I_1 = \frac{N_2}{N_1}I_2 \tag{3-20}$$

其中电流互感器二次绕组额定电流一般为5A。

使用电流互感器时应注意：二次绕组不能开路，否则会产生高压危险，而且会使铁心温度升高，严重时会烧毁互感器；同时要求二次绕组一端与铁心共同接地。

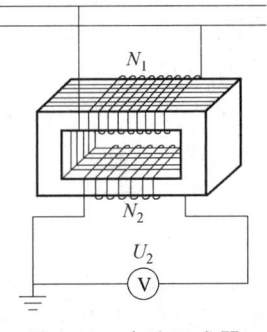

图3-20 电流互感器

3.3.3 电磁阀

电磁阀是用来控制流体方向的自动化基础元件，属于执行器。它通过一个电磁线圈来控制阀芯位置，达到对阀门开关的控制，以切断或接通流体源实现改变流体流动方向的目的，从而对介质方向进行控制。简单地说，电磁阀就是一个运用电磁转换原理工作的无触点机械开关。电磁阀可以配备不同的电路来实现预期的控制。

1. 电磁阀的结构、分类和符号

（1）电磁阀的结构　电磁阀主要由阀体、阀芯、动铁心、线圈、弹簧等组成。当线圈通电或断电时，所产生的磁场会改变阀芯的运动方向，从而使流体通过阀体或在阀体处被切断。

(2) 电磁阀的分类 电磁阀按原理可分为直动式电磁阀、分步直动式电磁阀和先导式电磁阀 3 大类；电磁阀按气路通断方式可分为常闭型和常开型。生产中常用的电磁阀有二位二通、二位三通、二位四通及二位五通等。

(3) 电磁阀的符号 表 3-1 所示为常见电磁阀图形符号，图形符号的含义如下：

1) 用方框表示阀的工作位置，有几个方框就表示有几"位"。
2) 方框内的箭头表示油路处于接通状态，但箭头方向不一定表示液流的实际方向。
3) 方框内符号"⊥"或"⊤"表示该通路不通。
4) 方框外部连接的接口数有几个，就表示有几"通"。

表 3-1 常见电磁阀图形符号

动作原理及通路		常闭型	常开型
二位二通	直动式		
	先导式		

2. 电磁阀的工作原理

电磁阀的工作原理就是电流通过电磁线圈时利用电磁线圈产生的电磁力的作用，推动阀芯移动，实现各个气路或油路的通断。单电控的电磁阀失电时在弹簧力的作用下回复原位，双电控的电磁阀保持原位，先导式电磁阀依功能而定。

图 3-21 所示为直动式电磁阀的工作原理。通电时，电磁线圈产生电磁力把关闭件从阀座上提起，阀门打开；断电时，电磁力消失，弹簧把关闭件压在阀座上，阀门关闭。

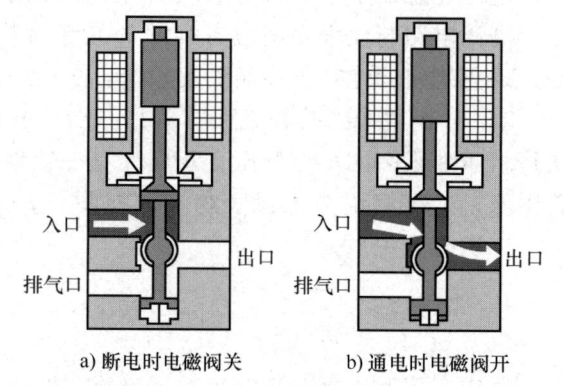

a) 断电时电磁阀关　　b) 通电时电磁阀开

图 3-21 直动式电磁阀工作原理图

特点：在真空、负电压、零电压时能正常工作，但通径一般不超过 25mm。

3.3.4 继电器

继电器是自动控制电路中一种常用的电磁元器件，它是一种用较小的电流来控制较大电流的自动开关，在电路中起自动操作、自动调节、安全保护等作用。在工业控制中使用的中间继电器、热继电器等体积较大，线圈通过的电流或承受的电压较大，触点允许通过的电流也较大。在汽车电气系统中使用的继电器体积较小，触点控制的电流也较小，属于小型继电器。

汽车控制电路大多采用电磁式继电器作为控制执行部件，电磁式继电器如图 3-22 所示。当线圈两端加上直流电压时，就会有电流流过线圈，在线圈的周围产生磁场。当铁心的吸引力克服复位弹簧的弹力而使衔铁（动铁心）吸向静铁心时，将带动常闭触点（触点 3、5）断开，而常开触点（触点 3、4）闭合；当线圈断电后，磁力消失，衔铁（动铁心）在回位弹簧的作用下返回原来位置，使常闭触点恢复闭合，常开触点恢复打开。

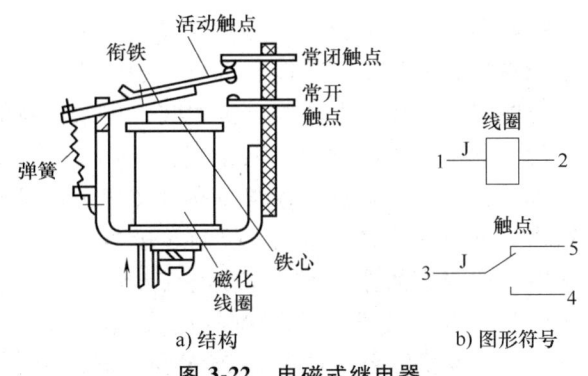

图 3-22 电磁式继电器

图 3-23 所示为汽车电路中常用的继电器内部结构及插座插脚。

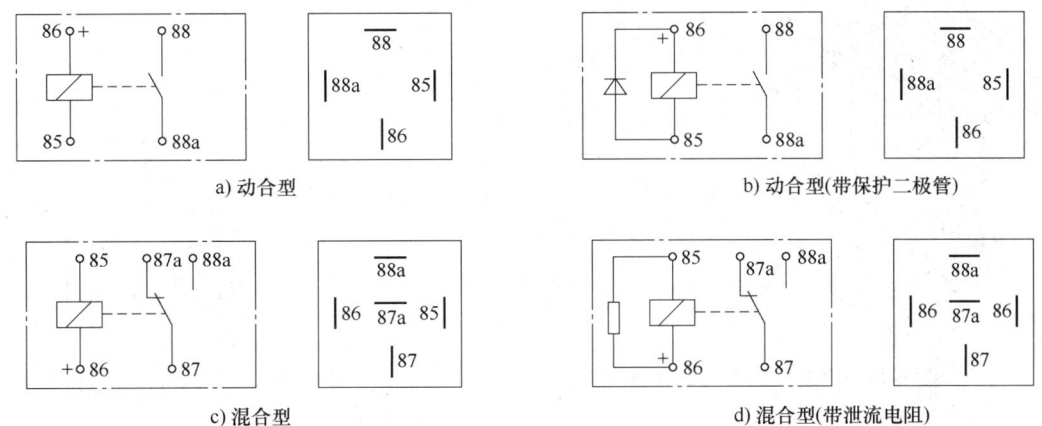

图 3-23 汽车电路中常用的继电器内部结构及插座插脚

3.3.5 接触器

接触器是一种能按外来信号远距离地自动接通或断开正常工作的主电路或大容量控制电路的自动控制电器。接触器按电磁线圈所通电流的不同分为直流接触器和交流接触器。

1. 直流接触器

直流接触器是指铁心为直流控制的接触器，其被控制电路可以是直流也可以是交流。直流接触器的铁心与交流接触器不同，它没有涡流存在，因此一般用软钢或工业纯铁制成圆形。由于直流接触器的吸引线圈通以直流，所以没有冲击的起动电流，也不会产生铁心猛烈撞击现象，因而它的寿命长，适用于频繁起停的场合。

2. 交流接触器

交流接触器是指铁心为交流控制的接触器，它是利用电磁吸力及弹簧反力的配合作用，使触点闭合与断开的一种电磁式自动切换电器，适用于控制电机的运转、无感和微感电力负荷、电力设备的工作。

按状态的不同，交流接触器的触点分为动合触点和动断触点两种。接触器在线圈未通电时的状态称为释放状态；线圈通电、铁心吸合时的状态称为吸合状态。接触器处于释放状态时断开，而处于吸合状态时闭合的触点称为动合触点，反之称为动断触点。

按用途的不同，交流接触器的触点又分为主触点和辅助触点两种。主触点接触面积大，能通过较大的电流；辅助触点接触面积小，只能通过较小的电流。

主触点一般为3对动合触点，串接在电源和电机之间，用来切换电机的电源电路，以起到直接控制电机起停的作用，这部分电路称为主电路。

辅助触点既有动合触点，也有动断触点，通常接在由按钮和接触器线圈组成的控制电路中，以实现某些功能，这部分电路又称辅助电路。交流接触器的结构及符号如图3-24所示。

接触器线圈通电时，在电磁吸力的作用下，动铁心带动动触点一起下移，使同一触点组中的动触点和静触点有的闭合，有的断开。当线圈断电后，电磁吸力消失，动铁心在弹簧的作用下复位；触点组也恢复到原来的状态。图3-25所示为交流接触器工作原理示意图。

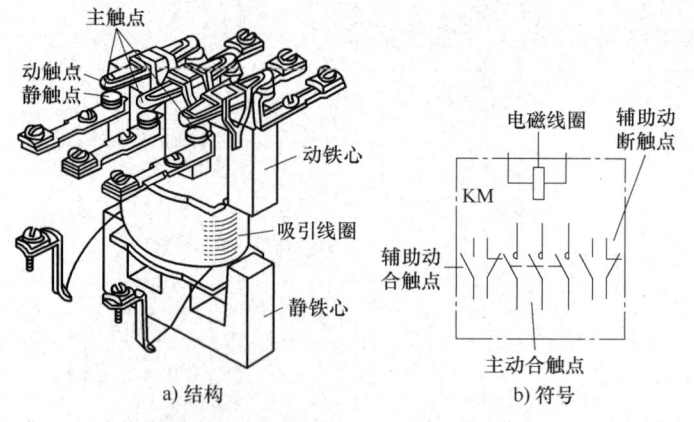

图 3-24 交流接触器的结构及符号

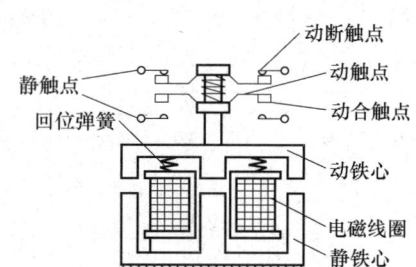

图 3-25 交流接触器工作原理示意图

由接触器的工作过程可知，它的电磁系统动作质量依赖于电源电压、阻尼机构和反力弹簧等，并不可避免地存在不同程度的动、静铁心的"撞击"和"弹跳"等现象，甚至造成触头熔焊和线圈烧损等问题。接触器采用微处理器控制电磁铁线圈电流，调节接触器闭合过程，实现动铁心的软着陆，减弱动静铁心的冲击，减小触头的弹跳，消除焊接现象。把传感器和微处理器相结合，能实现多种电机保护功能，如过载保护、断相保护、三相不平衡和接地保护。将被接触器控制的变电站内的功率、直流电压、主变温度、档位等信号进行采集，上传到监控后台，便于运行人员进行工况监视。

小结

本章主要介绍磁路的基础知识和铁心线圈磁路，再讨论变压器、电磁铁、电磁阀、继电器、接触器的结构及工作原理。

磁路是磁通集中通过的路径。由于铁磁材料具有高磁导率，所以很多电气设备如变压器、电磁铁、电机、交流接触器等均用铁磁材料来构成磁路。

课后练习

一、填空题

1. 磁感应强度是表示磁场内某点的磁场_____和_____的物理量。
2. 铁磁材料具有_____性、_____性和_____性。

3. 变压器的"三变"作用是变_____、变_____和变_____。
4. 变压器运行时其内部存在_____损耗和_____损耗。
5. 电磁铁是由_____、_____和_____三部分组成的。
6. 互感器是配合测量仪表专用的小型_____，使用互感器可以扩大_____，使仪表与高压隔开，保证仪表安全使用。根据用途不同，互感器分为_____互感器和_____互感器两种。
7. 电磁阀是用来控制_____的自动化基础元件，属于_____。它通过一个电磁线圈来控制_____，达到对_____的控制。
8. 继电器是自动控制电路中常用的一种_____，它是用_____来控制_____的一种_____，在电路中起着_____、_____、安全保护等作用。

二、选择题

1. 铁磁物质的磁导率（　　）。
   A. $\mu > 1$　　B. $\mu = 1$　　C. $\mu < 1$　　D. $\mu \gg 1$
2. 变压器的负载为感性负载时，随着负载的增大二次电压将（　　）。
   A. 上升　　B. 不变　　C. 下降　　D. 可能上升，也可能下降
3. 变压器一、二次绕组的电流和一、二次绕组匝数（　　）。
   A. 成正比　　B. 成反比　　C. 无关　　D. 可能成正比，也可能成反比
4. 磁滞现象在下列哪类材料中表现较明显（　　）。
   A. 软磁材料　　B. 非磁性材料　　C. 硬磁材料　　D. 矩磁材料
5. 磁场强度和磁场中某点的磁感应强度（　　）。
   A. 成正比　　B. 成反比　　C. 相等　　D. 无关
6. 交流铁心线圈的主磁通与电源电压（　　）。
   A. 成反比　　B. 成正比　　C. 无关　　D. 相等
7. 变压器的电压比 $k > 1$ 时，变压器为（　　）。
   A. 升压变压器　　B. 降压变压器
   C. 升压降压变压器　　D. 电流互感器

三、计算题

1. 有一台单相照明变压器，容量为10kV·A，额定电压为3300V/220V。1）欲在二次侧接上220V、60W的白炽灯，若要变压器在额定负载下运行，这种白炽灯可接多少盏？2）求一、二次绕组的电流。
2. 有一台电压为220V/36V的降压变压器，二次绕组接一盏36V、40W的白炽灯，试求：1）若一次绕组匝数是1100，二次绕组的匝数是多少？2）灯点亮后，一、二次绕组电流各为多少？
3. 单相变压器的容量 $S_N = 40$kV·A，额定电压为3300V/220V。试计算：1）变压器的电压比；2）一、二次绕组的额定电流。

四、简述题

1. 简述铁磁材料按其磁性能分类，各种铁磁材料的特性和用途。
2. 简述电磁铁的结构及工作原理。
3. 简述电磁阀的工作原理。
4. 简述交流接触器的结构、工作原理和用途。

第4章 车用驱动电机

学习目标

- 了解直流电机的结构,掌握直流电机的工作原理和用途。
- 熟悉三相异步电机的结构,掌握三相异步电机的工作原理。
- 掌握永磁同步电机的结构、工作原理和特性。
- 理解开关磁阻电机的性能、工作原理和功能。

4.1 直流电机

直流电机指能将直流电能转换成机械能的旋转电机,其电机定子提供磁场,直流电源向转子的绕组提供电流,换向器使转子电流与磁场产生的转矩保持方向不变。根据是否配置有常用的电刷-换向器可以将直流电机分为两类,即有刷直流电机和无刷直流电机。无刷直流电机既保持了传统直流电机良好的调速性能,又具有无滑动接触和换向火花、可靠性高、使用寿命长及噪声低等优点,因而在航空航天、数控机床、机器人、新能源汽车(又称电动汽车)、计算机外围设备和家用电器等方面获得了广泛应用。

车用直流电机与一般工业用的电机相比,具有以下特点:

1) 电枢轴长,以便安装用于速度检测的脉冲发生器。
2) 转子直径小、轴长,以适应高速旋转。
3) 电枢槽多,以便于散热。
4) 对于有刷电机,检查口大,以便于换向片、电刷等的定期检查和维护。
5) 电刷的预压紧力高,以防止电刷误动作。

4.1.1 有刷直流电机

1. 有刷直流电机的结构

有刷直流电机的结构由两个主要部分组成:一是静止部分(称为定子),主要用来产生磁场;二是转动部分(称为转子,通常称电枢),是机械能变为电能(发电机)或电能变为机械能(电动机)的枢纽,定子和转子之间有一定的间隙称为气隙。图4-1所示为有刷直流电机的外形和结构。

(1) 定子 固定主磁极的螺钉定子主要由主磁极、换向磁极、电刷和机座等组成。定子的功能是用来产生磁通和进行机械固定。

1)主磁极：定子主磁极的作用是产生主磁场，磁极可以是永磁体，也可以是电励磁式的，如图 4-2 所示。

2)换向磁极：换向磁极的作用是改善励磁绕组的换向，减少电机运行时电刷下产生的火花。

3)电刷：电刷的作用主要是导通，作为转子电枢绕组的引出端，如图 4-3 所示。目前，高端的新型直流电机的电刷采用先进的电子接触，称为无刷电机。

4)机座：又叫磁轭，由铸钢或钢板制成，是磁路的一部分，也起到固定支撑作用。

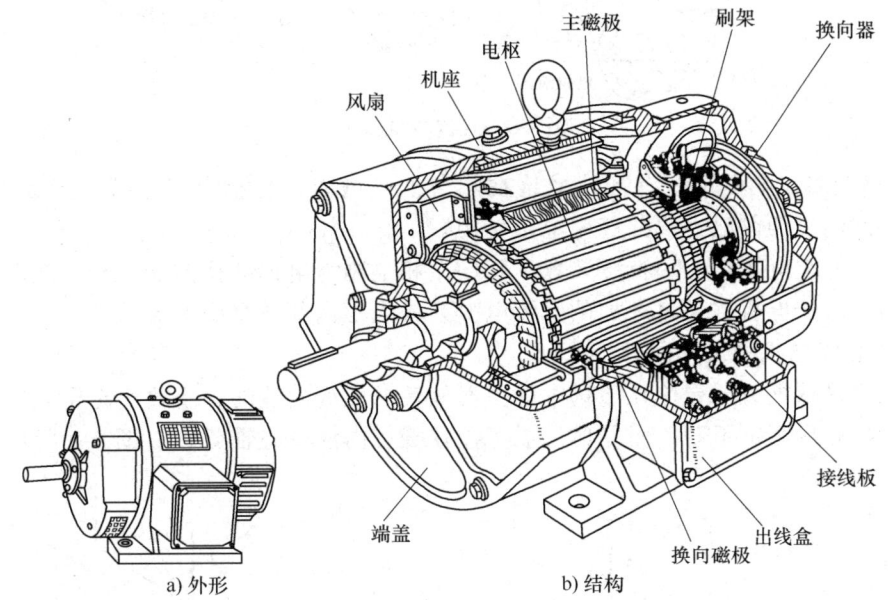

图 4-1 有刷直流电机的外形和结构

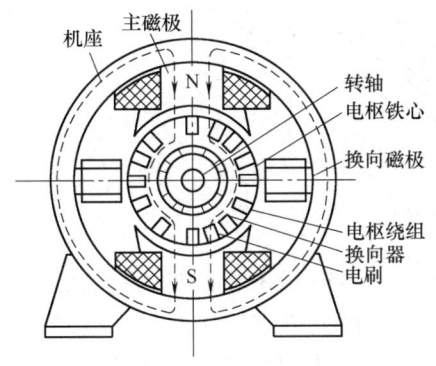

图 4-2 直流电机的主磁极

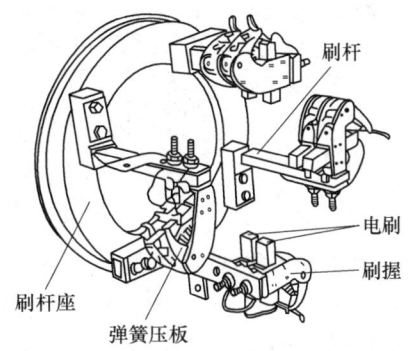

图 4-3 直流电机电刷装置

（2）转子　转子也称为电枢，主要由电枢铁心、电枢绕组及换向器等组成。端盖上装有轴承以支电机转子旋转，端盖固定在机座两端。电刷架安装在端盖上，电刷则与换向器相接触。转子的作用是通电后在磁场中受力产生电磁转矩。电枢铁心由铁磁材料冲压开槽叠片而成，固定在转轴上，如图 4-4 所示。

在电机的定子和转子之间留有气隙，气隙的大小以及定子和转子的结构形式对电机性能有重要影响。

1) 换向器：换向器是由许多换向片组成的整体，装在转子的一端，换向片之间相互绝缘，转动的换向器与固定的电刷滑动接触，使转动的电枢绕组与静止的外电路相连接，如图 4-4 所示。

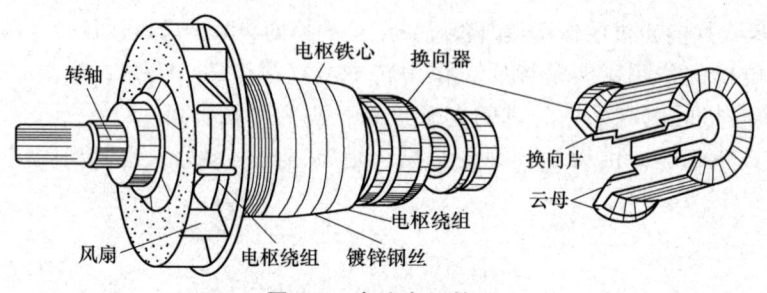

图 4-4 直流电机转子

2) 电枢绕组：电枢绕组有规律地绕在转子铁心槽内，与换向器连接，形成闭合回路。其作用是在运动中切割磁力线并产生电磁转矩。

换向器是直流电机的一种特殊装置，每两个相电刷与电枢的换向器配合，实现电枢绕组的电流换向，对于电机，是将外加的直流电变换成电枢内部的交变电流。

2. 有刷直流电机的工作原理

直流电机是依据载流导体在磁场中受力而旋转的原理制造的，主要由定子和转子两部分组成。通常将磁场固定不动，而导体做成可以在磁场内绕中心轴旋转，图 4-5 所示为直流电机的工作原理。

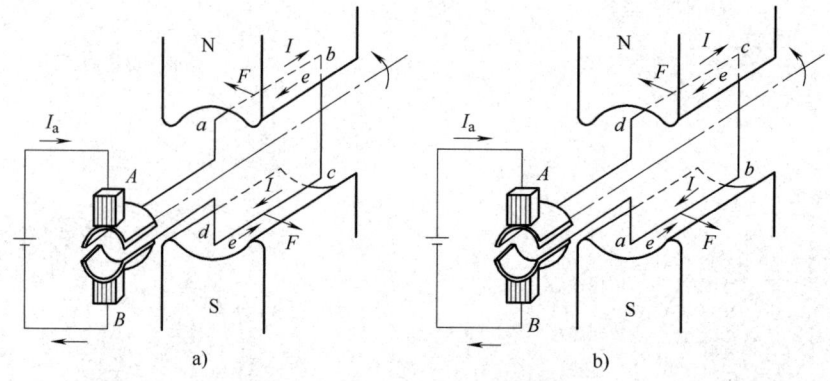

图 4-5 直流电机的工作原理

图 4-5a 中电枢绕组的电流方向为 $A \to a \to b \to c \to d \to B$，图 4-5b 中电枢绕组的电流方向为 $A \to d \to c \to b \to a \to B$。图中 N、S 为直流电机定子主磁极，主磁极上绕有励磁绕组。线圈 $abcd$ 装在可转动的圆柱形铁心上，合称电枢，线圈称为电枢绕组。与电枢绕组两端相连的是两个彼此绝缘的圆弧形铜片，即换向片。电刷 A、B 紧压在换向片上并与外加直流电源相通。电刷是固定不动的，而换向片随电枢一起转动，以保证在电源极性不变的前提下，电枢绕组所受的电磁力始终维持电枢沿某一方向转动。

换向器的作用是把流过电刷两端的直流电流变换成电枢绕组中的交流电流，从而保证直流电机能连续旋转。

直流电机的旋转方向取决于磁场方向和电枢绕组中的电流方向。只要改变磁场方向或电枢绕组中的电流方向，电机的转向也随之改变。因此改变直流电机转向的方法有两种：一是改变主磁场的方向,即将励磁绕组与直流电源的接线对调,称为励磁绕组反接法,主要用于串励电机;二是改变电枢绕组中的电流方向,称为电枢反接法,用于并励电机。必须注意:如果同时改变主磁场的方向和电枢绕组中的电流方向,则电机转向不变。

直流电机可以通过改变电源电压调速、减小主磁通调速和在电枢回路串入调速电阻调速。

3. 有刷直流电机转矩自动调节原理

根据安培定律,可以推导出直流电机通电后所产生的电磁转矩 M 与磁极的磁通量 Φ 及电枢电流 I_s 之间的关系为

$$M = C_m \Phi I_s \tag{4-1}$$

式中,C_m 为电机的结构常数,它与电机磁极对数 p、电枢绕组导线总根数 Z 及电枢绕组电路的支路对数 a 有关。

由于绕组在转动的同时切割磁力线而产生感应电动势,并根据右手规则判定其方向与电枢电流 I_s 的方向相反,故称反电动势 E_f。反电动势 E_f 与磁极的磁通量 Φ 和电枢的转速 n 成正比,即

$$E_f = C_e \Phi n \tag{4-2}$$

式中,C_e 为电机的结构常数。

电枢回路的电压平衡方程式为

$$U = E_f + I_s R_s \tag{4-3}$$

式中,R_s 为电枢回路电阻,其中包括电枢绕组的电阻和电刷与换向器的接触电阻。

$$M = C_f \Phi I_s \tag{4-4}$$

接通电源的瞬间,电枢转速 $n=0$,电枢反电动势也为 0,此时电枢绕组中的电流达到最大值,即 $I_{sm} = U/R_s$,将相应产生最大电磁转矩,即 M_{max},若此时的电磁转矩大于电机的阻力矩 M_z,电枢就开始加速转动起来。随着电枢转速的上升,E_f 增大,I_s 下降,电磁转矩 M_z 也就随之下降。当 M 下降至与 M_z 相平衡 ($M=M_z$) 时,电枢就以此转速运转。直流电机具有自动调节转矩功能。

如果直流电机在工作过程中负载增大,就会出现如下变化:
$M<M_z \rightarrow n\downarrow \rightarrow E_f\downarrow \rightarrow I_s\uparrow \rightarrow M\uparrow \rightarrow M=M_z$,达到新的稳定。

直流电机在工作过程中负载减小,则出现如下变化:
$M>M_z \rightarrow n\uparrow \rightarrow E_f\uparrow \rightarrow I_s\downarrow \rightarrow M\downarrow \rightarrow M=M_z$,达到新的稳定。

4.1.2 永磁无刷直流电机

在直流电机的转子上装置永久磁铁,转子采用径向永久磁铁制成的磁极,将磁铁插入转子内部或将磁铁固定在转子表面,转子上不再用电刷和换向器为转子输入电流,因此称为永磁无刷直流电机。

如图 4-6 所示,永磁无刷直流电机在工作时,直接将方波电流输入其定子绕组中,控制电机运转。矩形脉冲波电流可以使电机获得较大的转矩。此类电机的优点是效率高、转矩大、高速操作性能好、无电刷、结构简单牢固、免维护或少维护、尺寸小、重量轻。输出转矩与转动惯量比值大于相类似的三相异步电机。

永磁电机在材料的电磁性能、磁极数量、磁场衰退等方面的性能都优于其他种类的电机。因为电流反馈控制的无刷直流电机具有近似正弦气隙磁通密度和正弦定子反馈电流,所

以它比同样尺寸的永磁同步电机的输出功率高15%。永磁无刷直流电机采用永磁体转子，没有励磁损耗。发热的电枢绕组装在外面的定子上，散热性能较好，转速不受机械换向的限制，如果采用空气轴承或磁悬浮轴承，可以在每分钟高达几十万转运行。

永磁无刷直流电机的工作原理如图4-7所示，有6个定子空间磁势，根据转子位置传感器检测到的转子位置和要求转向来决定产生哪一个磁势产生的平均转矩最大。利用电机转子位置传感器输出信号控制电子换向线路来驱动逆变器的功率开关器件，使电枢绕组依次馈电，从而在定子上产生跳跃式的旋转磁场，拖动电机转子旋转。随着电机转子的转动，转子位置传感器又不断送出位置信号，不断改变电枢绕组的通电状态，使得在某一磁极下导体中的电流方向保持不变，从而使电机旋转。永磁无刷直流电机的驱动、回馈制动逻辑控制原理如图4-8所示。

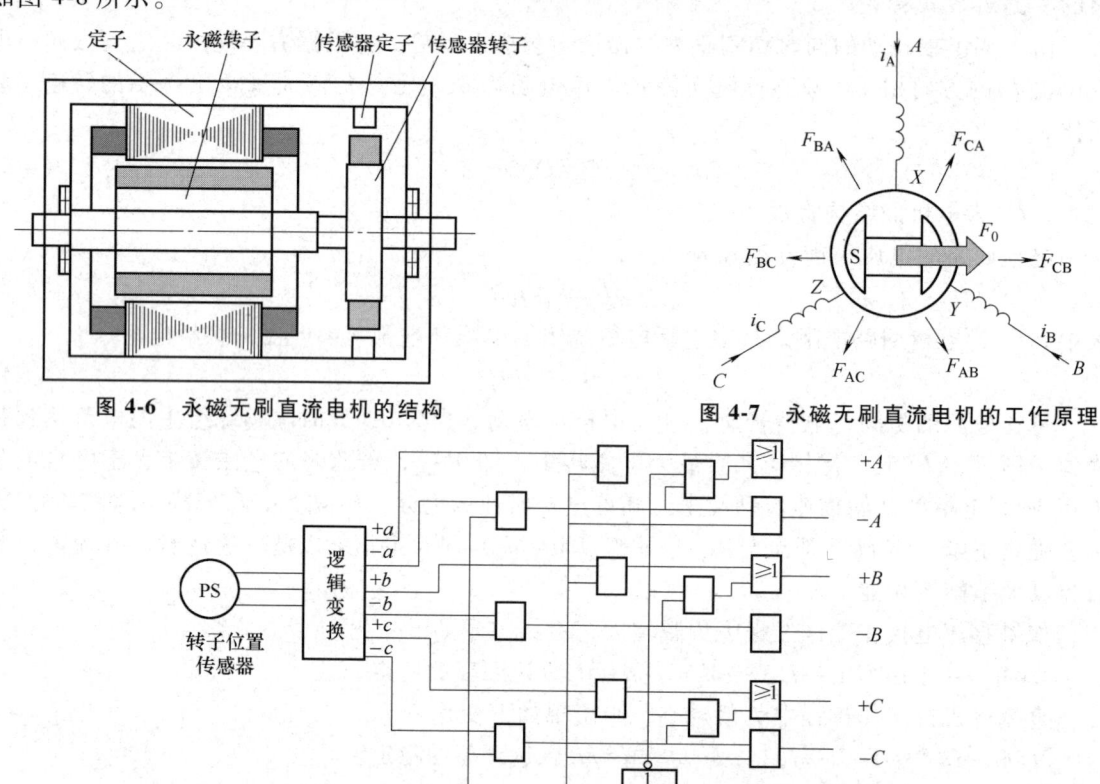

图4-6 永磁无刷直流电机的结构

图4-7 永磁无刷直流电机的工作原理

图4-8 永磁无刷直流电机的驱动、回馈制动逻辑控制原理

延展阅读：车用电机的研发能力决定着国家新能源汽车发展战略能否实施！

经过"九五""十五""十一五""十二五"期间我国对车用电机系统的集中研发和应用，尤其已自主开发了满足各类电动汽车需求的驱动电机系统产品，获得了一大批电机系统的相关知识产权，形成批量生产具有核心竞争力的车用驱动电机系统的能力。我国还对车用电机制造工艺进行了有益的研究探索，如拼块式铁心、高密度的绕线技术，在电机及其控制系统的关键材料与关键零部件方面也获得了初步成果。

4.2 三相异步电机

4.2.1 三相异步电机的结构

三相异步电机的结构主要包括定子和转子两部分。图 4-9 所示为三相笼型异步电机的结构。

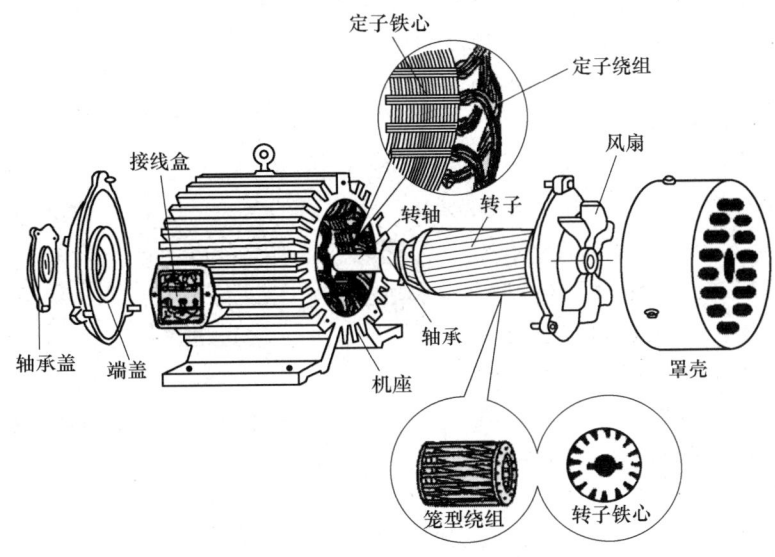

图 4-9 三相笼型异步电机的结构

1. 定子

定子是电机的固定部分,主要由铁心和绕在铁心上的三相绕组构成。铁心一般由表面涂有绝缘漆的硅钢片叠压而成,其内圆周均匀分布一定数量的槽孔,用以嵌置三相定子绕组。

每相绕组分布在几个槽内,整个绕组和铁心固定在机壳上。三相异步电机定子如图 4-10 所示。

定子绕组作为电机的电路部分,通入三相交流电产生旋转磁场。它由嵌放在定子铁心槽中的线圈按一定规则连接成三相定子绕组。

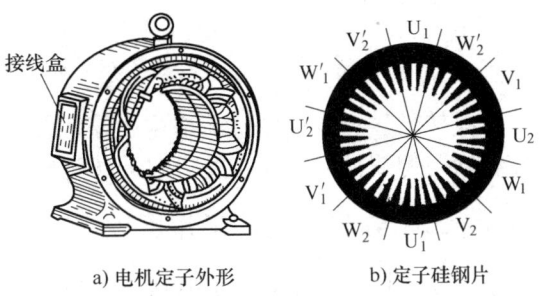

a) 电机定子外形　　b) 定子硅钢片

图 4-10 三相异步电机定子

定子三相绕组的结构完全对称,一般有 6 个出线端 U_1、U_2、V_1、V_2、W_1、W_2,置于机座外部的接线盒内,根据需要接成星形(Y)或三角形(△),如图 4-11 所示,也可将 6 个出线端接入控制电路中实行星形与三角形换接。

当电机每相绕组的额定电压等于电源的相电压时,绕组应做星形联结;当电机每相绕组的额定电压等于电源的线电压时,绕组应做三角形联结。

2. 转子

转子绕组根据构造分成两种：笼型和绕线式。

图 4-12 所示为笼型转子。图 4-12a 所示是转子硅钢片。笼型转子是在转子铁心槽内压进铜条，铜条两端分别焊在两个铜环（端环）上，如图 4-12b 所示。由于转子绕组的形状像一个鸟笼，故称其为笼型转子。为了节省铜材料，中小型电机一般将熔化的铝浇铸在转子铁心槽中，连同短路端环和风扇叶片一次浇铸成形。这样的转子不仅制造简单，而且坚固耐用，如图 4-12c 所示。

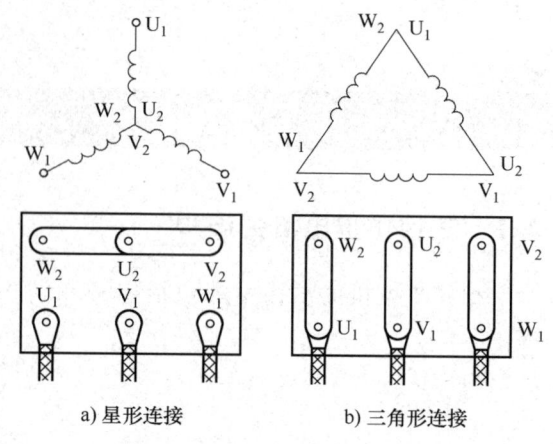

图 4-11 三相异步电机接线方式

绕线转子的铁心与笼型相同，不同的是在转子的铁心槽内嵌置对称三相绕组并做星形联结。三个绕组的末端相连，各相绕组首端通过集电环和电刷引到相应的接线盒里，在起动和调速时可在转子电路中串入附加电阻。绕线转子异步电机的转子结构如图 4-13 所示。其中图 4-13a 为绕线转子电路图，图 4-13b 为绕线转子外形。

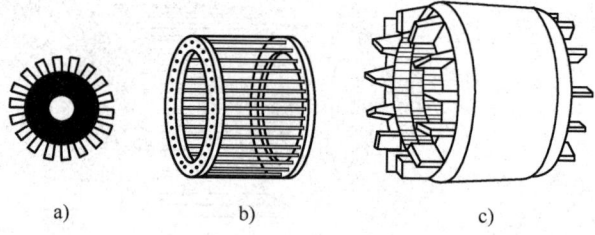

图 4-12 三相异步电机笼型转子

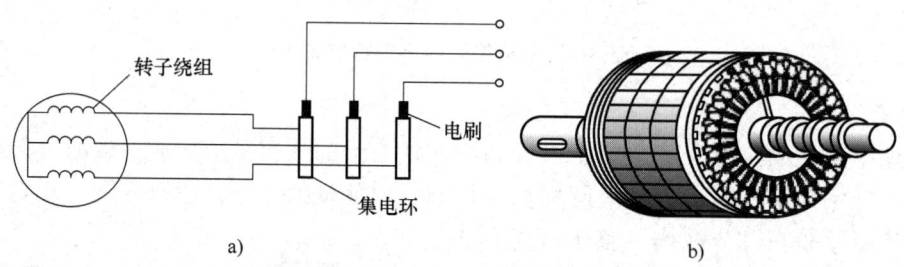

图 4-13 三相异步电机绕线转子

绕线转子异步电机的转子结构比笼型转子结构复杂得多，但绕线转子异步电机能获得较好的起动与调速性能。在需要大起动转矩时（如起重机械），通常采用绕线转子异步电机。

4.2.2 三相异步电机的工作原理

定子绕组接通三相交流电源后，在定子绕组内形成三相对称电流，在电机内形成旋转磁场，转子绕组与旋转磁场产生相对运动并切割磁力线，使转子绕组产生感应电流，两者相互作用产生电磁转矩，使转子转动。

1. 旋转磁场的产生

为了研究问题简便，将电机定子简化为三相六槽结构。在空间上互差 120°的三相对称绕组 U_1U_2、V_1V_2、W_1W_2 中分别通入三相对称交流电流 i_U、i_V、i_W，如图 4-14 所示，它们将产生各自的交变磁场,3个交变磁场将合成一个两极旋转磁场,如图4-15所示。

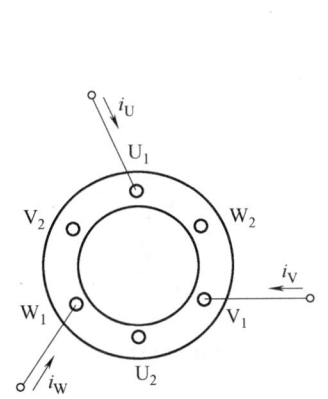

图4-14 三相绕组通入三相交流电流

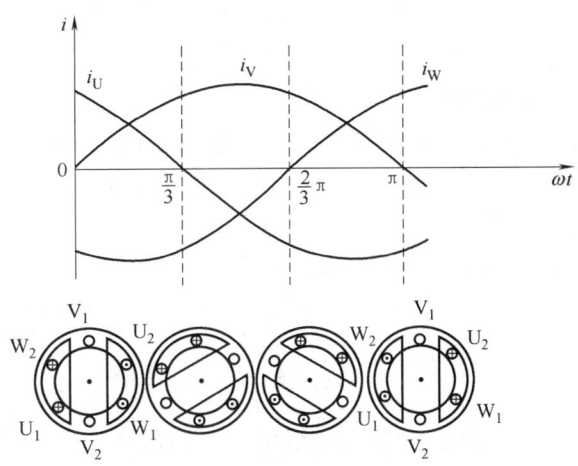

图4-15 旋转磁场的产生

从图4-14可以看出,空间上排列互差120°的三相对称绕组通入三相对称交流电后将产生一对磁极的旋转磁场,电流变化一个周期,该旋转磁场在空间旋转一周,即2π弧度。旋转磁场的磁极对数p与定子绕组的空间排列方式有关,通过适当的布置,可以制成两对、三对或更多对磁极的旋转磁场。

根据以上分析可知,电流变化一个周期,两极旋转磁场($p=1$)在空间旋转一周。若电流频率为f,则旋转磁场的转速$n_0=60f$;若使定子旋转磁场为四极($p=2$),可以证明电流变化一个周期,旋转磁场旋转半周(180°),则$n_0=60f/2$,按类似方法,可推导出具有p对磁极的旋转磁场转速为

$$n_0 = \frac{60f}{p} \tag{4-5}$$

式中,n_0又称同步转速,单位为r/min。

由式(4-5)可知,旋转磁场的转速取决于电源频率f和电机的磁极对数p。我国工业用电的电源频率为50Hz,不同磁极对数旋转磁场的转速见表4-1。

表4-1 不同磁极对数旋转磁场的转速

磁极对数p	1	2	3	4	5
旋转磁场转速n_0/(r/min)	3000	1500	1000	750	600

通过对旋转磁场形成过程的分析可知,旋转磁场转向与通入电机定子绕组的电流相序有关。若要使旋转磁场反转,只需把3根电源线中的任意两根对调(如U、V对调),此时绕组U_1U_2通入相电流i_V,绕组V_1V_2通入相电流i_U,即改变了通入电机定子绕组的三相电流相序。不难作图证明,旋转磁场的方向将会与原来旋转方向相反。

2. 转动原理

旋转磁场以同步转速n_0沿顺时针方向旋转,相当于磁场不动,转子导体逆时针方向切割磁力线,产生感应电动势、感应电流。用右手定则可判定其方向,在转子导体上半部分流

出纸面,下半部分流入纸面。有电流的转子导体在旋转磁场中受到电磁力 F 的作用,用左手定则判断转子受力的方向,如图4-16所示。电磁力对转子转轴形成电磁转矩,使转子沿旋转磁场的方向(顺时针方向)旋转。

3. 转差率

转子转速 n_1 与旋转磁场转速 n_0 同方向且 $n_0 > n_1$,故称为异步电机。通常把同步转速 n_0 与转子转速 n_1 的差值与同步转速 n_0 之比称为异步电机的转差率,用 s 表示为

$$s = \frac{n_0 - n_1}{n_0} \times 100\% \quad (4\text{-}6)$$

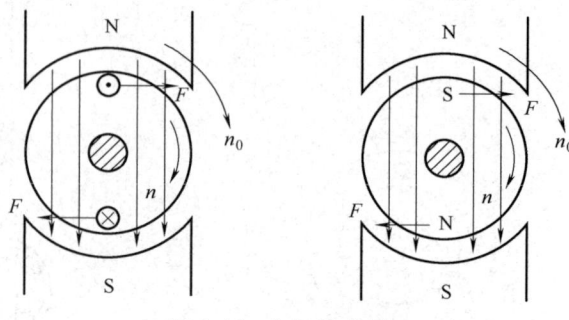

图 4-16 电机转动原理

转差率 s 是描述异步电机运行情况的重要参数。电机在起动瞬间 $n_1 = 0$,$s = 1$,转差率最大;空载运行时,n_1 接近于同步转速 n_0,转差率 s 最小。可见,转差率 s 描述转子转速与旋转磁场转速的差异程度,即电机异步程度。一般三相异步电机在额定转速时的转差率 s 为 0.02~0.06。

【**例 4-1**】 有一台三相异步电机,其额定转速 $n_N = 975 \text{r/min}$。试求电机的磁极对数和额定转差率。电源频率 $f = 50 \text{Hz}$。

解:由于电机的额定转速接近而略小于旋转磁场的转速,而同步转速对应于不同的磁极对数,显然 975r/min 与 1000r/min 最接近,从而确定磁极对数 $p = 3$。

额定负载时的转差率为

$$s = \frac{n_0 - n_1}{n_0} \times 100\% = \frac{1000 - 975}{1000} \times 100\% = 2.5\%$$

4.2.3 三相异步电机的制动与反转

1. 制动

三相异步电机的制动方式有机械制动和电气制动两大类。其中电气制动主要有能耗制动和反接制动。

(1) 能耗制动 在断开电机交流电源的同时给任意两相定子绕组通入直流电流。定子绕组中流过的直流电流在电机内部产生一个不旋转的恒定直流磁场。断电后,电机转子由于惯性作用还按原方向转动,从而切割直流磁场产生感应电动势和感应电流。转子电流与直流磁场相互作用,使转子导体受力所产生的转矩(制动转矩)方向与电机原旋转方向相反,因而起制动作用。制动转矩的大小与通入的直流电流的大小有关。这种制动方法是利用转子惯性转动的能量切割磁场而产生制动转矩,其实质是将转子机械能转换成电能,并最终变成热能消耗在转子回路的电阻上,故称能耗制动。

(2) 反接制动 当电机需要停转时,通过改变电机的三相电源相序,导致旋转磁场反向,使转子产生一个与原转动方向相反的制动转矩,迫使转子迅速停转。当转速接近零时,必须立即切断电源,否则电机将在反向磁场的作用下反转。

在反接制动时,旋转磁场与转子的相对转速很大,定子绕组电流也很大,为确保运行安全,必须在定子绕组中串入限流电阻。

2. 反转

三相异步电机的转子转动方向与定子产生的旋转磁场方向相同,而旋转磁场的转向取决于定子绕组通入的三相电流的相序,所以只要将三根电源线中的任意两根对调,通入定子绕组的电流相序改变,就可使转子的转动方向改变,实现电机反转。

4.2.4 三相异步电机的调速

在实际生产过程中,为满足生产机械的需要,需要人为地改变电机的转速,这就是通常所说的调速。电机调速的方法较多,根据 f_1、p、n_1、s 4个参数之间的关系可得

$$n_1 = (1-s)n_0 = (1-s)\frac{60f_1}{p} \tag{4-7}$$

由(4-7)式可知,改变电源频率 f_1、电机的极数对数 p 或转差率 s 均能改变电机的转速。其中改变 f_1、p 常用于笼型电机的调速;改变转差率 s,则用于绕线转子电机的调速。

1. 变频调速

变频调速指通过改变三相异步电机电源的频率来实现调速。近年来该项调速技术发展得较快,当前主要采用图4-17所示的变频调速装置。它主要由整流器、逆变器、控制电路三部分组成。整流器先将50Hz的交流电转换成电压可调的直流电,再由逆变器变换成频率连续可调、电压可调的三相交流电,以此来实现三相异步电机的无级调速。

在交流异步电机的调速方法中,变频调速具有调速性能好、调速范围广、运行效率高等特点,使得变频调速技术的应用日益广泛。

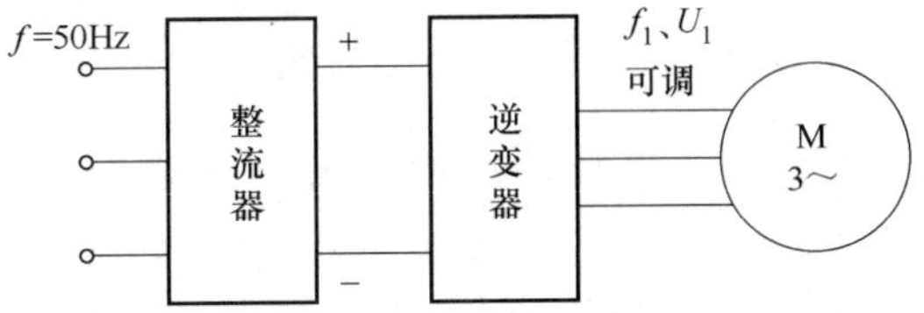

2. 变极调速

变极调速通过改变旋转磁场的磁极对数来实现对三相异步电机的调速。由式(4-7)可知,磁极对数的变化必将改变 n_0 的大小,从而达到改变电机转速 n_1 的目的。

图 4-17 变频调速装置

如前所述,三相异步电机定子绕组接法的不同是引起旋转磁场磁极对数改变的根本原因。这就要求电机的定子有几套绕组或绕组有多个抽头引到外部,通过转换开关改变绕组接法,以改变磁极对数形成多速电机。这种调速方法不能实现无级调速,是有级调速,这是因为旋转磁场的磁极对数只能成对地改变。

变极调速电机受磁极对数的限制,转速级别不会太多,否则电机就会结构复杂、体积庞大,不利于生产应用。常用的变极调速电机有双速或三速电机等,其中双速电机应用最广。

3. 变转差率调速

在三相异步电机的结构中,已提及绕线转子的3根引出线,通过集电环、电刷等最终会接到起动装置或调速用的变阻器 R_2 上。只要改变调速变阻器 R_2 的大小,就可平滑调速。例如增大调速电阻 R_2,电机的转差率 s 增大,转速 n_1 下降,反之转速 n_1 上升,从而实现调速。

变转差率调速的优点在于投资少、调速设备简单,但使用不够经济,耗电量大。这种调速方式大多应用于起重机等设备中。

4.3 永磁同步电机

永磁同步电机是用永久磁铁取代他励式同步电机的转子励磁绕组，电机的定子与普通同步电机相同。转子采用径向永久磁铁制成多层永磁磁极。永磁同步电机具有高效率和高比功率的优点，输出转矩与转动惯量比都大于相类似的三相异步电机，在高速转动时有良好的可靠性，平稳工作时电流损耗小。

永磁同步电机具有功率密度高、调速范围宽、效率高、性能可靠、结构简单、体积小的优点。与相同功率的其他类型的电机相比，永磁同步电机更加适合作为纯电动汽车、燃料电池电动汽车和混合动力电动汽车的驱动电机。

4.3.1 永磁同步电机的类型

按照转子永磁体结构分类，永磁同步电机分为内置式永磁同步电机和外置式永磁同步电机。

按照定子绕组感应电势波形分类，永磁同步电机分为正弦波永磁同步电机和无刷永磁直流电机。

4.3.2 永磁同步电机的结构

永磁同步电机的结构如图 4-18 所示，主要由转子、定子及端盖等各部件组成。永磁同步电机的定子结构与普通感应电机的结构非常相似，转子结构与异步电机的最大不同是在转子上放有高质量的永磁体磁极，根据在转子上安放永磁体位置的不同，永磁同步电机通常分为内置式转子结构和外置式转子结构。

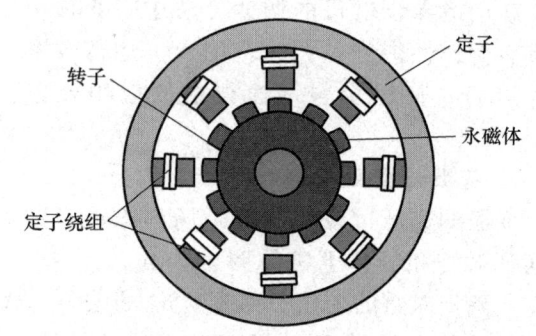

图 4-18 永磁同步电机的结构

1. 内置式永磁同步电机

内置式永磁同步电机按永磁体磁化方向可分为径向式、切向式和混合式，在有阻尼绕组的情况下如图 4-19 所示。内置式永磁同步电机转子由于内部嵌入永磁体，导致转子机械结构上的凸极特性。内置式转子结构——永磁体位于笼型导条和转轴之间的铁心中，起动性能好，目前大多数电动汽车所用的永磁同步电机都采用这种结构。

2. 外置式永磁同步电机

外置式永磁同步电机转子结构如图 4-20 所示，根据永磁体是否嵌入转子铁心中，可以分为面贴式和插入式两种。外置式永磁同步电机的结构比内置式永磁同步电机简单，且具有制造容易、成本低等优点，因而工业上应用较多。其中，面贴式永磁同步电机转子结构最为简单，与插入式相比，它提高了转子表面的平均磁密度，可以得到更大的电磁转矩。现阶段，工业上应用最多的是面贴式永磁同步电机。

图 4-19 内置式永磁同步电机转子的结构

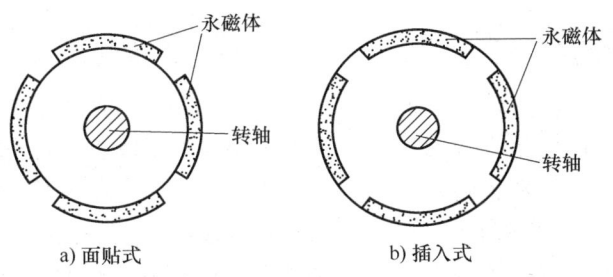

图 4-20 外置式永磁同步电机转子的结构

4.3.3 永磁同步电机的工作原理

永磁同步电机三相六状态工作原理如图 4-21 所示，永磁同步电机的起动和运行由定子绕组、转子笼型绕组和永磁体这三者产生的磁场的相互作用而形成。电机静止时，给定子绕组通入三相对称电流，产生定子旋转磁场，定子旋转磁场相对于转子旋转，在笼型绕组内产生电流，形成转子旋转磁场，定子旋转磁场与转子旋转磁场相互作用产生的异步转矩使转子由静止开始加速转动。在这个过程中，转子永磁磁场与定子旋转磁场转速不同，会产生交变转矩。

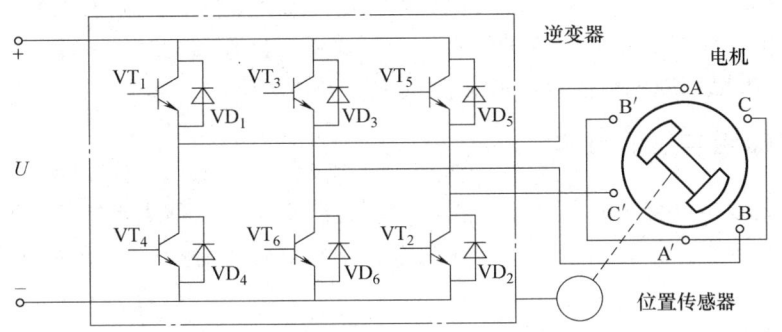

图 4-21 永磁同步电机三相六状态工作原理

当转子加速到速度接近同步转速时，转子永磁磁场与定子旋转磁场的转速接近相等，定子旋转磁场速度稍大于转子永磁磁场，它们相互作用产生转矩将转子牵入同步运行状态。在同步运行状态下，转子绕组内不再产生电流。此时转子上只有永磁体产生磁场，它与定子旋转磁场相互作用，产生驱动转矩。由此可知，永磁同步电机是靠转子绕组的异步转矩实现起动的。起动完成后，转子绕组不再起作用，由永磁体和定子绕组产生的磁场相互作用产生驱动转矩。

4.4 开关磁阻电机

开关磁阻电机（SRM）是一种新型调速电机，是继变频调速系统、无刷直流电机调速系统后的最新一代调速系统。它具有结构简单坚固、调速范围宽、系统可靠性高、控制灵活、运行效率高，适于高速与恶劣环境运行等优点，广泛应用于航空航天、电子、机械及电动车辆等领域。

4.4.1 开关磁阻电机的性能特点

1）开关磁阻电机的结构简单，转子上没有任何形式的绕组，定子上只有简单的集中绕组，端部较短，没有相间跨接线，因此具有制造工序少、成本低、工作可靠、维修量小等特点，适用于各种恶劣、高温甚至强振动环境。

2）开关磁阻电机调速范围宽、控制灵活，易于实现各种特殊要求的转矩-速度特性，起动转矩大、低速性能好，没有异步电机在起动时所出现的冲击电流的现象。

3）开关磁阻电机的转矩与电流极性无关，从而减少了功率变换器的开关器件数量，降低了成本，同时功率变换器元件减少，也不会出现直通故障，且可靠性高，控制方便，容易实现正转、反转和起动、制动等特定的调节控制。

4）开关磁阻电机转子的结构形式对转速限制小，可制成高转速电机，而且转子的转动惯量小，在电流每次换相时又可以改变相匝转矩的大小和方向，因而系统有良好的动态响应。

5）损耗小。损耗主要产生在定子，电机易于冷却，电机转子不存在励磁及转差损耗，由于功率变换器元件少，相应的损耗也小。

6）可控参数多、调速性能好。可控参数有主开关开通角、主开关关断角、相电流幅值和直流电源电压。开关磁阻电机适于频繁起、停及正、反转运行。

7）开关磁阻电机控制较复杂，转矩脉动大，噪声、振动大。

4.4.2 开关磁阻电机的结构

磁阻电机大致可以分为开关磁阻电机、同步磁阻电机和其他类型磁阻电机3类。开关磁阻电机的转子和定子上都有凸极，同步磁阻电机中只有转子有凸极，定子的结构和异步电机的定子相同。

开关磁阻电机一般为凸极铁心结构，其定子、转子均由普通硅钢片叠压而成。转子上既无绕组也无永久磁体，一般装有位置检测器。定子上绕有集中绕组，径向相对的两个绕组串联构成一相绕组。根据相数和定子、转子极数的配比，开关磁阻电机可以设计成不同的结构，如图4-22所示。

4.4.3 开关磁阻电机的工作原理

图4-23所示为四相8/6极开关磁阻电机的工作原理。图中只画出A相绕组及其供电电路。开关磁阻电机的运行原理遵循"磁阻最小原理"，磁通总要沿着磁阻最小的路径闭合，

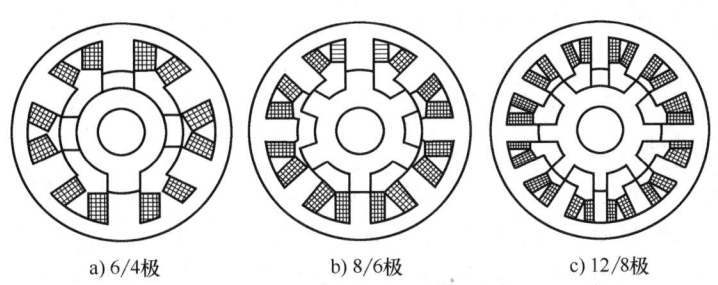

a) 6/4极　　　　　　b) 8/6极　　　　　　c) 12/8极

图 4-22　开关磁阻电机的基本结构

而具有一定形状的铁心在移动到最小磁阻位置时，必使自己的主轴线与磁场的轴线重合。图 4-23 中，当定子 D-D′极励磁时，1-1′向定子轴线 D-D′重合的位置转动，并使 D 相励磁绕组的电感最大。若以图中定、转子所处的相对位置作为起始位置，则依次 D→A→B→C 相绕组通电，转子即会逆着励磁顺序以逆时针方向连续旋转；反之，若依次给 B→A→D→C 相通电，则电机即会沿顺时针方向转动。可见，开关磁阻电机的转向与相绕组的电流方向无关，而仅取决于相绕组通电的顺序。

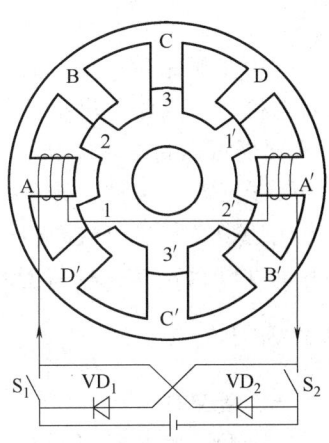

图 4-23　四相 8/6 极开关磁阻电机的工作原理

另外，从图 4-23 可以看出，当主开关器件 S_1、S_2 导通时，A 相绕组从直流电源吸收电能，而当 S_1、S_2 断开时，绕组电流经续流二极管 VD_1、VD_2 继续流通，并回馈给电源。因此，开关磁阻电机传动的共性特点是具有再生作用、系统效率高。

4.4.4　开关磁阻电机驱动系统

开关磁阻电机驱动系统是高性能机电一体化系统，主要由开关磁阻电机、功率变换器、控制器、转子位置检测器四大部分组成，开关磁阻电机驱动系统框图如图 4-24 所示。其中开关磁阻电机为驱动系统的主要组成部分，实现电能向机械能的转化。功率变换器是连接电源和电机的开关器件，用以提供电机所需的电能。传感器主要用来反馈位置及电流信号，并传送给控制器。控制器是系统的中枢，起决策和指挥作用，主要针对传感器提供的转子位置、速度和电流反馈信息以及外部输入的指令，实时加以分析处理，进而采取相应的控制决策，控制功率变换器中主开关器件的工作状态，控制开关磁阻电机。

开关磁阻电机驱动系统在电动汽车领域应用的主要优势如下：

1) 通过适当的控制策略和系统设计，开关磁阻电机能满足电动汽车四象限运行要求，并能在高速运行区域内保持较强的制动能力。

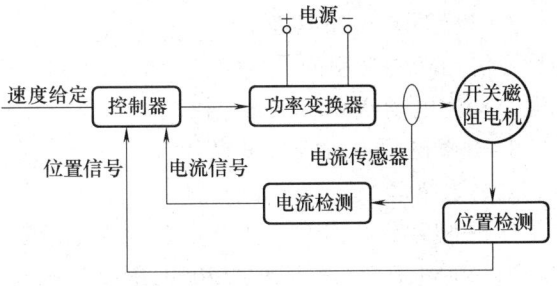

图 4-24　开关磁阻电机驱动系统框图

2）开关磁阻电机驱动系统有良好的散热性能，功率密度大，减小了电机体积和质量，节省了电动汽车的有效空间。

3）开关磁阻电机在很宽的功率和转速范围内都能保持高效率，能有效提高电动汽车一次充电的连续行驶里程。

4）开关磁阻电机可以达到良好的控制特性，而且容易智能化，从而能通过编程和替换电路元器件满足不同类型电动汽车的运行要求。

5）开关磁阻电机驱动系统无须或很少需要维护，适用于高温、恶劣环境，具有良好的适应性能。

小结

应用在新能源汽车上的驱动电机主要有直流电机、三相异步电机、永磁同步电机、开关磁阻电机等。直流电机指能将直流电能转换成机械能的旋转电机，根据是否配置有常用的电刷-换向器可以将直流电机分为两类，即有刷直流电机和无刷直流电机。三相异步电机由定子和转子两部分组成，转子按结构的不同有笼型和绕线转子两种。永磁同步电机是用永久磁铁取代他励式同步电机的转子励磁绕组，转子采用径向永久磁铁制成多层永磁磁极。开关磁阻电机（SRM）是一种新型调速电机。

课后练习

一、填空题

1. 有刷直流电机的结构由两个主要部分组成，一是_____，主要用来产生磁场，二是_____。

2. 在直流电机的转子上装置_____，转子采用_____磁极。

3. 三相异步电机主要由_____和_____两大部分组成。电机的铁心是由相互绝缘的硅钢片叠压制成。电机的定子绕组可以连接成_____或_____两种方式。

4. 旋转磁场的旋转方向与通入定子绕组中三相电流的_____有关。异步电机的转动方向与旋转磁场的方向_____。旋转磁场的转速决定于旋转磁场的_____。

5. 人为地改变电机的转速称为调速。三相异步电机常用的调速方法有_____、_____和_____。

6. 永磁电机在_____、_____、_____等方面的性能都优于其他种类的电机。

7. 永磁同步电机具有_____、_____、_____、体积小的优点。与相同功率的其他类型的电机相比，更加适合作为纯电动汽车、燃料电池电动汽车和混合动力电动汽车的驱动电机。

8. 开关磁阻电机大致可以分为_____、_____和_____3类。

二、选择题

1. 三相对称绕组在空间位置上应彼此相差（　　）。
   A. 60°电角度　　　B. 120°电角度　　　C. 180°电角度　　　D. 360°电角度

2. 三相异步电机的旋转方向与通入三相绕组的三相电流（　　）有关。

A. 大小　　　　　B. 方向　　　　　C. 相序　　　　　D. 频率

3. 三相异步电机旋转磁场的转速与（　　）有关。

A. 负载大小　　　　　　　　　　B. 定子绕组上电压大小

C. 电源频率　　　　　　　　　　D. 三相转子绕组所串联电阻的大小

4. 三相异步电机的起动电流与起动时的（　　）。

A. 电压成正比　　　　　　　　　B. 电压的二次方成正比

C. 电压成反比　　　　　　　　　D. 电压的二次方成反比

5. 能耗制动的方法就是在切断三相电源的同时（　　）。

A. 给转子绕组中通入交流电　　　B. 给转子绕组中通入直流电

C. 给定子绕组中通入交流电　　　D. 给定子绕组中通入直流电

6. 从能量转换的角度看直流电动机属于（　　）。

A. 输入机械能输出直流电能　　　B. 输入交流电能输出机械能

C. 输入直流电能输出直流电能　　D. 输入直流电能输出机械能

7. 直流电机在旋转一周的过程中，某一个电枢绕组中所通过的电流是（　　）。

A. 直流电流　　　　　　　　　　B. 交流电流

C. 互相抵消正好为零　　　　　　D. 脉冲电流

8. 直流电机换向器的作用是（　　）。

A. 使电机变换转向

B. 与绕线转子异步电机的集电环作用相同

C. 保证电机产生的电磁转矩方向不变

D. 保证电机转动方向不变

三、计算题

1. 在额定工作情况下的三相异步电机，已知其转速为 960r/min，试问电机的同步转速是多少？有几对磁极？转差率是多大？

2. 有一台六极三相绕线转子异步电机，在 f = 50Hz 的电源上带额定负载运行，其转差率为 0.02，求定子磁场的转速及频率和转子的转速。

四、简述题

1. 简述车用直流电机与一般工业用电机相比具有什么特点。
2. 简述三相异步电机的调速。
3. 简述开关磁阻电机的性能特点。
4. 简述开关磁阻电机驱动系统在电动汽车领域应用的主要优势。

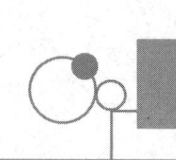

第5章 新能源汽车安全用电及高压防护

学习目标

- 了解电流对人体的伤害及伤害程度的影响因素。
- 掌握人体常见的触电方式、触电事故发生的原因及保护措施。
- 理解电压等级与高压电的危险性、高压电作业的职业危害性。
- 熟悉新能源汽车高压防护措施。

5.1 人体触电及其防护

用电安全包括供电系统安全、用电设备安全及人身安全3个方面,它们是密切相关的。供电系统的故障可能导致设备破坏和人身伤亡等事故,甚至影响电力系统的安全运行,造成大面积停电事故,给人们的生产和生活造成严重影响。随着电气化的发展,人类接触电的机会增多,触电事故也日趋增多。为此,必须掌握一定的安全用电知识,采取各种安全防护措施,防止可能发生的用电事故,确保用电安全。

5.1.1 电流对人体伤害的类型

触电是指人体触及带电体时,电流对人体所造成的伤害。电对人体的伤害是多方面的,根据伤害程度和性质不同,可分为电伤、电击和电磁场伤害3种。

1. 电伤

电伤是由于电流的热效应、化学效应、机械效应以及在电流的作用下使熔化或蒸发的金属微粒等侵入人体皮肤,使皮肤局部发红、起泡、烧焦或组织破坏,严重时也可危及人类生命。电伤多发生在1000V及1000V以上的高压带电体上,它的危险虽不像电击那样严重,但也不容忽视。

2. 电击

电击指电流触及人体而使内部器官受到损害,它是最危险的触电事故。当电流通过人体时,轻者使人体肌肉痉挛,产生麻电感觉,重者会造成呼吸困难,心脏麻痹,甚至导致死亡。电击多发生在对地电压为220V的低压线路或带电设备上,因为这些带电体是人们日常工作和生活中易接触到的。

3. 电磁场伤害

电磁场伤害指人体在电磁场作用下吸收能量受到的伤害。受到电磁场伤害后，人会出现头晕、乏力、记忆力减退、失眠和多梦等神经系统衰弱的症状。

5.1.2 电流对人体伤害程度的影响因素

电击伤害的严重程度与通过人体电流的大小、频率，通电时间的长短，电流通过人体的途径以及人的身体状况等多种因素有关。

1. 通过人体电流的大小

通过人体的电流越大，人的生理反应越明显，危险性也越大。通过人体的电流大小取决于触电电压和人体的电阻，人体电阻一般为 800~1000kΩ。表 5-1 所示为不同大小的电流对人体的作用。

表 5-1 不同大小的电流对人体的作用

电流/mA	对人体的作用
<0.7	无感觉
1	有轻微感觉
1~3	有刺激感，一般电疗仪器取此电流
3~10	感到痛苦，但可自行摆脱
10~30	引起肌肉痉挛，短时间无危险，长时间有危险
30~50	强烈痉挛，时间超过 60s 即有生命危险
50~250	产生心脏室性纤颤，丧失知觉，严重危害生命
>250	短时间内（1s 以上）造成心脏骤停，体内造成电灼伤

2. 电流的频率

常用的 50~60Hz 的工频交流电对人体的伤害最严重。

3. 电流的作用时间

人体触电时，通过电流的时间越长，越易造成心室颤动，生命危险性就越大。据统计，触电 1~5min 内急救，90%有良好的效果，10min 内有 60%救生率，超过 15min 生存希望甚微。

4. 电流通过人体的途径

电流通过头部可使人昏迷，通过脊髓可能导致瘫痪，通过心脏会造成心跳停止，血液循环中断，通过呼吸系统会造成窒息。因此，从手到胸部是最危险的电流路径；从手到手、从手到脚也是很危险的电流路径；从脚到脚是危险性较小的电流路径。

5. 人体的身体状况

人体电阻是不确定的，皮肤干燥时一般为 800kΩ 左右，而潮湿可降到 1kΩ。人体不同，对电流的敏感程度也不同。一般地说，儿童较成年人敏感，女性较男性敏感。当人的身体患有心脏病、结核病等疾病时，抵抗能力较差，触电后果更严重。

5.1.3 人体常见的触电方式

1. 单相触电

单相触电是常见的触电方式。人体的某一部分接触带电体的同时，另一部分与大地或中性线相接，电流从带电体流经人体到大地或中性线，形成回路，如图 5-1 所示。

2. 两相触电

人体的不同部分同时接触两相电源时造成的触电，如图 5-2 所示。对于这种情况，无论电网中性点是否接地，人体所承受的线电压将比单相触电时高，危险更大。

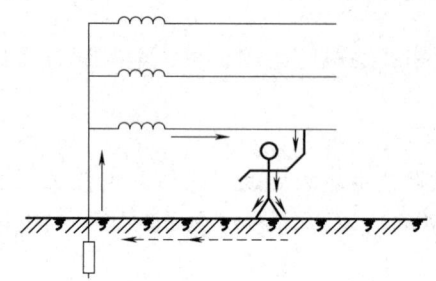

图 5-1 单相触电

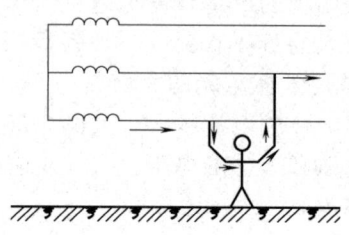

图 5-2 两相触电

3. 跨步电压触电

如果人站在距离电线落地点 8~10m 的地方，就可能发生触电事故，这种触电叫作跨步电压触电，如图 5-3 所示。人受到跨步电压时，电流虽然是沿着人的下身，从脚经腿、胯部又到脚与大地形成通路，没有经过人体的重要器官，看似比较安全，但是实际并非如此！因为人受到较高的跨步电压作用时，双脚会抽筋，使身体倒在地上。这不仅使作用于身体上的电流增加，而且使电流经过人体的路径改变，可能流经人体重要器官，如从头到手或脚。经验证明，人倒地后电流在体内持续作用 2s，这种触电就会致命。

跨步电压触电一般发生在高压电线落地时，但对低压电线落地也不可麻痹大意。根据试验，当牛站在水田里，如果前后跨之间的跨步电压达到 10V 左右，牛就会倒下，电流通常会流经它的心脏，触电时间长时牛会死亡。

当人发觉遇到跨步电压威胁时，应赶快把双脚并在一起，或尽快用一条腿或两条腿跳着离开危险区。

4. 接触电压触电

接触电压是指人站在发生接地短路故障设备旁边，距设备水平距离 0.8m，这时人手触及设备外壳（距地面 1.8m 的高处），手与脚两点之间呈现的电位差，如图 5-4 所示。

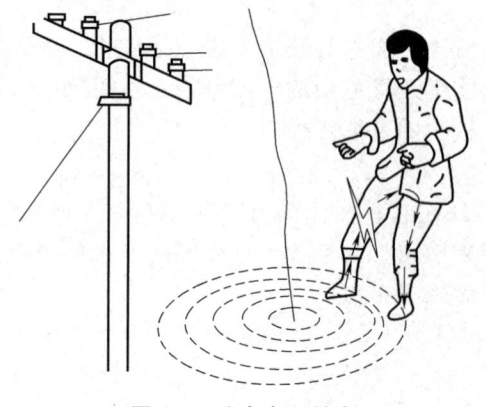

图 5-3 跨步电压触电

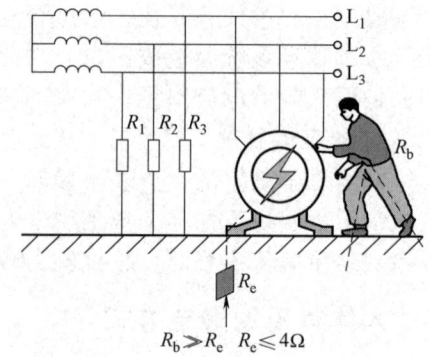

图 5-4 接触电压触电示意图

R_e—接地电阻 R_b—人体等效电阻

第5章 新能源汽车安全用电及高压防护

当外壳接地的电气设备因绝缘损坏而使其外壳带电时,电流就由设备外壳经接地线或接地体流入大地。如果电气设备接地电阻过大、接地线或接地体发生断路故障,此时人接触设备外壳就会造成接触电压触电。

5.1.4 触电事故发生的原因及保护措施

1. 触电事故发生的原因

由于电气原因而造成人身伤亡和设备损坏的事故称为电气事故,包括人身事故和设备事故。人身事故包括电流伤害、电磁伤害、静电伤害、雷电伤害、电气设备故障等造成的人身伤害。设备事故包括短路、漏电和操作事故等。人身事故和设备事故的发生大多数是违反安全操作规程或安全技术规程造成的,具体原因包括以下3个方面:

(1) 违章操作 违章操作是引起电气事故的原因之一。例如,违反停电检修安全工作制度,因误合开关(闸)造成维修人员触电;违反带电检修安全操作规程,使操作人员触及电气设备的带电部分;在带电情况下移动电气设备导致触电;用水冲洗或用湿布擦拭电气设备;违章救护触电者时,造成施救者一起触电;对有高压电容的线路检修时未进行放电处理导致触电。

(2) 施工不规范 在电气操作中施工不规范也会引起电气事故。例如,误将电源保护搭铁与中性线相接,且插座的相线和中性线位置接反,使机壳带电;插头接线不合理,造成电源线外露,导致触电;电路的中性线接触不良或安装熔断器,造成中性线断开,导致电气设备损坏;线路敷设不合规范造成搭接物带电;随意加大熔丝的规格,失去短路保护作用,导致电器损坏;带电作业时未对电气设备进行搭铁保护处理。

(3) 电气产品质量不合格 使用了不合格的电气产品也会导致电气事故。例如,缺少保护设施而造成电气设备在正常情况下损坏或漏电;当带电作业时,维修人员使用不合理的工具或绝缘设备造成触电;电气产品使用劣质材料,使其绝缘等级、抗老化能力降低,造成维修人员触电。

2. 防止触电的保护措施

(1) 直接触电的预防

1) 绝缘措施。良好的绝缘是保证电气设备和线路正常运行的必要条件。例如:新装或大修后的低压设备和线路,绝缘电阻不应低于 $0.5M\Omega$;高压线路和设备的绝缘电阻不低于 $1000M\Omega/V$。

2) 屏护措施。凡是金属材料制作的屏护装置,应妥善接地。

3) 间距措施。在带电体与地面间、带电体与其他设备间应保持一定的安全间距。间距大小取决于电压的高低、设备类型、安装方式等因素。

(2) 间接触电的预防

1) 加强绝缘。对电气设备或线路采取双重绝缘,使设备或线路绝缘牢固。

2) 电气隔离。采用隔离变压器或具有同等隔离作用的发电机。

(3) 防止人体触电的技术措施 把电气设备的金属外壳以及与外壳相连的金属构架用接地装置与大地可靠地连接起来,以保证人身安全的保护方式称为保护接地,简称接地,如图5-5所示。

有时,把电气设备的金属外壳与中性线连接起来,以保护人身安全,如图5-6所示。

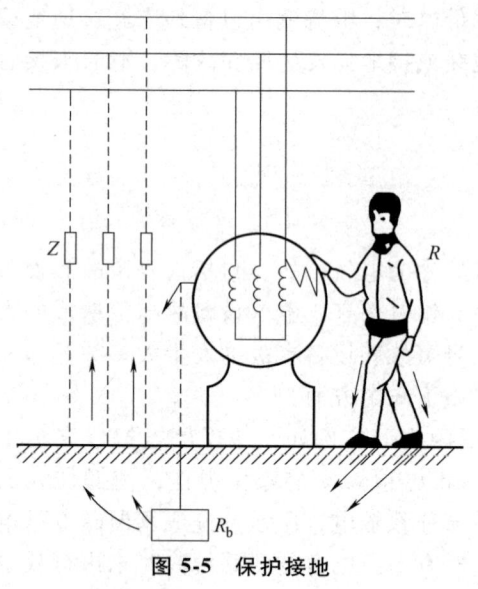

图 5-5 保护接地

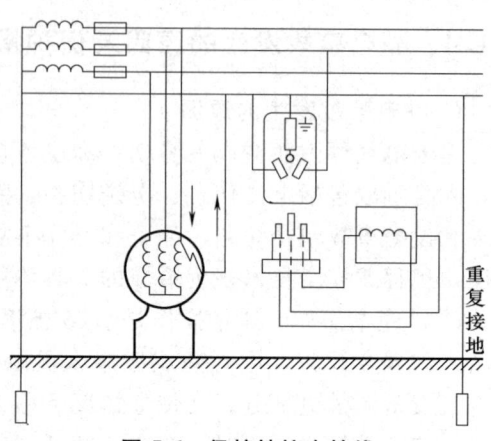

图 5-6 保护性接中性线

将电力系统中某一点直接或经特殊设备与地做金属连接,称为工作接地,如图 5-7 所示。工作接地可降低人体的接触电压、迅速切断电源、降低电气设备和输电线路的绝缘水平、满足电气设备运行中的特殊需要。

在三相四线制供电系统中,除了在电源中性点进行工作接地外,还必须在中性线的其他地方,按一定的间距进行多次接地,这称为重复接地,如图 5-8 所示。对 1kV 以下的接零系统,重复接地的接地电阻应小于或等于 10Ω。

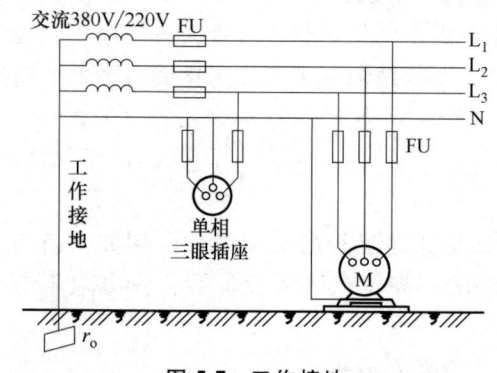

图 5-7 工作接地

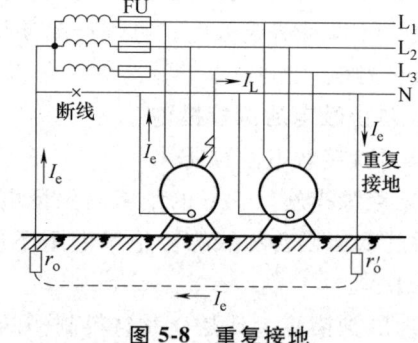

图 5-8 重复接地

5.2 新能源汽车高压安全与防护

新能源汽车工作在高压电力状况下,工作电压和电流等级都较高,可以达到 300V,纯电动大型客车的电池组电压一般在 300~700V,电流可达几百安,远远超出人体安全电压和电流,一旦发生触电事故,后果十分严重。又由于动力蓄电池的充放电特性,容易造成燃烧、爆炸等问题。因此,新能源汽车的电气安全工作是一项综合性的工作,一方面要研究各种电气事故,另一方面要研究用电气的方法,解决各种安全问题。因此,对所有接触新能源汽车的人员普及高压电气安全知识是非常有必要的。

5.2.1 电压等级与高压电的危险性

电压等级是电力系统及电力设备的额定电压级别系列。额定电压是电力系统及电力设备规定的正常电压，即与电力系统及电力设备某些运行特性有关的标称电压。电力系统各点的实际运行电压允许在一定程度上偏离其额定电压，在这一允许偏离范围内，各种电力设备及电力系统本身仍然能正常运行。

目前，我国将电压等级划分为以下几种：

安全电压通常为36V以下。

低压指对地电压在1000V及以下。三相四线制交流供电系统提供的交流电（380V/220V）均属低压。

高压指1000V以上的电力输变电电压，或380V以上的配用电电压。

超高压为330~750kV。

特高压为交流1000kV、直流800kV以上的电压。

进行危险电压组件方面的工作时必须遵守安全规定。国际标准给出了强制性安全规定，危险电压是25V以上的交流电和60V以上的直流电。车辆制造标准允许的最大接触电压（根据标准ECE R100）是30V交流电及60V直流电。新能源汽车的电压一般在300~650V，虽然按照国家标准进行划分应该属于低压范围，但是远远高于传统内燃机车辆12V电源，所以通常称其为高电压。

1. 高电压作业的职业危害

人体细胞在有限范围内具有导电性，细胞内液体的占比较高是导电的主要原因。如果接触带电部件，则电流可能流过人体。电流以最短路径流过人体时会遇到不同器官，对人体产生热效应、化学效应及刺激作用等，影响人体功能，损伤人体，甚至危及生命。

习惯于12V电力系统作业的汽车技术人员，纵使经验丰富也可能意识不到高压电器系统的特殊危害，这类危害包括但不限于：

1）电击效应：电流低于导通限值时，会有相应的电击反应，容易因肢体不受控制和失去平衡而受伤。

2）热效应：电流导入、导出点处会发生烧伤和焦化，也会发生内部烧伤。其结果是肾脏负荷过大，甚至造成致命的伤害。

3）化学效应：血液和细胞液成为电解液并被电解，导致严重的中毒，中毒情况在几天后才能被发现，因此伤害极大。

4）肌肉刺激效应：所有的身体功能和人体肌肉运动都是由大脑通过神经系统的电刺激来控制的。如果通过人体的电流过高，则肌肉开始抽搐，大脑也无法控制肌肉组织。如果电流经过胸腔，则肺会产生痉挛（呼吸停止），心脏的跳动节奏会被打乱（心室纤维化颤动，无法进行心脏的收缩、扩张运动）。

5）发生静态短路的热效应：工具急剧发热，会导致材料熔化，从而可能引发烧伤事故。

6）短路引起火花，金属很快熔化，产生飞溅的火花，飞溅出来的金属颗粒温度超过5000℃，可能引起烧伤。

7）带电高压线路接通和断开时所产生的光辐射可能造成电光性眼炎。

2. 高压电流对人体的危害

1）高压电流穿过人体时会切断神经系统发出的信号（甚至包括通向心脏的信号），并且会烧伤内脏和组织。

电流要流过人体（即发生电击）必须满足两个条件：有一个电压源，电流才通过身体；一个闭合的电路。人体内电流经过不同路径的电阻值如图5-9所示。

2）高压电流还会对人体产生生理作用。人体肌内运动和心跳都通过电脉冲控制，如果外部电源产生的电流流过人体，那么该信号会叠加在自然电信号上，可能严重干扰自然电信号控制过程。电流强度如果超过松开限值，就会形成危险的循环；电流流过人体的时间越长，其作用的危害性越大。

3）高压电流对呼吸系统的肌肉组织和心肌的干扰最危险。电流强度、电流持续时间和频率（交流电）超过一定值就可能导致心室颤动、呼吸停止。交流电压的频率越低，危险性越高。呼吸停止和心室颤动时人体的供血和供氧中断，这会带来严重的生命危险。

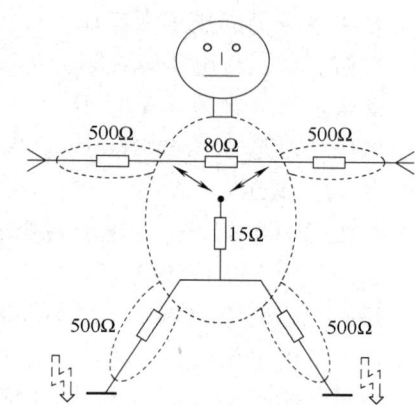

图5-9 人体内电流经过不同路径的电阻值

4）高压电流的加热作用对人体的危害：流过人体内的电流会加热人体组织，体液也会在电流的加热作用下蒸发，这称为内部烧伤；器官会在最短时间内丧失机能，血液循环也会中止，大量细胞遭到破坏，肾脏可能负担过重并导致肾衰竭，这会带来严重的生命危险。

3. 高压电弧对人体的伤害

电弧对人的危害主要表现在以下方面：

1）烧伤：如果人体靠近电弧或直接进入电弧内，则会因高温而导致严重烧伤。因此不要进入电弧内，只能在戴上防护手套的情况下握住导体。

2）紫外线辐射：电荷载体碰撞不仅产生热量，还会发射光线（含紫外线）。紫外线可能伤害眼睛，准确地说是造成视网膜伤害，这称为"灼伤"。切勿在未使用防护面具的情况下观看电弧。

3）四周飞扬的微粒：电弧产生的高温不断将离子和电子从导体材料中"拉出"。此时，较小的微粒也可能随之"逃出"，然后不受控制地飞向四周。通常情况下，这些微粒非常热。在未穿防护服（包括防护手套和护目镜）的情况下切勿靠近电弧。

延展阅读：新能源汽车维修中必须按电气安全规范操作，做好个人防护！

加强电能的安全管理、防止意外事故的发生、确保安全用电是国家安全重点工作之一。国家安全用电管理制度规定：1）所有电路安装、电器操作人员都必须经过专业培训，考试合格后才能上岗；2）电工按规定穿戴劳保用品，工作应认真负责，具有专业的安全生产专业技术知识；3）设备动力科要建立健全电气方面的技术档案资料，如高压分布图、低压分布图、全厂架空线和电缆设置图、接地网络、避雷装配图，以及电器设备的状况资料。

5.2.2 高压防护措施

新能源汽车高压电系统电压高达几百伏，任何一部分出现故障都会带来潜在的危险。为了保证新能源汽车高压电系统的用电安全，需要在分析高压电系统故障的基础上采取安全防护措施。

1. 车辆的保护接地

（1）纯电动汽车适用的 IT 电网结构　纯电动汽车所用的高压网络结构决定了从供电器（如动力蓄电池）到用电器（如驱动系统）的电能传输路径。对于纯电动汽车，接地就是用导线连接车身，纯电动汽车高压系统与低压不会共地。为满足安全要求，纯电动汽车高压网络区别于 12V 低压车载电网及民用电网的结构形式，实质上是一种 IT 电网：供电器与车身绝缘，用电器壳体与车身连接。

纯电动汽车采用的 IT 系统，如图 5-10 所示。IT 系统由于电源与车身没有导通连接，所以即便正极对壳体漏电，壳体与车架连接，也不会形成回路。熔丝不会熔断，也就不会被断电。

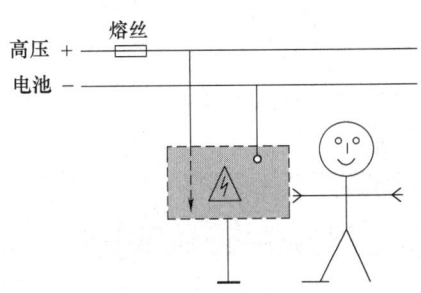

图 5-10　纯电动汽车采用的 IT 系统

接地的目的主要是：

1）保证等电位连接：电气部件出现故障时保证等电位，并且消除危险感应电势差（如电机感应电势与车体间的电势差）。

2）电磁兼容性设计：减少系统电磁干扰。

（2）等电位连接　在电工术语中，等电位连接也叫保护接地，如图 5-11 所示。等电位连接（电位均衡）定义：电气设备外露可导电部分之间电位差最小化。等电位连接后，可防止系统电源线路中故障电压导致的电击事故，同时可减少电位差发生的概率，避免引起人身电击事故。

纯电动汽车的一个重要特点就是带有高压动力回路，为了防止因存在电势差造成的触电危险，在高压组件的外壳或可导电的外盖等部件之间应该采用导线与车身支架相连的方式，以达到等电势的效果。

如图 5-11 所示，基于 IT 系统，可以使用将电气设备的外露可导电部件直接或通过保护导体与车辆底盘相连接的方法来进行等电位连接。

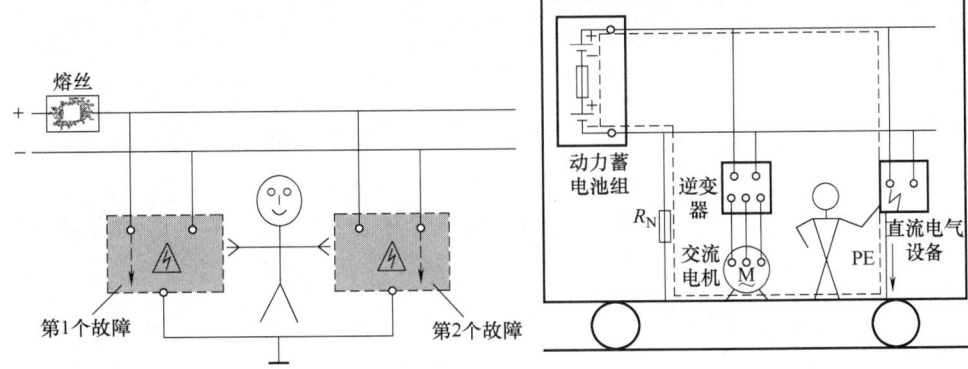

图 5-11　等电位连接

图 5-11 中所示第 1 个故障：系统仍能工作，组合仪表上有黄色警告信息。图 5-11 中所示第 2 个故障：控制系统会将高压系统切断（断电），同时系统内会短路，功率电子装置和保养插头内的熔丝会爆开，组合仪表上会有红色警告信息，高压系统无法工作也无法重新启动。

2. 绝缘防护

电动汽车电气系统绝缘问题：应确保绝缘电阻能够满足人身安全需求，保证绝缘电阻值大于 100Ω，动力系统的测量阶段最小瞬间绝缘电阻为 500Ω。对于电动汽车，因考虑到高压电的危害性，在车上需要提供绝缘电阻监控系统，在监测到绝缘电阻小于 100Ω 时，电路自动断开。

通常电动汽车最低报警绝缘电阻值设定为 $500\text{k}\Omega$，由动力蓄电池管理系统（Battery Management System，BMS）来承担检测功能，当检测到绝缘电阻值低于该值时，BMS 将对应的绝缘故障码上报给上位机，整车上则由组合仪表来进行故障码显示和故障灯报警。

根据电路的工作电压 U，将电路分为两个等级，见表 5-2。

表 5-2　电路等级

电压级别	工作电压	
	直流电压/V	（15~150Hz）交流电压有效值/V
A	$0<U\leqslant 60$	$0<U\leqslant 25$
B	$60<U\leqslant 1000$	$25<U\leqslant 660$

关于绝缘防护的一些重要定义见表 5-3。

表 5-3　关于绝缘防护的一些重要定义

名称	定义
基本绝缘	带电部件上对防触电（在没有故障的状态下）起到基本保护作用的绝缘
附加绝缘	为了在基本绝缘故障的情况下防止触电，而在基本绝缘之外使用的独立绝缘
双重绝缘	同时具有基本绝缘和附加绝缘的绝缘
加强绝缘	提供相当于双重绝缘保护程度的带电部件上的绝缘结构
直接接触	人员与带电部件的接触
间接接触	人员与基本绝缘故障情况下变为带电的外露可导电部件之间的接触
外壳防护等级	对带电部件的试纸、试具、试线接触所提供的防护程度

触电防护应包含防止人员与任何带电部件的直接接触以及在带电部件的基本绝缘故障情况下的触电防护。对于 A 级电压的电路不要求提供触电防护。

直接接触防护：对于任何 B 级电压电路的带电部件，都应为人员提供危险接触的防护。直接接触防护应由带电部件的基本绝缘提供或由遮挡/外壳，或两者组合来提供，并满足标准中涉及的要求。

3. 电气隔离

所谓电气隔离，就是将电源与用电回路进行隔离，即将用电的分支电路与整个电气系统隔离，使其成为一个在电气上被隔离、独立的不接地安全系统，以防止在裸露导体故障而带电情况下发生间接触电危险。

采用电气隔离的两个电路之间没有电气上的直接联系。两个电路之间是相互绝缘的，同时还要保证两个电路维持能量传输的关系。

电气隔离的基本原理如图5-12所示，左侧为供电方，右侧为用电方。如果左侧N级接地，那么人员a很危险，一般其站在地面上碰触L线，则会形成从L-a-N的回路，电流流过人体，造成伤亡。

而因为隔离变压器的作用，人员b是相对安全的，无论触及哪一根电线，只要不是同时触及用电方一侧的两根电线，就不会有触电危险。这就是电气隔离的绝缘安全作用。

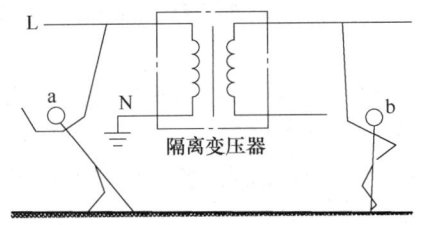

图5-12 电气隔离的基本原理

4. 手动高压断开装置

在纯电动汽车装配、保养和修理操作中，需要有手动断开电气回路的功能，保证在操作过程中人员和能接触到的电气设备上面不带有危险电压。

纯电动汽车上应用最多的手动高压断开装置称为维护开关，又称保养开关、保养插头，位于动力蓄电池组的电气系统中。其结构和原理如图5-13所示。动力蓄电池中单体蓄电池（又叫电芯）串联并联组合成两个部分，这两个部分通过维护开关的高压触点串联在一起，同时维护开关也是安全线完整回路中不可缺少的一个环节。

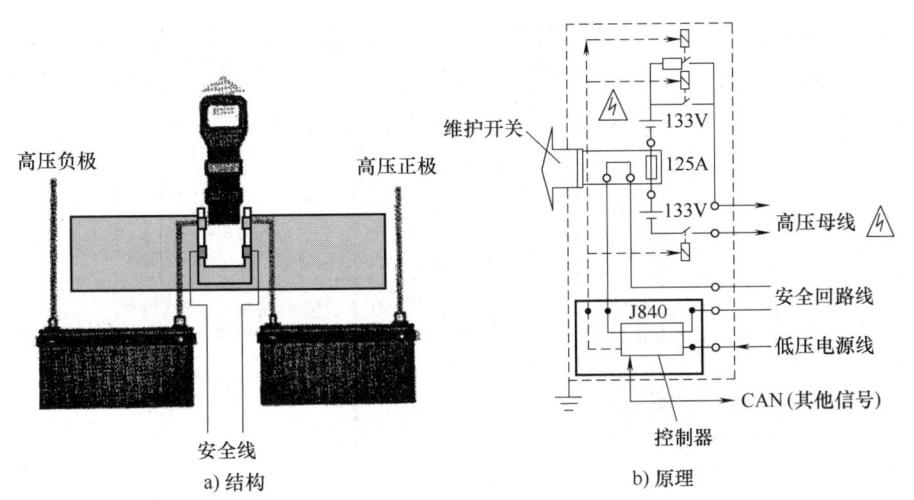

图5-13 维护开关的结构和原理

在拔下维护开关之前，务必佩戴好绝缘护具如高压绝缘手套、防护眼镜等。将启动开关设置在OFF位，并且断开低压线路，防止在插拔开关时产生有害电弧造成对人的伤害。拔下维护开关，会断开安全线，动力蓄电池的两部分也就断开了，其最高电压一分为二，同时高压回路彻底断开。

5. 高压接触器实现自动断路

为实现高压电路的可自行切断保护功能，在电动汽车的高压系统中配置可控制并且有自我保护切断高压回路功能的高压接触器。任何电动汽车在动力主回路中都配置高压接触器。如果高压接触器触点发生闭合或断开失效，将会给汽车和人身安全带来危险。因此，须对高压接触器触点状态进行安全有效的实时监控，并对故障进行处理。当高压接触器触点发生闭合或断开失效故障时，高压管理系统会发出声光警告以提示操作人员，并根据故障的级别控制汽车，判断是否可进行其他操作。

1) 高压接触器需要尽可能地接近蓄电池包（高压源），以减少在断电时继续蓄能的电路。

2) 自动断路器的初始状态应该是常开状态，需要控制器给予安全信号方能闭合，以避免高压线路误接通。

3) 复位高压接触器要求操作者施加额外的信号，须其确认已消除高压危险的情况下方能复位。

4) 高压接触器应具有自诊断能力，将其内部的故障检测出来并予以显示，如果不能正常工作，则整车需要特殊处理（停车或报警）。

5) 高压接触器在出现供电电压过低的情况下也应能操作。

6) 高压接触器需要提供一个输出信号，提前通知其他用电负载，使其能在断电之前有提前响应的时间。

7) 车辆行驶过程中等特殊情况不能强行断开。

6. 环路互锁

安全回路线是个环形线路，通过低压元件（互锁信号源）收发信号来监控高压电网，检查整个高压产品、导线、连接器及护盖的电气完整性（连续性），如果安全回路线断路，高压系统会立即被切断。某混合动力汽车互锁环路系统如图5-14所示。

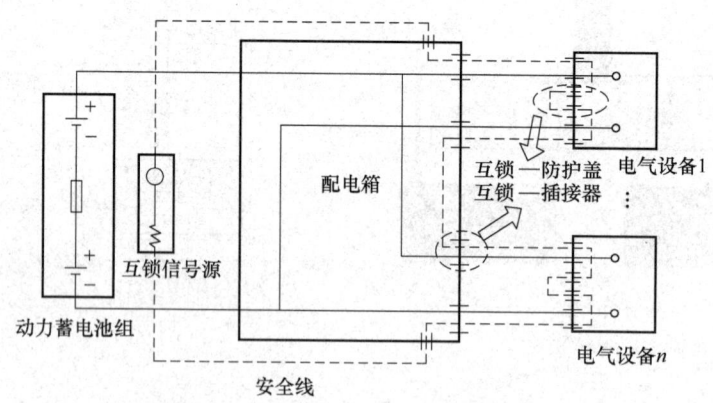

图5-14 某混合动力汽车互锁环路系统

动力蓄电池控制单元与控制器局域网（Controller Area Network，CAN）总线相连，除了动力蓄电池能量与温度管理功能外，还提供高压互锁电路（安全回路）的信号发生与接收，对穿过所有高压部件的安全回路线路施加电流监控信号。

这些安全回路线也是安全线，从动力蓄电池控制单元引出到动力蓄电池控制单元终端。这些安全线可以通过高压连线与高压插接器将各个高压部件串联起来，并且能够与高压部件壳体盖触发器一样通过桥式连接与安全线相连。

高压连接线的切断、壳体的打开或发动机舱盖的开启都会导致安全线回路断路，动力蓄电池控制单元就接收不到电流信号，则会马上命令相应的高压回路主继电器断开，令整车断电，并且开始主动放电。

7. 高压熔断器

熔断器接在电路中，当电流超过规定值和规定的时间时使电路断开。熔断器是一个热能响应器件，熔断器中的熔片或熔丝是用电阻率较高的易熔合金或截面积较小的导体制成的。为了保护线束及其他设备，它被设计和制造成线路中最弱的部分，线路在正常工作情况下，熔断器中的熔片或熔丝不会熔断，当系统中发生短路或严重过载时，熔片或熔丝会立即熔断，从而保护电路和电气设备。

纯电动汽车的驱动部分及高压附件系统的电源均为高压动力蓄电池电源，为保护车辆及乘员安全，相关动力蓄电池电源回路均选用相应的高压熔断器作为短路保护措施。在遇到过电流或短路情况时，理想熔断器的断开时间不超过 5ms。

图 5-15 所示为纯电动汽车熔断器的布置方案。

8. 漏电保护

电动汽车是以大容量动力蓄电池驱动汽车，电力未切断的动力蓄电池会对汽车和人员造成不容忽视的威胁和伤害。若汽车在行驶过程中发生碰撞、翻滚或在充电状态中被其他汽车撞击等意外事故，将会使动力蓄电池组、高压用电设备及高压线束等与车身之间发生摩擦或接触，造成潜在的绝缘失效和短路等危险。当高压管理系统接收到相关传感器发出的信息后，应立即关闭高压电，并利用高压系统余电放电电路将汽车高压部件电容端的电压在 1s 内放掉，避免火灾或漏电事故引起的人员触电事故的发生。

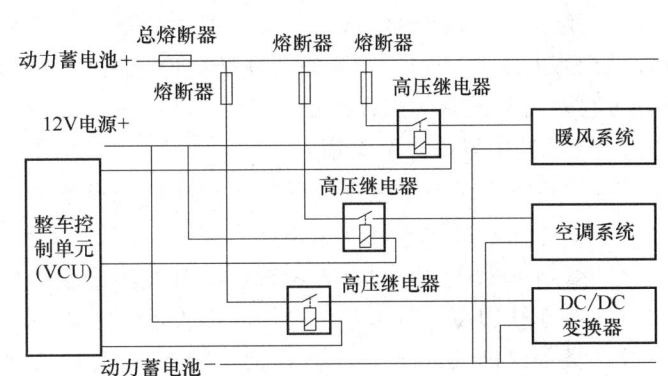

图 5-15 纯电动汽车熔断器的布置方案

剩余电流断路器主要是用来在设备发生漏电故障以及有致命危险时的人身触电保护，具有过载和短路保护功能，可用来保护线路或电机的过载和短路。剩余电流断路器在纯电动汽车上主要以绝缘电阻监测系统的形式出现，传统的剩余电流断路器主要安装在非车载充电系统上。

5.2.3 新能源汽车安全用电常识

1. 高压安全操作注意事项

（1）车辆充电 使用专用交流电路和电源插座（16A 插座），不允许使用外接转换接头、插线板等，16A 电源插座接地良好。

（2）维护修理

1）对新能源汽车高压部件维护修理前，首先要准备好基本绝缘安全工具（验电、放电工装、绝缘罩及绝缘隔板等）、辅助安全器具（绝缘手套、绝缘鞋、绝缘胶垫、安全围栏/

网和标识牌等）。

2）维修高压系统时必须使用专门的绝缘工具。

3）使用安全工具时，要注意各项事项及平时保养。注意：验电器必须按其额定电压使用，不得将低压验电器在高压上使用，也不得将高压验电器在低压上使用。

2. 高压断电操作

1）在新能源汽车全部停电或部分停电的电气设备上工作，必须完成下列措施：停电、挂锁、验电、放电、悬挂标识牌、装设遮栏、有监护人。

2）在高压设备上检修工作需要停电时，将检修设备停电，必须把各方面的电源完全断开，工作地点各方必须有明显断开点。

3）对电气设备验电前，应先在有电设备上进行试验，确认验电器良好；必须用电压等级合适而且合格的验电器在检修设备进出线两侧各相分别放电后，用测量用具确认放电完成，无电压。

4）对于大事故车辆或异常车辆（如有焦烟味、冒烟、浸水等）要有专用的场地（或工位）观测48h，并有防爆防火设施。

5）维修动力蓄电池组或更换电芯时，施工人员应做好相应的屏护和警示工作，并出示实施的内容及工作进程，离开施工现场时应用绝缘隔板或绝缘罩放置在动力蓄电池组的外露部分并写明离开的原因加以公示。

3. 电动汽车维修注意事项

1）非持证电工不准装接电动汽车高压电气设备。

2）任何人不准玩弄电气设备和开关。

3）破损的电气设备应及时调换，不准使用绝缘损坏的电气设备。

4）不准利用车身电源对电动汽车以外的用电设备供电。

5）设备检修切断电源时，任何人不准起动挂有警告牌的电气设备或合上/拔去的熔断器。

6）不准用水冲洗、揩擦电气设备。

7）熔丝熔断时，不准调换容量不符的熔丝。

8）不经技术部门或主管部门审批，不准私自改动或加装电气设备。

9）发现有人触电，应立即切断电源进行抢救，在未脱离电源前不准直接接触触电者。

10）雷雨天气时，禁止在室外对车辆充电和维护修理。

4. 电动汽车锂电池起火爆炸问题及其防护

电动汽车最大的安全隐患来自锂电池。电动汽车锂电池是电能和化学能转换的能量高度聚集体，一旦发生燃烧、爆炸等事故，就会导致人员重伤、死亡或设备财产损失等严重后果。过度充电、过热、内部短路、外部短路等原因都有可能引发锂电池事故。因此在日常的使用和维护中，要注意以下几点：

1）任何从事锂电池运输、存储、安装、测试、维护等工作的人员，必须通过专业培训，具备锂电池的风险识别能力和起火、爆炸后的应急处理能力。

2）禁止利用非专业和未经校验的测试设备对锂电池及动力蓄电池包进行充放电测试或安全测试。

3）动力蓄电池及动力蓄电池包的安装、测试过程中要做好绝缘处理，避免短路发生，同时避免动力蓄电池在这些过程中受到机械性破坏。

4）在动力蓄电池或动力蓄电池包测试及检修过程中，如有任何漏液、自放热现象出现，应立即停止测试并采取应急处理措施。

5）动力蓄电池或动力蓄电池包的测试需要在防爆柜中进行，测试及安装区域需要配备完整的消防系统，如自动灭火装置、烟雾警报器等。

6）所有动力蓄电池或动力蓄电池包必须在半电（指充入50%~70%的电量）以下存放，严禁把动力蓄电池或载有动力蓄电池包的车辆停放在靠近热源、火源或温度高于80℃的地方。

7）所有动力蓄电池和动力蓄电池包存放时需要做好绝缘处理，避免发生短路。动力蓄电池存放柜、隔板及动力蓄电池托盘需采用阻燃材料并进行绝缘处理。

8）存放环境内的电缆或电气设备要定期进行检修，避免年久失修而出现腐蚀，引发短路，继而导致火灾。

5. 电动汽车电池起火、爆炸的应急措施

1）电池漏液：切断电源。佩戴防护面罩、手套，拆除漏液电芯的电气连接，明确漏液点，清理表面，置于防爆箱内，串联大电阻放电至0V，然后放入废电池临时存储库。

2）单体蓄电池测试起火：切断电源。穿戴防护面罩、防护服及防护手套后，用大量水灭火。

3）单体蓄电池存放起火：刚刚起火时，在穿戴好防护面罩、防护服和防护手套后，用高压水枪远距离喷淋。

4）引发多颗电芯连续起火：迅速远离现场，通知邻近区域同事断电撤离并报警。

5）动力蓄电池组或多颗电芯起火：切断该区域电源并通知邻近区域同事切断邻近工作区域电源，撤离现场并报警。

6）动力蓄电池包起火、爆炸：切断该区域电源并通知邻近区域同事切断邻近工作区域电源，撤离现场并报警。

小结

新能源汽车工作在高压电力状况下，工作电压和电流等级都较高，可以达到300V，远远超出人体安全电压和电流，一旦发生触电事故，后果十分严重。动力蓄电池的充放电特性容易造成燃烧、爆炸等问题，新能源汽车的电气安全工作是一项综合性的工作。所有接触新能源汽车的人员应懂得高压电作业的职业危险性，新能源汽车高压防护措施以及安全用电常识是非常有必要掌握的。

课后练习

一、填空题

1. 根据伤害程度和性质不同，电对人体的伤害可分为_____、_____和_____3种。

2. 人体常见的触电方式有_____、_____、_____、_____4种。

3. 触电对人体的伤害一般分为_____和_____两种。

4. 电弧对人的危害主要表现在_____、_____、_____3个方面。

5. 电压等级是电力系统及电力设备的_____系列。额定电压是电力系统及电力设备规定的_____，即与电力系统及电力设备某些运行特性有关的_____。

6. 人体细胞在有限范围内具有_____，细胞内液体的_____是导电的_____。

7. 高压电流穿过人体时会切断神经系统发出的信号（甚至包括通向心脏的信号），并且会烧伤_____。

8. 高压电流穿过人体时会_____发出的信号，并且会_____和_____。

9. 新能源汽车高压电系统电压高达_____V，任何一部分出现故障都会带来潜在的危险。

10. 新能源汽车电气系统绝缘问题，应确保_____能够满足人身安全需求。

二、选择题

1. 两相触电时，人体承受的电压是（　　）。
   A. 相电压　　　B. 线电压　　　C. 跨步电压　　　D. 以上都不是

2. 触电事故发生的原因是（　　）。
   A. 违章操作　　　　　　　　　B. 施工不规范
   C. 电气产品质量不合格　　　　D. 防护服不合格

3. 防止人体触电的技术措施是（　　）。
   A. 保护接地　　B. 保护接零　　C. 工作接地　　D. 防雷

4. 安全电压通常为（　　）以下。
   A. 100V　　　B. 48V　　　C. 36V　　　D. 12V

5. 不属于高压电弧对人体伤害的是（　　）。
   A. 烧伤　　　　　　　　　　　B. 紫外线辐射
   C. 四周飞扬微粒对皮肤或眼睛灼伤　D. 内脏器官损伤

6. 不属于电气检测仪器的是（　　）。
   A. 万用表　　　B. 电烙铁　　　C. 示波器　　　D. 绝缘测试仪

三、问答题

1. 电流对人体伤害程度的影响因素有哪些？
2. 人体常见的触电方式有哪些？其中哪种触电方式最危险？

四、简述题

1. 简述高压电作业的职业危害。
2. 简述高压电流对人体的危害。
3. 简述新能源汽车高电压防护措施。
4. 简述高压电安全操作注意事项。
5. 简述高压电断电操作步骤。
6. 简述新能源汽车维修"十不准"。
7. 简述新能源汽车锂电池起火爆炸问题及其防护措施。

第6章 车用电路中常用元器件

学习目标

- 掌握汽车电路中常用的基本元件的特性、用途。
- 理解半导体材料的导电特性及 PN 结的单向导电性。
- 掌握普通二极管、特殊二极管的特性及应用。
- 掌握晶体管的输出特性和 3 个工作状态。
- 熟悉场效应晶体管、晶闸管的特性及应用。

6.1 基本元件

电阻元件、电容元件、电感元件是汽车电路最基本的电子元件。

6.1.1 电阻元件

1. 电阻元件的符号

电阻元件是电路中最基本的电路元件，是实际电阻器的理想化模型，是表征电路中电能消耗的理想元件。电阻元件用符号 R 表示。常见的电阻元件图形符号如图 6-1 所示。

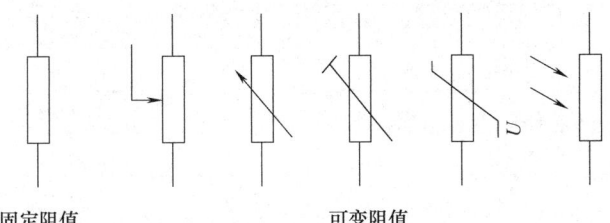

固定阻值　　　　　　　可变阻值

图 6-1 电阻元件图形符号

2. 电阻元件的伏安特性

如图 6-2 所示，一个电阻元件有电流通过时，若只考虑它的热效应，忽略它的磁效应，即成为一个理想电阻元件。u 和 i 的参考方向关联表达，根据欧姆定律得出

$$R = \frac{u}{i} \tag{6-1}$$

式 (6-1) 为电阻元件 u 和 i 的约束方程，即电阻元件上的电压与电流呈线性关系，两

者的比值是一个大于零的常数,称为这一部分电路的电阻。当有电流流过电阻元件时,电阻元件将消耗能量,所以电阻元件具有耗能的性质,把从电源吸收的电能全部转化为热能消耗掉,并且消耗电能的过程是不可逆的能量转换过程。

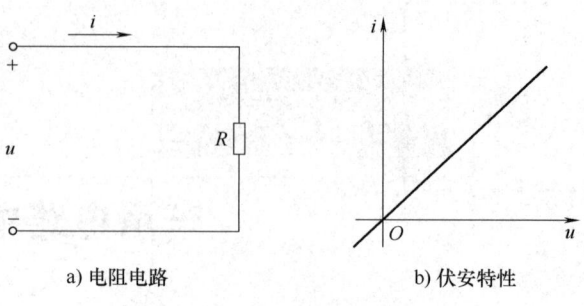

图 6-2 电阻元件的伏安特性

3. 电阻元件的主要性能指标

(1) 额定功率 在规定的环境温度和湿度下,电阻器在直流或交流电路中长期连续工作,在不损坏或基本不改变性能的情况下允许消耗的最大功率称为额定功率。为保证安全使用,一般选额定功率比它在电路中消耗的功率高 1~2 倍。

(2) 标称阻值 标称阻值为电阻器上标示的阻值,其单位为欧(Ω)、千欧(kΩ)、兆欧(MΩ)。

(3) 允许偏差 允许偏差为实际阻值与标称阻值间允许的最大偏差,以百分比表示,它表示电阻产品的精度。常用的有±5%、±10%、±20%,精密电阻小于±1%,高精密电阻可达±0.001%。

电阻的阻值和允许偏差的标注方法有直标法和色环法。

1) 直标法:将电阻的阻值和误差直接用数字和字母印在电阻上。

2) 色环法:将不同颜色的色环涂在电阻器上来表示电阻的标称值及允许偏差,色环法标称阻值所代表的数字或意义见表 6-1。

表 6-1 色环法标称阻值所代表的数字或意义

色别	第一色环 (第一位数)	第二色环 (第二位数)	第三色环 (第三位数)	第四色环 (应乘的数)	第五色环 (允许偏差)
黑	0	0	0	10^0	—
棕	1	1	1	10^1	±1%
红	2	2	2	10^2	±2%
橙	3	3	3	10^3	—
黄	4	4	4	10^4	—
绿	5	5	5	10^5	±0.5%
蓝	6	6	6	10^6	±0.25%
紫	7	7	7	10^7	±0.1%
灰	8	8	8	10^8	—
白	9	9	9	10^9	—
金	—	—	—	10^{-1}	±5%
银	—	—	—	10^{-2}	±10%

现举例说明色环法识别电阻标称值的方法。

① 在电阻体上标以彩色环,色环由左向右依次排列,最左侧为第一色环。图 6-3 所示的电阻阻值为 27000 (1±5%)Ω。

② 精密度电阻器的色环标志用 5 个色环表示。第 1~3 色环表示电阻的有效数字，第 4 色环表示倍乘数，第 5 色环表示允许偏差，图 6-4 所示的电阻阻值为 17.5（1±1%）Ω。

图 6-3 四色环电阻　　　　图 6-4 五色环电阻

4. 敏感电阻

根据电阻元件对不同物理量敏感，敏感电阻器可分为热敏、湿敏、光敏、压敏、力敏、磁敏和气敏等类型。敏感电阻器所用的材料都是半导体材料，这类电阻器也称为半导体电阻元件。

5. 电阻元件在汽车电路的应用

（1）普通电阻　把一个电阻值接近零的电阻元件接到电路中相当于被短路，电流无限大。把一个电阻值无限大的电阻元件接到电路中相当于被断路，电流为零。在汽车电路中的电阻元件介于上述两种极端情况之间，在电路中起降压限流作用，类似于接在两根大直径管子之间的小直径管子限制水流量的作用。

（2）热敏电阻　一般来说，工作温度范围为 $-20\sim130℃$ 的热敏电阻可用于水温和气温的检测，工作温度范围为 $600\sim1000℃$ 的高温检测电阻用于发动机排气温度的检测。

热敏电阻式冷却液温度传感器与冷却液接触，用来检测发动机的冷却液温度。冷却液温度传感器结构如图 6-5a 所示。这种传感器利用热敏电阻阻值随温度变化而变化这一特性来检测温度，其温度特性曲线如图 6-5b 所示。

（3）压敏电阻　压敏电阻是一种具有非线性伏安特性的电阻器件，根据其特性不同可分为压力敏感型和电压敏感型两种。压力敏感型压敏电阻的阻值对压力很敏感，利用这一特性可以制作各种检测压力大小的传感器，如检测汽车发动机进气管进气压力的传感器；电压敏感型压敏电阻的阻值对电压大小很敏感，利用这一特性可以制作各种压电控制元器件，如柴油机低共轨系统中所用的压电式喷油器。

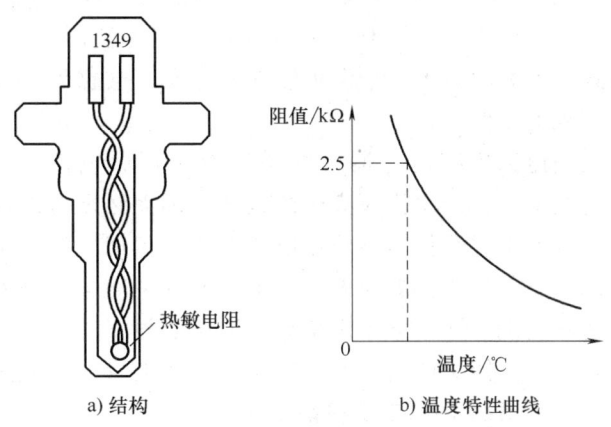

a) 结构　　b) 温度特性曲线

图 6-5 热敏电阻式冷却液温度传感器的结构与温度特性曲线

（4）光敏电阻　光敏电阻是利用半导体的光电效应制成的。在受光时，半导体受光照产生载流子，由一个电极到达另一个电极，有效地参与导电，从而使光电导体的电阻率发生变化。光照强度越强，电阻越小，如自动空调上的日光传感器。

6.1.2 电感元件

1. 电感元件的符号

电感元件是实际电感器的理想模型,用来表征电路中磁场能储存这一物理性质的理想元件。电感元件的图形符号如图 6-6 所示。电感元件又称为线圈或电感线圈,用符号 L 表示。

空心电感　　　　磁心电感　　　　可调电感

铁心电感　　带铁心的可调电感　　带抽头的铁心电感

图 6-6 电感元件的图形符号

2. 电感元件的特性

在图 6-7 中,关联参考方向规定:当 u 与 i 的参考方向一致,i 与 e_L 的参考方向都与磁力线的参考方向符合右手螺旋定则时,i 与 e_L 的参考方向也应该一致。在此规定下得到了电感中感应电动势的另一种计算公式,即

$$e_L = -L\frac{\mathrm{d}i}{\mathrm{d}t} \tag{6-2}$$

所以 $\quad u = -e_L = L\dfrac{\mathrm{d}i}{\mathrm{d}t} \quad$ (6-3)

即

$$u = L\frac{\mathrm{d}i}{\mathrm{d}t} \tag{6-4}$$

式(6-4)为电感元件 u 和 i 的约束方程。

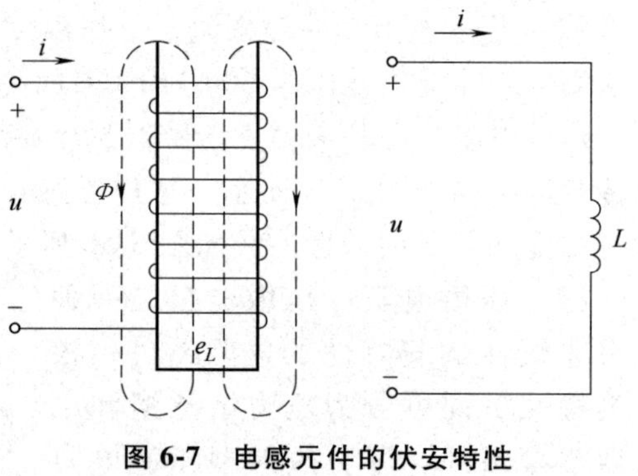

当线圈中通过不随时间变化的恒定电流时,由式(6-2)可知,其感应电动势为零,电感元件可视为短路。

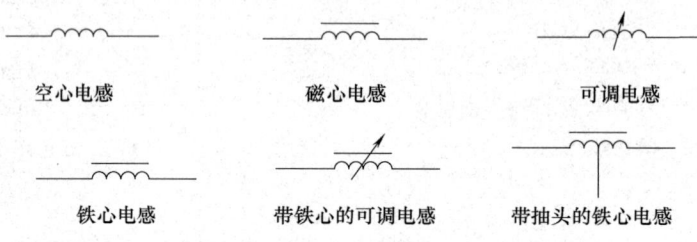

图 6-7 电感元件的伏安特性

当电路中有电感器(线圈)存在时,电流通过线圈时会产生比较集中的磁场,因而必须考虑磁场能储存的影响。

理想电感元件是不消耗电能的,仅仅把电源输出的电能转变成磁场能并储存在线圈中,所以电感是一个储能元件。当电感元件中的电流增大时,磁场能量增大,在此过程中电能转换为磁场能,即电感元件从电源取用能量(充磁过程);当电感元件中的电流减小时,磁场能转换为电能,即电感元件向电源放还能量(放磁过程)。

3. 电感元件的主要性能指标

(1) 标称电感量　标称电感量也称自感系数,是反映电感线圈产生自感应能力的物理量。电感量的大小主要取决于线圈的匝数、绕制方式、有无磁心及磁心的材料等。通常线圈匝数越多、绕制的线圈越密集,电感量就越大。有磁心的线圈比无磁心的线圈电感量大;磁心磁导率越大的线圈,电感量也越大。

(2) 允许偏差　允许偏差是指电感器上标称电感量与实际电感量的允许误差值。一般

用于振荡或滤波等电路中的电感器要求精度较高,允许偏差为±0.2%~±0.5%;而用于耦合、高频阻流等线圈的精度要求不高;允许偏差为±10%~±15%。

(3) 电感线圈直流电阻　电感线圈的直流电阻是指损耗电阻,其阻值很小。

(4) 品质因数　品质因数 Q 是衡量电感器质量的主要参数。它是指电感器在某一频率的交流电压下工作时,所呈现的感抗与其等效损耗电阻之比。电感器的 Q 值越高,其损耗越小,效率越高。

(5) 额定电流　额定电流是指电感器在允许的工作环境下能承受的最大电流值。若工作电流超过额定电流,则电感器会因发热而使性能参数发生改变,甚至还会因过电流而烧毁。

4. 电感元件的应用

1) 电感元件广泛地应用在模拟电路与信号处理过程中。

2) 电感元件与电容元件及其他一些器件结合可以形成调谐电路,放大或过滤一些特定的信号频率。

3) 小的电容、电感还可结合产生调谐电路,用于无线电的收发。

4) 两个或多个电感元件之间有耦合磁通量可形成变压器,变压器是电力电源系统的基本组件。变压器的效率随着频率的增加而降低,但高频变压器的体积也变得很小。

6.1.3　电容元件

1. 电容元件的符号

电容元件是用来表征电路中电场能储存这一物理性质的理想元件。电容元件又称电容器,简称电容,用符号 C 表示。图6-8所示为几种常见的电容元件的图形符号。

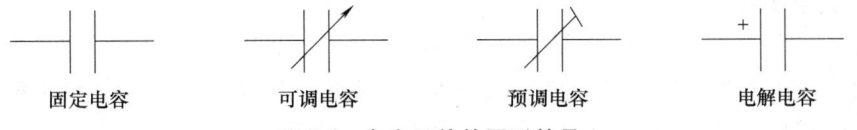

图6-8　电容元件的图形符号

2. 电容元件的特性

当电路中有电容元件存在时,电容元件极板(由绝缘材料隔开的两个金属导体)上会聚集等量异性电荷。如图6-9a所示,电压 u 越高,聚集的电荷 q 越多,产生的电场越强,储存的电场能就越多。q 与 u 的比值称为电容量,即

$$C=\frac{q}{u} \tag{6-5}$$

式中,q 的单位为库仑(C),u 的单位为伏特(V);C 的单位为法拉(F)。由于法拉的单位太大,工程上多用微法(μF)或皮法(pF),它们的换算关系为

$$1F=10^6 μF=10^{12} pF$$

当极板上的电荷量 q 或电压 u 发生变化时,在电路中就要引起电流流过。其大小为

$$i=\frac{dq}{dt}=C\frac{du}{dt} \tag{6-6}$$

式(6-6)是电容元件的 u 和 i 约束方程,它是在 u 和 i 的参考方向关联表达的情况下得

出的，否则要加负号。

当电容元件两端加恒定电压时，则由式（6-6）可知：$i=0$，电容元件相当于开路。

3. 电容元件的主要性能指标

（1）标称电容量和允许偏差　标称电容量是标志在电容器上的电容量。电容器实际电容量与标称电容量的偏差称误差，在允许的偏差范围称精度。

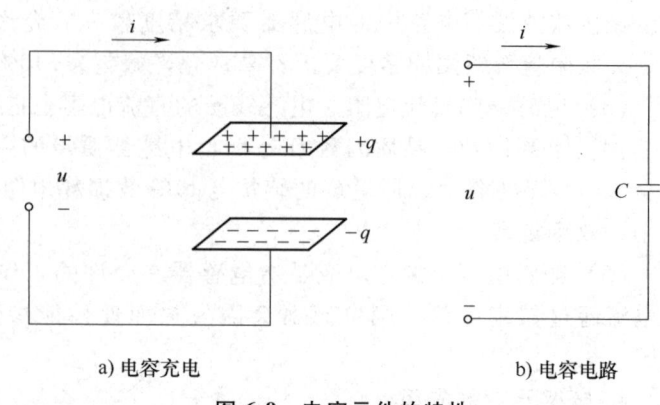

图 6-9　电容元件的特性

精度等级与允许误差对应关系：Ⅰ-±1%、Ⅱ-±2%、Ⅲ-±5%、Ⅳ-±10%、Ⅴ-±15%、Ⅵ-±20%。一般电容器常用Ⅰ、Ⅱ、Ⅲ级，电解电容器用Ⅳ、Ⅴ、Ⅵ级，根据用途选取。

（2）额定电压　在规定的工作温度范围内，电容长期可靠地工作，它能承受的最大直流电压为电容的耐压，也叫作电容的直流工作电压。如果是在交流电路中，要注意所加的交流电压最大值不能超过电容的直流工作电压值。额定电压一般直接标注在电容器外壳上，如果工作电压超过电容器的耐压，电容器会被击穿，造成不可修复的永久损坏。

（3）绝缘电阻　由于电容器两极之间的介质不是绝对的绝缘体，所以它的电阻不是无限大，而是一个有限的数值，一般在 1000MΩ 以上，电容两极之间的电阻叫作绝缘电阻，或者叫作漏电电阻，像陶瓷电容器、薄膜电容器绝缘电阻是越大越好的，而铝电解电容器的绝缘电阻是越小越好。

4. 电容元件的基本功能

（1）充电　使电容元件带电（储存电荷和电能）的过程称为充电。这时电容元件的两个极板总是一个极板带正电，另一个极板带等量的负电。充电后电容元件的两极板之间就有了电场，充电过程把从电源获得的电能储存在电容元件中。

（2）放电　使充电后的电容元件失去电荷（释放电荷和电能）的过程称为放电。放电后电容元件两极板之间的电场消失，电能转化为其他形式的能量。

在汽车电子电路中，常用电容元件来实现旁路、耦合、滤波、振荡、相移以及波形变换等，这些作用都是其充电和放电功能的演变。

6.2　半导体器件

6.2.1　半导体的基本知识

半导体的导电性能介于导体和绝缘体之间，但是因为它具有热敏性、光敏性和掺杂性，由半导体制成的各种电子器件得到了非常广泛的应用。

（1）热敏性　热敏性指半导体的导电性能随着温度发生明显的改变。利用热敏性可制作成各种热敏电阻，用于控制系统和温度测量等。

（2）光敏性　光敏性指半导体的导电性能对光照比较敏感。利用光敏性可制作成光电二极管、光电晶体管及光敏电阻等多种类型的光电器件，广泛地应用于自动控制和电子设备中。

（3）掺杂性　在纯净的半导体中掺入极少量的杂质元素，将会极大地改变半导体的导电性能。利用掺杂性可制作成各种不同用途的半导体器件，如二极管、晶体管等。在电子器件中用得最多的半导体材料是硅和锗，硅和锗都是四价元素，最外层原子轨道上具有4个价电子。由于相邻原子的距离很近，这4个价电子不仅受到自身原子核的束缚，而且受到相邻原子核的吸引，形成图6-10所示的共价键结构。

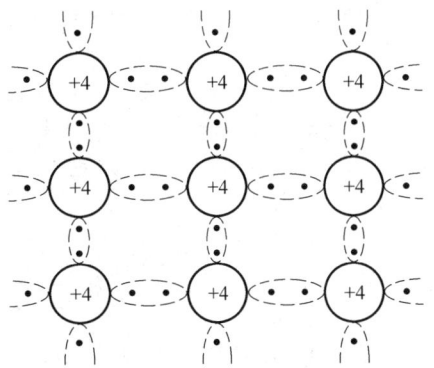

图6-10　硅和锗的共价键结构

1. 本征半导体

本征半导体指的是完全纯净、结构完整的半导体。本征半导体中虽然有大量的价电子，但它们都不能自由移动，也不能参与导电。

当半导体的温度升高或者受到光线照射等外界因素的影响时，共价键中的某些价电子获得能量，挣脱共价键的束缚成为自由电子；与此同时，原共价键中的相应位置留下空位，称作"空穴"，如图6-11所示。显然，自由电子和空穴总是成对出现的，自由电子和空穴的数目总是相等的，对外呈电中性。这种在热或光的作用下，本征半导体中产生电子空穴对的现象称为本征激发。

当共价键中出现空位时，邻近共价键中的价电子可以跳过去填补这个空位，而原来价电子的位置又出现新的空位，这个过程持续下去，即发生空位的迁移，如图6-12所示。如果把空穴看成带正电的载流子，那么空穴的移动与带负电的价电子反方向移动的效果是相同的。

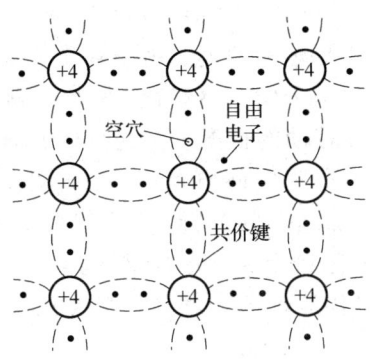

图6-11　本征半导体

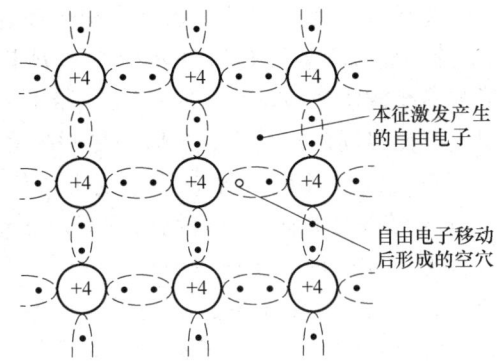

图6-12　本征激发产生电子空穴对示意图

2. 杂质半导体

实际应用中，在纯净的半导体材料中掺入少量的杂质元素，可以显著改变半导体的导电性能。根据掺入的杂质不同，杂质半导体又可以分为N型半导体和P型半导体。

（1）N型半导体　在纯净半导体中掺入微量的五价元素（如磷）后，就可形成N型半导体，如图 6-13a 所示。由于五价元素最外层有 5 个价电子，与四价元素形成共价键时，就有一个价电子不能形成共价键而变成自由电子，同时考虑到常温下由于本征激发产生的少量的电子空穴对，则在 N 型半导体中存在两种导电的载流子：自由电子和空穴。其中自由电子的密度远大于空穴密度，被称为多数载流子，简称为多子；空穴浓度较低被称为少数载流子，简称为少子。N 型半导体主要依靠电子导电，因此也被称为电子型半导体。

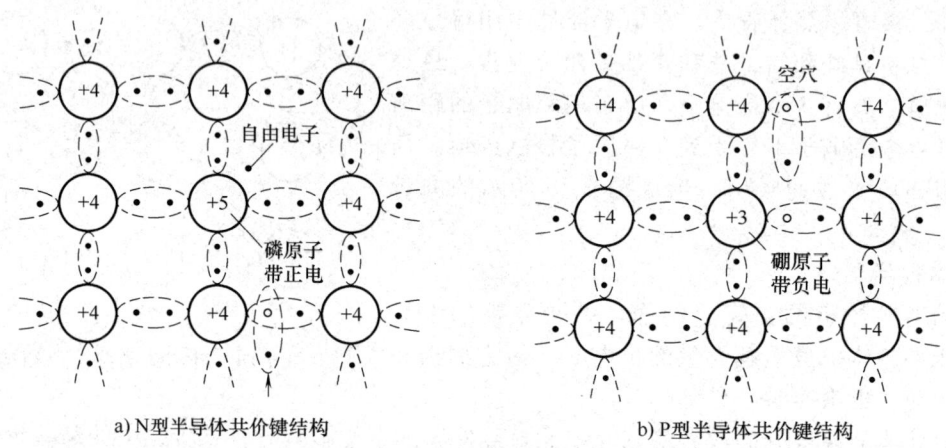

a) N 型半导体共价键结构　　　　b) P 型半导体共价键结构

图 6-13　杂质半导体的结构

（2）P 型半导体　在纯净半导体中掺入微量的三价元素（如硼）后，就可形成 P 型半导体。由于三价元素最外层只有 3 个价电子，与四价元素形成共价键时，将会存在一个多余的空穴，如图 6-13b 所示。本征激发产生少量电子空穴对，P 型半导体中空穴的密度远大于自由电子的密度成为多子，自由电子浓度较低成为少子。P 型半导体主要依靠空穴导电，因此也被称为空穴型半导体。

3. PN 结

（1）PN 结的形成　在一块本征半导体上，通过一定的掺杂工艺，一边形成 P 型半导体，一边形成 N 型半导体，那么在交界面处将形成一个具有特殊功能的薄层，称为 PN 结。PN 结的形成过程如图 6-14 所示。在 P 型半导体和 N 型半导体的两侧，由于载流子浓度的差别形成多子的扩散运动，P 区的空穴向 N 区扩散，N 区的电子向 P 区扩散。P 区一侧失去空穴留下不能移动的负离子，N 区一侧则失去电子留下不能移动的正离子，这些离子不能参与导电，在 P 区和 N 区交界面处形成正、负离子的薄层，称为空间电荷区，并产生内电场，方向由 N 区指向 P 区，该电场的逐渐建立将阻碍多子扩散运动的进行。另一方面，在 P 型和 N 型半导体的内部还存在少子，空间电荷区的内电场有利于少子形成漂移运动。随着内电场的逐渐建立，多子的扩散运动逐渐减弱，少子的漂移运动随之增强，最终到达动态平衡，此时空间电荷区的宽度基本保持不变。

（2）PN 结的单向导电性　PN 结最基本的特性就是单向导电性，即外加正向电压，PN 结导通，外加反向电压，PN 结截止。

1) 外加正向电压：PN 结加上正向电压，即 P 区一侧接直流电源正极，N 区一侧接直流电源负极，如图 6-15 所示，称 PN 结正向偏置。

由于外加电压产生的外电场和 PN 结的内电场方向相反，外电场的存在将削弱内电场的作用，使 PN 结的空间电荷区变窄，有利于两区的多数载流子向对方扩散，形成正向电流

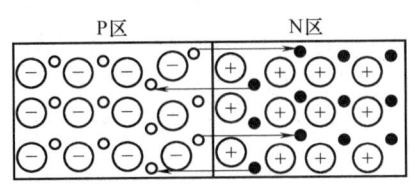
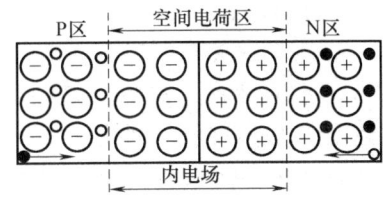

a) 多子扩散　　　　　　　　　　　b) PN结的形成

图6-14　PN结的形成过程

I_F，此时PN结处于正向导通状态。

2) 外加反向电压：PN结加上反向电压，即P区一侧接直流电源负极，N区一侧接直流电源正极，如图6-16所示，称PN结反向偏置。

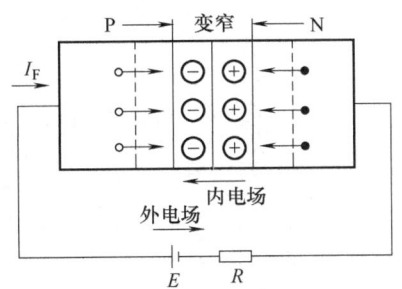
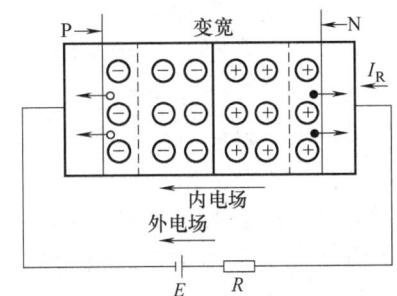

图6-15　PN结外加正向电压　　　　　图6-16　PN结外加反向电压

由于外加电压产生的外电场和PN结的内电场方向相同，外电场的存在将加强内电场的作用，使PN结的空间电荷区变宽，阻碍了多数载流子的扩散运动。在外电场的作用下，只有两区的少数载流子形成微弱的反向电流I_R，此时PN结处于反向截止状态。

综上所述，PN结具有单向导电性：正向偏置时导通，正向电阻很小；反向偏置时截止，反向电阻很大。

6.2.2　半导体二极管

1. 结构、符号与分类

（1）结构与符号　半导体二极管由一个PN结加上相应的电极引线及管壳封装而成，如图6-17所示。由P区引出的电极称为阳极，N区引出的电极称为阴极。因为PN结的单向导电性，二极管导通时电流方向是由阳极通过二极管内部流向阴极。

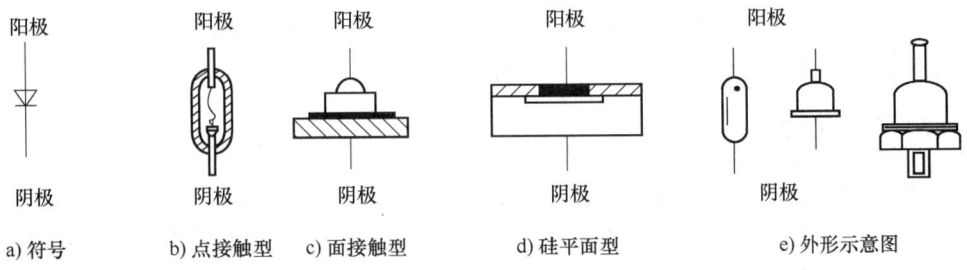

a) 符号　　b) 点接触型　　c) 面接触型　　d) 硅平面型　　e) 外形示意图

图6-17　常用二极管的符号、结构和外形示意图

(2) 分类　按材料分，二极管有硅管和锗管两种；按用途分，二极管有普通二极管、整流二极管、稳压二极管等；按结构来分，二极管有点接触型、面接触型和硅平面型。点接触型二极管（一般为锗管）的特点是结面积小，因此结电容小，允许通过的电流也小；面接触型二极管（一般为硅管）的特点是结面积大，结电容大，允许通过的电流较大，适用于低频整流；硅平面型二极管，结面积大的可用于大功率整流，结面积小的适用于脉冲数字电路做开关管。

2. 伏安特性

二极管的性能可以通过它的伏安特性曲线加以描述。伏安特性是指流过二极管的电流和外加电压的关系。若以外加电压作为横坐标，流过二极管的电流作为纵坐标，用作图法将相应的工作点连成平滑的曲线，即形成二极管的伏安特性曲线。不同的二极管具有不同的伏安特性曲线，它是选择和使用二极管的重要依据。图6-18给出了某二极管的伏安特性曲线。

(1) 正向特性　外加正向电压可以使PN结的空间电荷区变窄，有利于多子的扩散运动。但当外加正向电压较小时，外电场产生的作用力还不足以克服内场对多子扩散运动所形成的阻力，因此正向电流非常微弱。

当正向电压超过某个数值（图6-18中的U_{th}）以后，正向电流明显增大，二极管处于导通状态，呈现很小的正向导通电阻。这一电压称为导通电压或门槛电压。通常硅管的导通电压为0.6~0.7V，锗管的导通电压为0.2~0.3V。

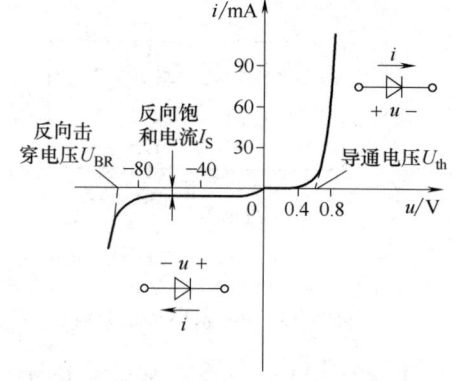

图6-18　某二极管的伏安特性曲线

(2) 反向特性　二极管外加反向电压时，在开始很大的范围内，反向电流很小且基本不随反向电压变化，二极管呈现很大的电阻，电路相当于断开状态。此时的电流称为反向饱和电流I_S。小功率锗管的I_S为几微安，硅管的I_S一般小于0.1μA。

(3) 反向击穿特性　当加在二极管上的反向电压达到一定数值后，反向电流急剧增加，这种现象称为反向击穿。反向击穿电压U_{BR}一般在几十伏以上。

3. 二极管的主要参数

(1) 最大整流电流I_F　最大整流电流I_F是指二极管长期工作时，允许通过的最大正向工作电流。实际应用时，二极管的平均电流不能超过此值。

(2) 最大反向工作电压U_{RM}　最大反向工作电压U_{RM}是指二极管在使用时允许加的最大反向电压（峰值）。

(3) 反向饱和电流I_S　反向饱和电流I_S是指在规定反向电压和室温下所测得的反向电流值。该值越小，说明二极管的单向导电性能越好。

6.2.3　特殊二极管

1. 稳压二极管

(1) 结构　稳压二极管是一种特殊的面接触型硅二极管，具有稳定电压的作用。稳压管与普通二极管的主要区别在于，稳压二极管是工作在PN结的反向击穿状态。通过在制造过程中的工艺措施和使用时限制反向电流的大小，保证稳压管在反向击穿状态下不会因过热而损坏，而一般二极管击穿后可能造成过热而损坏。稳压二极管的符号、外形如图6-19a、b所示。

（2）伏安特性曲线　稳压二极管的伏安特性曲线如图6-19c所示，从稳压二极管的反向特性曲线可以看出，当反向电压较小时，反向电流几乎为零；当反向电压增高到击穿电压U_Z（也是稳压二极管的工作电压）时，反向电流I_Z（稳压二极管的工作电流）会急剧增加，稳压二极管反向击穿。在反向击穿区域内，当I_Z在较大范围内变化时，稳压二极管两端电压U_Z基本不变，具有恒压特性，利用这一特性可以起到稳定电压的作用。

应该注意的是，工作在击穿区并不意味着二极管损坏，只要在外电路上采取一定的限流措施，就可以保证其正常地工作在稳压区。

（3）主要参数

1）稳定电压U_Z。当稳压二极管工作在反向击穿状态，且流过的电流等于规定的测试值时，稳压二极管阴极和阳极之间的电压差即为稳定电压U_Z。对于同一种型号的稳压二极管，由于工艺方面和其他原因，具有一定的分散性。例如2DW7A的稳压值为5.8~6.6V，但对于某一只具体的稳压二极管，其U_Z是5.8~6.6V之间的一个确定值。

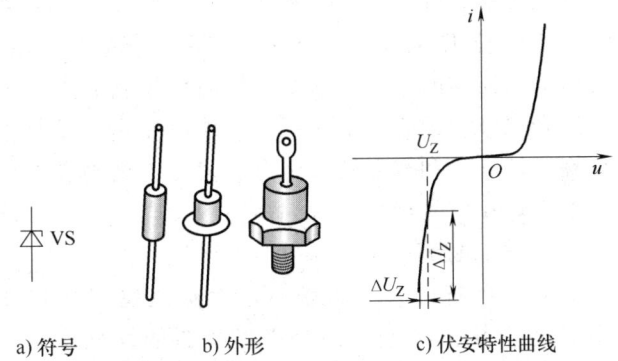

a) 符号　　b) 外形　　c) 伏安特性曲线

图6-19　稳压二极管的符号、外形、伏安特性曲线

2）稳定电流I_{Zmin}。稳定电流I_{Zmin}是指稳压二极管工作于反向击穿区所要求的最小工作电流。使用中必须保证工作电流大于I_{Zmin}，二极管才能具有很好的稳压作用。

3）最大耗散功率P_{ZM}和最大稳定电流I_{Zmax}。当稳压二极管工作在稳压状态时，其消耗的功率$P_Z = U_Z I_Z$，其中U_Z为稳压值，I_Z为流过稳压二极管的工作电流，该功率将以热损耗的形式转化为PN结温度的升高。P_{ZM}是由稳压二极管温度所限定的一个参数。为了保证其不至于因为温度过高而损坏，使用中不允许超过P_{ZM}。根据$P_{ZM} = U_Z I_{Zmax}$确定稳压二极管的最大稳定电流I_{Zmax}。

4）动态电阻r_Z。动态电阻r_Z定义为在稳压二极管的工作范围内，两端的稳定电压变化量ΔU_Z与电流变化量ΔI_Z之比，即$r_Z = \Delta U_Z / \Delta I_Z$，如图6-19c所示。不难看出，$r_Z$越小，表明在电流变化时，稳定电压的变化越小，稳压性能越好。r_Z一般在几欧到几十欧的范围内。

2. 发光二极管

发光二极管（Light Emitting Diode，LED）由含镓（Ga）、砷（As）、磷（P）或氮（N）等的化合物制成。发光二极管也由一个PN结组成，具有单向导电性。给发光二极管加上正向电压后，从P区注入N区的空穴和由N区注入P区的电子复合，产生自发辐射的荧光。不同的半导体材料中电子和空穴所处的能量状态不同，发光颜色也不同，砷化镓二极管发红光，磷化镓二极管发绿光，碳化硅二极管发黄光，氮化镓二极管发蓝光。发光二极管能发出不同颜色的光线，光的强弱与通过二极管的电流有关。图6-20为常见发光二极管的外形、结构和符号。

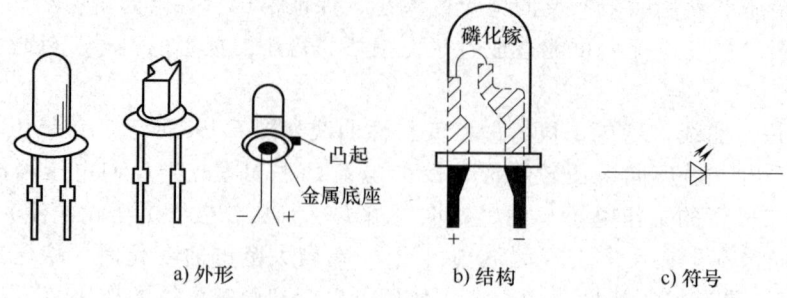

a) 外形　　　b) 结构　　　c) 符号

图 6-20　常见发光二极管的外形、结构和符号

发光二极管的伏安特性和普通二极管相似，导通电压为 0.9~1.1V，其正向工作电压为 1.5~2.5V，工作电流为 5~15mA。反向击穿电压较低，一般小于 10V。它的正向伏安特性曲线很陡，使用时必须串联限流电阻以控制通过二极管的电流。

发光二极管的驱动电压低、工作电流小，具有很强的抗振动和抗冲击能力、体积小、可靠性高、耗电少和寿命长等优点。发光二极管在汽车电路中主要应用在仪表板上的状态指示灯、警告灯和信号灯，已有汽车使用发光二极管做近光灯等照明灯。

3. 光电二极管

光电二极管的管壳上备有一个玻璃窗口，以便于接受光照。普通二极管在反向电压作用时处于截止状态，只能流过微弱的反向电流，光电二极管设计和制作时尽量使 PN 结的面积相对较大，以便接收入射光。光电二极管是在反向电压下工作的，没有光照时，反向电流极其微弱，叫暗电流；有光照时，反向电流迅速增大到几安，称为光电流。光的强度越大，反向电流也越大。光的变化引起光电二极管电流变化，因此光电二极管可以把光信号转换成电信号，成为光电传感器件。图 6-21 所示为常见光电二极管的外形及符号。

光电二极管在汽车电路中主要应用在光电传感器上，例如自动空调系统的日照传感器，它可将车辆不同部位受到的日照情况转换成电信号送给电子控制单元（Electronic Control Unit，ECU），使其自动调节车内的温度。图 6-22 为某自动空调系统日照传感器的结构及电路。

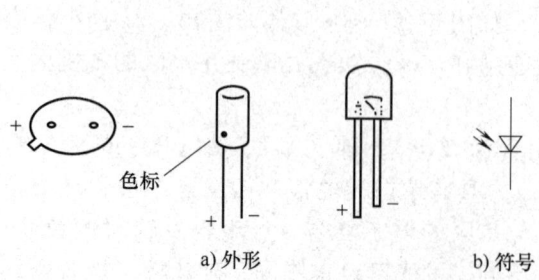

a) 外形　　　b) 符号

图 6-21　常见光电二极管的外形及符号

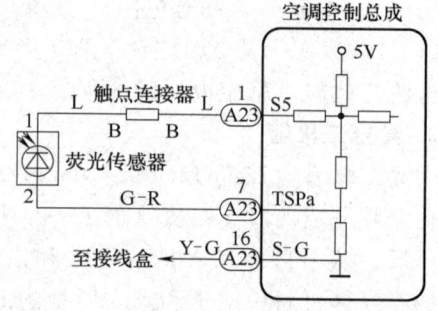

图 6-22　某自动空调系统日照传感器的结构及电路

延展阅读：汽车电子元器件标准化是推动中国汽车产业化发展的必要保证！

中国电子工业标准化技术协会汽车电子元器件标准工作委员会（简称汽电标委）于2022年9月在北京成立。汽电标委以服务汽车产业为宗旨，以标准为抓手，横向推动设计、制造、检测、设备材料，纵向建设汽车电子元器件、模组、整车的协同创新机制，通过整合技术、资本、人才产业资源，构建汽车电子元器件的前瞻研究、标准研制、检测认证、人才培养的产学研用综合性发展平台，实现产业链参与者的共赢共进。

6.2.4 半导体晶体管

半导体晶体管简称晶体管，种类繁多，按所用材料可以分为硅管和锗管；按结构可以分为NPN型和PNP型；按使用的频率可以分为高频管和低频管；按晶体管功耗可以分为小功率管、中功率管和大功率管。

1. 晶体管的结构和电路符号

晶体管是在本征半导体中掺入不同杂质制成两个背靠背的PN结，并引出相应的三根电极构成的。若两边是N型半导体，中间是P型半导体，则称为NPN型晶体管，其结构和电路符号如图6-23a所示；若两边是P型半导体，中间是N型半导体，则称为PNP型晶体管，其结构和电路符号如图6-23b所示。

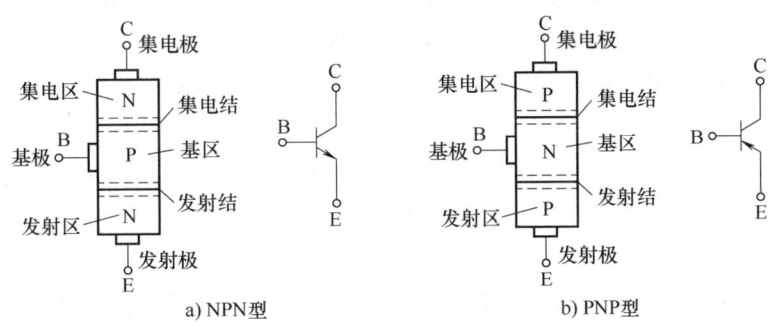

图6-23 晶体管结构和电路符号

晶体管的3个区根据作用不同，分别称为发射区、基区和集电区，引出的3个电极分别称为发射极E、基极B、集电极C。发射区和基区之间的PN结称为发射结，集电区和基区之间的PN结称为集电结。符号中的箭头方向表示发射结正偏时的实际电流方向。

2. 晶体管的放大原理

NPN型管和PNP型管的工作原理相同，只是工作时外加电压的极性和各极的电流方向刚好相反。下面将针对NPN型管分析晶体管的放大原理，所得结论同样适合于PNP型管。

晶体管在电子线路中用作放大器件时，发射结外加正向电压，集电结外加反向电压，即发射结正偏，集电结反偏，如图6-24所示。分析晶体管的放大原理，必须首先分析晶体管内部载流子有规律的运动过程。

对于晶体管的电流分配和放大作用，通过分析得到几个重要的结论。

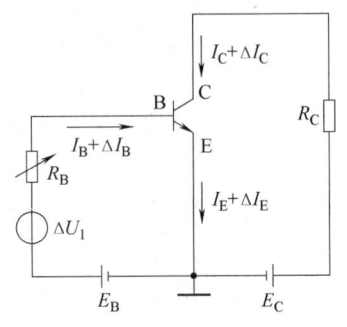

图6-24 共射极电路的电流和电压放大作用

1) 晶体管 3 个极的电流符合基尔霍夫定律,即
$$I_E = I_C + I_B \tag{6-7}$$
式中,I_B 比 I_C、I_E 小得多,因此可以认为 $I_E \approx I_C$,即集电极电流和发射极电流大小近似相等。

2) 基极电流 I_B 虽然很小,但在发射结正偏、集电结反偏的放大条件下,它对 I_C 具有控制作用,两者的对应关系符合
$$\bar{\beta} = \frac{I_C}{I_B} \tag{6-8}$$
式中,$\bar{\beta}$ 为静态(直流)电流放大倍数,上面的分析都是针对静态的直流电路进行的。

3) 实际应用中,晶体管通常用于放大动态信号,如图 6-24 所示,当输入回路在直流偏置的基础上叠加交流信号 ΔU_1 时,引起基极电流变化量 ΔI_B,由于晶体管内部载流子的运动,集电极电流的变化量为 ΔI_C,则
$$\beta = \frac{\Delta I_C}{\Delta I_B} \tag{6-9}$$

β 称为动态(交流)电流放大倍数,通常 β 的数值在 20~200 之间。式(6-9)表明,满足放大条件的晶体管具有将基极电流的变化量放大 β 倍的能力。

图 6-24 中,当输入电压变化时,引起输入电流(基极电流)变化,在输出端又将引起输出电流(集电极电流)的较大变化,并在集电极电阻 R_C 上产生较大的电压输出。因此,晶体管实现放大作用的实质就是通过基极电流的微小变化,引起集电极电流的较大变化,从而实现输入信号的放大。

在小信号放大电路中,由于 β 和 $\bar{\beta}$ 相差很小,通常认为 $\bar{\beta} = \beta$,所以在以后的电路分析中不再加以区分。

3. 晶体管的特性曲线

晶体管的特性曲线是指各电极之间所加电压和流过电流之间的关系曲线,它能直观全面反映晶体管性能的好坏。下面将结合输入特性曲线和输出特性曲线加以分析。

(1) 输入特性曲线　输入特性曲线是指当集电极与发射极之间的电压 U_{CE} 为某一常数时,基极电流 i_B 与加在发射结上的电压 u_{BE} 之间的关系曲线,即
$$i_B = f(u_{BE}) \big|_{U_{CE}=\text{常数}}$$

图 6-25 给出了晶体管在 $U_{CE} = 0$ 或 $U_{CE} \geq 1$ 两种情况下的输入特性曲线。当 $U_{CE} = 0$ 时,相当于将发射结与集电结并联连接,此时的输入特性相当于两个二极管并联的正向特性。此时的 i_B 是两个二极管的正向电流之和。当 $U_{CE} = 1$ 时,输入特性曲线比 $U_{CE} = 0$ 时的特性曲线右移了一段距离。这是因为 U_{CE} 从 0 开始增大后,加在集电结上的电压逐渐由正偏转为反偏,增强了集电区收集电子的能力,减少了载流子在基区复合的机会。因此,在 u_{BE} 相同的情况下,U_{CE} 的增加将会使基极电流 i_B 减少,因而曲线右移。U_{CE} 继续增加,输入特性曲线右移很少,常用 $U_{CE}>1$ 的这条特性曲线代替 $U_{CE}>1$ 的所有曲线。这是因为当 $U_{CE}>1$ 后,只要 u_{BE} 不变,那么从发射区发射到基区的电子数目基本固定,集电结所加反向偏压已经足以把这些电子中的绝大部分拉到集电区,即使 U_{CE} 再增加,基极电流 i_B 也不会明显减少。

由图 6-25 可见,晶体管的输入特性曲线和二极管的伏安特性曲线很相似。正常导通时,

硅管的 u_{BE} 为 0.6~0.7V，而锗管的 u_{BE} 在 0.3V 左右。

（2）输出特性曲线　输出特性曲线是指当晶体管的基极电流 I_B 为某一常数时，集电极电流 I_C 与加在集电极、发射极之间的电压 u_{CE} 之间的关系曲线，即

$$i_C = f(u_{CE}) \mid_{I_B=常数} \tag{6-10}$$

由于不同的 I_B 对应不同的输出特性，所以晶体管的输出特性曲线是一簇曲线，图 6-26 给出了晶体管的输出特性曲线。根据晶体管工作状态的不同，可将输出特性分为 3 个区域。

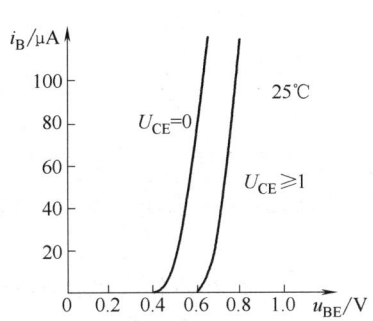

图 6-25　晶体管的输入特性曲线

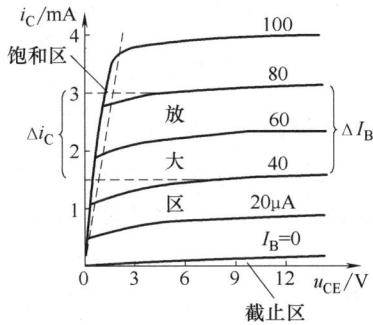

图 6-26　晶体管的输出特性曲线

1）截止区：$I_B=0$ 这条曲线以下的区域称为截止区。在此区域内，集电结和发射结均处于反向偏置，$i_C \approx 0$，集电极和发射极之间只有微小的反向漏电流，近似于开关的断开状态。晶体管工作在截止状态时，没有放大作用。

2）放大区：输出特性曲线中近似平行于横轴的曲线簇部分称为放大区。当晶体管处于放大区时，$U_{CE}>U_{BE}$，即 $V_C>V_B$，发射结正偏、集电结反偏。由于集电结反偏电压足够大，扩散到基区的绝大部分电子被集电结拉了过来，因此 u_{CE} 继续增大，i_C 基本不变，曲线趋近于平坦。

在放大区中，集电极电流的变化量 Δi_C 与基极电流的变化量 Δi_B 存在一种受控关系，即 $\Delta i_C = \beta \Delta i_B$，因此晶体管具有电流放大作用。

3）饱和区：靠近输出特性纵坐标轴，曲线上升部分所对应的区域称为饱和区。

当晶体管处于饱和区时，$U_{CE}<U_{BE}$，即 $V_C<V_E$，由于集电结正偏，不利于集电区收集从发射区扩散到基区的电子，使得 I_B 相同时，饱和区的 i_C 处于特性曲线的上升部分，i_C 将随着 u_{CE} 的增大而增大。在饱和状态下，$i_C<\beta i_B$，i_C 不受 i_B 的控制。

晶体管饱和时对应的 U_{CE} 的值称为饱和电压降，用 U_{CES} 表示，一般小功率硅管约为 0.3V，锗管约为 0.1V。晶体管工作在饱和区时，集电结与发射结都处于正向偏置，$U_{CE} \approx 0$，集电极和发射极之间相当于开关的接通状态。

晶体管处于放大状态的电路通常为放大电路，而处于截止和饱和状态的电路常称为开关电路。前者主要应用于模拟电子电路中，而后者主要出现在数字电子电路中。

【例 6-1】　已知晶体管各极电位如图 6-27 所示，试判断晶体管是硅管还是锗管，分别处于何种工作状态（饱和、放大或截止）。

解：判断锗管或硅管，主要是看其导通时发射结的电压降大小，若 $|U_{BE}|$ 约为 0.7V，则为硅管，$|U_{BE}|$ 约为 0.2V，则为锗管；而判断晶体管的工作状态，主要通过分析其两个 PN 结的偏置状态，图 6-27a 中，$U_{BE}=0.1V-(-0.2)V=0.3V$，发射结正向偏置；$U_{BC}=$

$0.1V-6V=-5.9V$,集电结反向偏置。故该晶体管工作在放大状态,且为锗管。图6-27b中,$U_{BE}=1V-0.3V=0.7V$,发射结正向偏置;$U_{BC}=0.3V-(-2)V=2.3V$,集电结反向偏置。故该晶体管工作在放大状态,且为硅管。图6-27c中,$U_{BE}=-3V-0V=-3V$,发射结反向偏置;

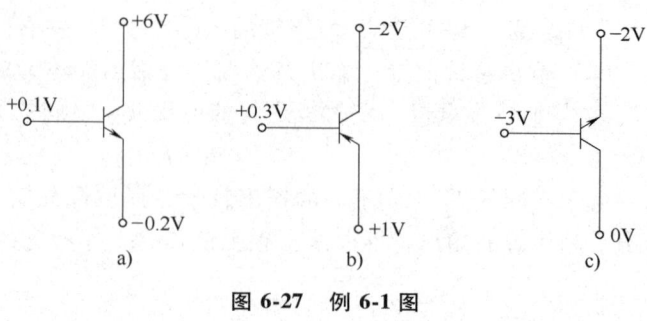

图 6-27 例 6-1 图

$U_{BC}=-3V-(-2)V=-1V$,集电结反向偏置。故该晶体管工作在截止状态,且为硅管。

4. 晶体管的主要参数

(1) 电流放大系数　当晶体管接成共射极放大电路时,其电流放大倍数用 β 表示。β 值是代表晶体管放大能力的重要参数,它的具体含义和分析在前面已做了详细讨论,这里不再重复。

选用晶体管时应该注意,β 值过小的晶体管放大能力较差,而 β 值较大的晶体管热性能较差。常用小功率晶体管的 β 值在 20～200 之间,大功率晶体管的 β 值一般较小。

(2) 极间反向电流

1) 集电极-基极反向饱和电流 I_{CBO}。I_{CBO} 是指发射极开路时集电结的反向饱和电流,由少数载流子的漂移运动形成,因此对温度的变化很敏感。I_{CBO} 的大小是晶体管质量好坏的标志之一。I_{CBO} 越小越好,小功率硅管约为几微安,锗管约为几十微安。

2) 集电极-发射极间的穿透电流 I_{CEO}。I_{CEO} 是指基极开路($I_B=0$)时,在集电极与发射极之间加上一定电压时所产生的集电极电流。I_{CEO} 的大小约为 I_{CBO} 的 β 倍。

(3) 极限参数

1) 集电极最大允许电流 I_{CM}。集电极电流 i_C 在一个较大的范围内变化时,β 值基本保持不变。但当 i_C 超过一定值时,晶体管的 β 值就要下降。I_{CM} 就是表示当 β 下降到其额定值的 2/3 时所允许的最大集电极电流。

2) 集电极最大允许功率损耗 P_{CM}。P_{CM} 是指允许在集电极上耗散功率的最大值。集电极上消耗的功率 $P_C=I_C U_{CE}$ 大部分消耗在反向偏置的集电结上,并表现为温度的升高,过高的温度会导致晶体管工作不正常甚至烧毁。

6.2.5 场效应晶体管

场效应晶体管(Field Effect Transistor,FET)是一种带有 PN 结的新型半导体器件,场效应晶体管是只有一种载流子参与导电的半导体器件,是一种用输入电压控制输出电流的半导体器件。与晶体管相比,场效应晶体管具有输入阻抗高、制造工艺简单、噪声系数小、热稳定性好及动态范围大等优点,没有二次击穿现象,特别适合做成大规模集成电路,在高频、中频、低频、直流、开关及阻抗变换电路中有广泛应用。

1. 场效应晶体管的分类

场效应晶体管按参与导电的载流子来划分,有电子作为载流子的 N 沟道器件和空穴作为载流子的 P 沟道器件;按结构来划分,有结型场效应晶体管(JFET)和绝缘栅场效应晶体管(IGFET)之分。IGFET 也称金属-氧化物-半导体场效应晶体管(MOSFET),通常简称

MOS 场效应晶体管。

（1）MOSFET　MOSFET 分为增强型（N 沟道、P 沟道）和耗尽型（N 沟道、P 沟道）。

1）N 沟道增强型 MOSFET。N 沟道增强型 MOSFET 结构示意图和符号如图 6-28 所示。D 称为漏极，相当于双极型晶体管的集电极；G 称为栅极，相当于晶体管的基极；S 称为源极，相当于晶体管的发射极。

① 结构。根据图 6-28 所示，N 沟道增强型 MOSFET 基本上是一种左右对称的拓扑结构，它是在 P 型半导体上生成一层 SiO_2 薄膜绝缘层，然后用光刻工艺扩散两个高掺杂的 N 型区，从 N 型区引出电极，一个是漏极 D，一个是源极 S。在漏极和源极之间的绝缘层上镀一层金属铝作为栅极 G。P 型半导体称为衬底，用符号 B 表示。

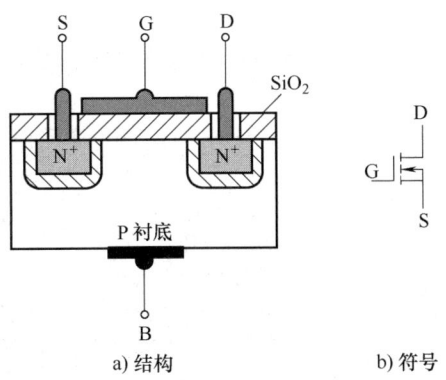

图 6-28　N 沟道增强型 MOSFET 结构示意图和符号

② 工作原理。

a）栅源电压 U_{GS} 的控制作用。当 $U_{GS}=0V$ 时，漏源之间相当于两个背靠背的二极管，在漏源之间加上电压不会在它们之间形成电流。当栅极加有电压时，若 $0<U_{GS}<U_{GS(th)}$（$U_{GS(th)}$ 称为开启电压），通过栅极和衬底间的电容作用，将靠近栅极下方的 P 型半导体中的空穴向下方排斥，出现了一薄层负离子的耗尽层。耗尽层中的少子将向表层运动，但数量有限，不足以形成沟道，将漏极和源极沟通，仍然不足以形成漏极电流 I_D。

进一步增加 U_{GS}，当 $U_{GS}>U_{GS(th)}$ 时，栅极电压已经比较强，在靠近栅极下方的 P 型半导体表层中聚集较多的电子，可以形成沟道，将漏极和源极沟通。如果此时加有漏源电压，就可以形成漏极电流 I_D。在栅极下方形成的导电沟道中的电子，因与 P 型半导体的载流子空穴极性相反，故称为反型层。随着 U_{GS} 的继续增加，I_D 将不断增加。在 $U_{GS}=0V$ 时，$I_D=0$。只有当 $U_{GS}>U_{GS(th)}$ 后才会出现漏极电流的 MOSFET，称为增强型 MOSFET。

U_{GS} 对漏极电流的控制关系可用 $I_D=f(U_{GS})|_{U_{DS}=常数}$ 曲线描述，称为转移特性曲线，如图 6-29a 所示。

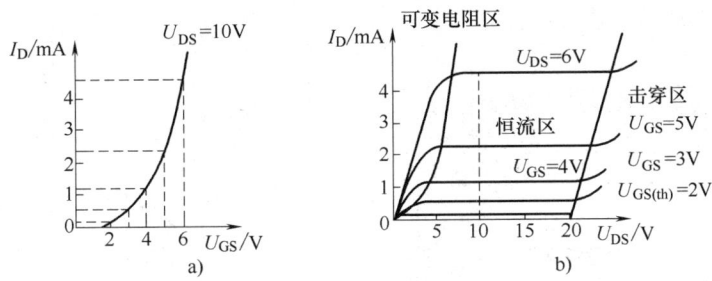

图 6-29　转移特性曲线和漏极输出特性曲线

转移特性曲线的斜率 g_m 的大小反映了栅源电压对漏极电流的控制作用，g_m 的单位为 mA/V，g_m 也称为跨导。跨导的定义式为

$$g_m=\Delta I_D/\Delta U_{DS}|_{U_{DS}=常数}$$

b)漏源电压 U_{DS} 对漏极电流 I_D 的控制作用。当 $U_{GS} > U_{GS(th)}$ 且固定为某一值时,分析漏源电压 U_{DS} 对漏极电流 I_D 的影响。

当 U_{DS} 为 0 或较小时,相当于 $U_{GD} > U_{GS(th)}$,沟道分布如图 6-30a 所示。此时 U_{DS} 基本均匀降落在沟道中,沟道呈斜线分布。在紧靠漏极处,沟道达到开启的程度以上,漏源之间有电流通过。

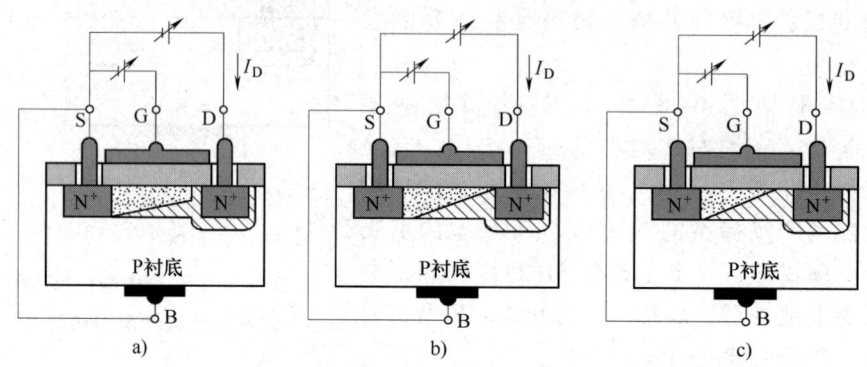

图 6-30 漏源电压 U_{DS} 对沟道的影响

当 U_{DS} 增加到使 $U_{GD} > U_{GS(th)}$ 时,沟道如图 6-30b 所示。这相当于 U_{DS} 增加使漏极处沟道缩减到刚刚开启的情况,称为预夹断,此时的漏极电流 I_D 基本饱和。

当 U_{DS} 增加到 $U_{GD} < U_{GS(th)}$ 时,沟道如图 6-30c 所示。此时预夹断区域加长,伸向 S 极。U_{DS} 增加的部分基本降落在随之加长的预夹断沟道上,I_D 基本趋于不变。

当 $U_{GS} > U_{GS(th)}$ 且固定为某一值时,U_{DS} 对 I_D 的影响,即 $I_D = f(U_{GS})|_{U_{DS}=常数}$ 这一关系曲线如图 6-29b 所示。这一曲线称为漏极输出特性曲线。

2)N 沟道耗尽型 MOSFET。N 沟道耗尽型 MOSFET 的结构和符号如图 6-31a、b 所示。它是在栅极下方的绝缘层中掺入了大量的金属正离子。当 $U_{GS} = 0$ 时,这些正离子已经感应出反型层,形成了沟道。于是只要有漏源电压,就有漏极电流存在。当 $U_{GS} > 0$ 时,将使 I_D 进一步增加。$U_{GS} < 0$ 时,随着 U_{GS} 的减小,漏极电流 I_D 逐渐减小,直至 $I_D = 0$,对应 $I_D = 0$ 的 U_{GS} 称为夹断电压,用 $U_{GS(off)}$ 表示。N 沟道耗尽型 MOSFET 的转移特性曲线如图 6-31c 所示。

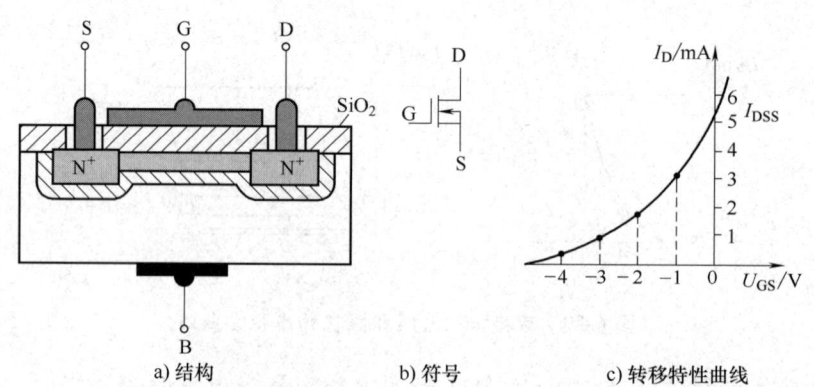

图 6-31 N 沟道耗尽型 MOSFET 的结构、符号和转移特性曲线

3)P 沟道耗尽型 MOSFET。P 沟道耗尽型 MOSFET 的工作原理与 N 沟道耗尽型 MOS-

FET 完全相同,只是导电的载流子不同,供电电压极性不同。这如同双极型晶体管有 NPN 型和 PNP 型一样。

(2) 结型场效应晶体管

1) 结构。结型场效应晶体管的结构与绝缘栅场效应晶体管相似,工作原理也相同。结型场效应晶体管的结构及符号如图 6-32 所示。它是在 N 型半导体硅片的两侧各制造一个 PN 结,形成两个 PN 结夹着一个 N 型沟道的结构。两个 P 区即为栅极,N 型硅的一端是漏极,另一端是源极。

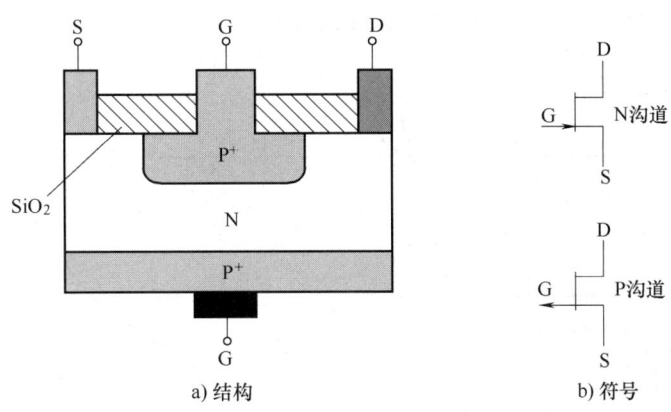

图 6-32 结型场效应晶体管的结构及符号

2) 工作原理。根据结型场效应晶体管的结构,它没有绝缘层,只能工作在反偏的条件下。N 沟道结型场效应晶体管只能工作在负栅压区,P 沟道结型场效应晶体只能工作在正栅压区,否则将会出现栅流。现以 N 沟道结型场效应晶体为例说明其工作原理。

① 栅源电压对沟道的控制作用:当 $U_{GS}=0V$ 时,在漏源之间加有一定电压时,在漏源之间将形成多子的漂移运动,产生漏极电流。当 $U_{GS}<0$ 时,PN 结反偏,形成耗尽层。

漏源之间的沟道将变窄,I_D 将减小,I_D 继续减小,沟道继续变窄,I_D 继续减小直至为 0 时,所对应的栅源电压 U_{GS} 称为夹断电压 $U_{GS(off)}$。

② 漏源电压对沟道的控制作用:在栅极加有一定的电压,且 $U_{GS}>U_{GS(off)}$,若漏源电压 U_{DS} 从 0 开始增加,则 $U_{GD}=U_{GS}-U_{DS}$ 将随之减小,使靠近漏极处的耗尽层加宽,沟道变窄,从左至右呈楔形分布,如图 6-33a 所示。当 U_{DS} 增加到使 $U_{GD}=U_{GS}-U_{DS}=U_{GS(off)}$ 时,在紧靠漏极处出现预夹断,如图 6-33b 所示。当 U_{DS} 继续增加,漏极处的预夹断继续向源极方向延长,如图 6-33c 所示。以上过程与绝缘栅场效应晶体管的过程十分相似。

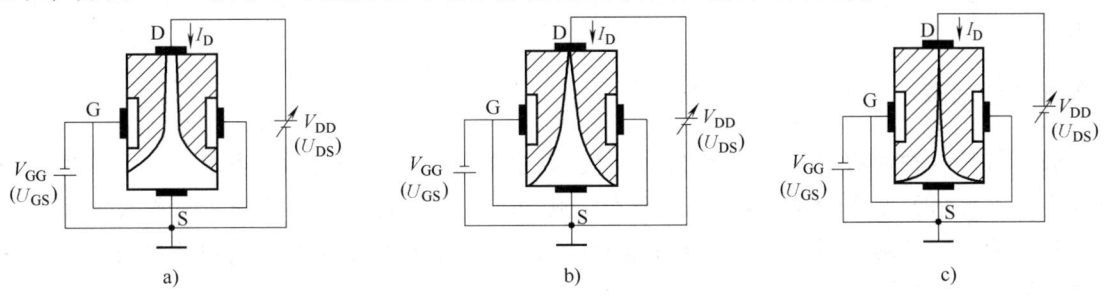

图 6-33 漏源电压对沟道的控制作用

3) 结型场效应晶体管的特性曲线。结型场效应晶体管的特性曲线有两条,一是转移特性曲线,特性关系为

$$I_D = f(U_{GS})\big|_{U_{DS}=常数}$$

根据这个特性关系可得出它的转移特性曲线如图6-33b所示。它描述了栅源电压对漏极电流的控制作用。根据工作特性可以把输出特性曲线分为4个区域,即可变电阻区、恒流区、击穿区、截止区。它与绝缘栅场效应晶体管的特性曲线基本相同,只是绝缘栅场效应晶体管的栅极电压可正可负,而结型场效应晶体管的栅极电压只能是P沟道的为正或N沟道的为负。N沟道结型场效应晶体管的特性曲线如图6-34所示。

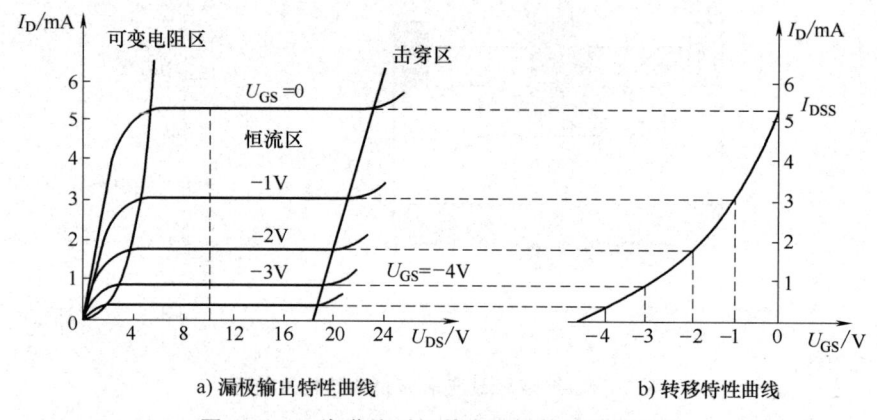

a) 漏极输出特性曲线　　　　b) 转移特性曲线

图 6-34　N 沟道结型场效应晶体管的特性曲线

2. 场效应晶体管的参数

（1）开启电压 $U_{GS(th)}$　开启电压是增强型 IGFET 的参数,栅源电压小于开启电压的绝对值,场效应晶体管不能导通。

（2）夹断电压 $U_{GS(off)}$　夹断电压是耗尽型场效应晶体的参数,当 $U_{GS} = U_{GS(off)}$ 时,漏极电流为0。

（3）饱和漏极电流 I_{DSS}　耗尽型场效应晶体管中,当 $U_{GS}=0$ 时所对应的漏极电流。

（4）输入电阻 R_{GS}　场效应晶体管的栅源输入电阻的典型值,对于结型场效应晶体管,反偏时 R_{GS} 大于1MΩ;对于绝缘栅场效应晶体管,R_{GS} 在 1~100MΩ 之间。

（5）低频跨导 g_m　低频跨导反映了栅极电压对漏极电流的控制作用,这一点与电子管的控制作用十分相像。g_m 可以在转移特性曲线上求取,单位是 MS(毫西门子)。

（6）最大漏极功耗 P_{DM}　最大漏极功耗可由 $P_{DM} = U_{DS}I_D$ 决定,与双极型晶体管的相当。

6.2.6　晶闸管

晶闸管是一种大功率开关型半导体器件。在电路中用文字符号 VT 表示。它是一种以硅单晶为基本材料的 $P_1N_1P_2N_2$ 四层三端器件,国际上通称为硅晶体闸流管,简称晶闸管。

在性能上,晶闸管不仅具有单向导电性,而且具有比硅整流器件更为可贵的可控性,它只有导通和关断两种状态。

晶闸管具有硅整流器件的特性,能在高电压、大电流条件下工作,且其工作过程可以控

制,被广泛应用于汽车整流电路中。

1. 晶闸管的外形

晶闸管的外形如图 6-35 所示。

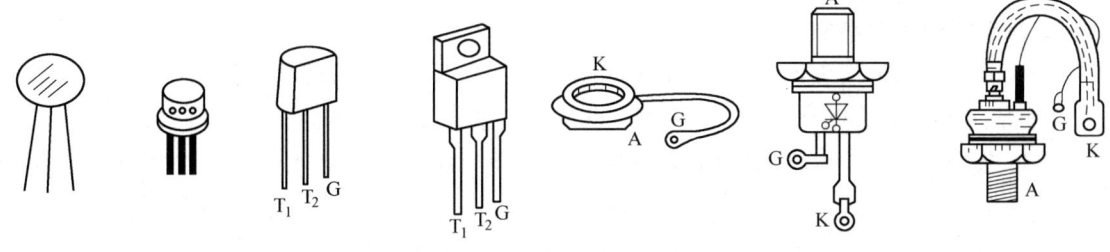

图 6-35 晶闸管的外形

2. 晶闸管的结构

不管晶闸管的外形如何,它们的管芯都是由 P 型硅和 N 型硅组成的四层 $P_1N_1P_2N_2$ 结构,如图 6-36 所示。它有 3 个 PN 结(J_1、J_2、J_3),从 J_1 结构的 P_1 层引出阳极 A,从 N_2 层引出阴极 K,从 P_2 层引出控制极 G。可见它是一种四层三端的半导体器件。

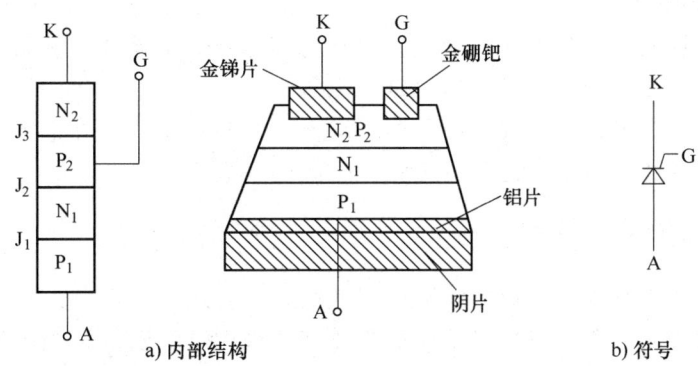

图 6-36 晶闸管的内部结构及符号

3. 晶闸管的工作原理

晶闸管的工作条件:

1)晶闸管承受反向阳极电压时,不管控制极承受何种电压,晶闸管都处于关断状态。

2)晶闸管承受正向阳极电压时,仅在控制极承受正向电压的情况下晶闸管才导通。

3)晶闸管在导通情况下,只要有一定的正向阳极电压,不论控制极电压如何,晶闸管保持导通,即晶闸管导通后,控制极失去作用。

4)晶闸管在导通情况下,当主回路电压(或电流)减小到接近于 0 时,晶闸管关断。

当晶闸管承受正向阳极电压时,为使晶闸管导通,必须使承受反向电压的 PN 结的 J_2 失去阻挡作用。可以把晶闸管中间的 N_1、P_2 分成两部分,构成一个 PNP 型晶体管和一个 NPN 型晶体管的复合

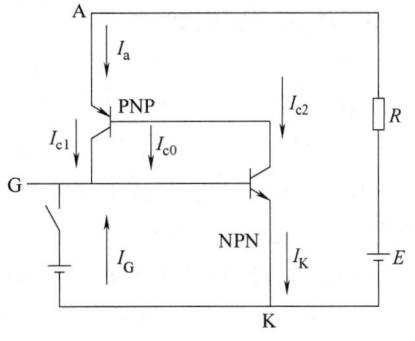

图 6-37 晶闸管的工作原理

管。如图6-37所示，每个晶体管的集电极电流是另一个晶体管的基极电流。两个互相复合的晶体管电路，当有足够的控制极电流I_G流入时，就会形成强烈的正反馈，造成两个晶体管饱和导通。这时，流过晶闸管的电流完全由主回路的电压和回路电阻决定，晶闸管已处于正向导通状态。

4. 晶闸管的主要参数

（1）额定正向平均电流I_F I_F为在环境温度小于40℃和标准散热条件下，允许连续通过晶闸管阳极的工频（50Hz）正弦波半波电流平均值，从晶闸管的型号中可以直接读出。

（2）维持电流I_H I_H在控制极开路且规定的环境温度下，晶闸管维持导通的最小阳极电流。阳极电流$I_A<I_H$时，晶闸管自动阻断。

（3）控制极触发电压U_G和电流I_G U_G和I_G为在规定的环境温度及一定的正向电压（6V）条件下，晶闸管从关断到完全导通所需的最小控制极直流电压和电流，$U_G=1\sim5V$，I_G为几十毫安到几百毫安。

（4）正向阻断峰值电压U_{DRM} 控制极开路，阳极和阴极加正向电压，晶闸管处于截止状态，此时允许加到晶闸管上的正向电压最大值称为正向阻断峰值电压，使用时正向电压超过此值，晶闸管即使不加触发电压也能从正向阻断转为导通。

（5）反向阻断峰值电压U_{RRM} 控制极开路，阳极和阴极间加反向电压晶闸管截止，允许加到晶闸管上的反向电压最大值称为反向阻断峰值电压，通常正反向峰值电压是相等的，统称为峰值电压，一般晶闸管额定电压就是指峰值电压。

在实际生产中，很多设备需要大小可调、量值很大的直流电。由晶闸管组成的可控整流电路可以把交流电变成直流电，达到输出较大直流可调电压的目的。

6.2.7 绝缘栅双极型晶体管

半导体晶体管属于双极型电流驱动器件，其优点是通流能力很强，但不足之处是开关速度相对低，驱动功率大，驱动电路复杂；而半导体MOS场效应晶体管是单极型电压驱动器件，其优点是开关速度快，输入阻抗高，所需驱动功率小，而且驱动电路简单，缺点是导通压降大。将这两类器件的优点，即双极型晶体管的低导通压降与MOS场效应晶体管的高输入阻抗结合起来制成的复合型器件，称为Bi-MOS器件，即绝缘栅双极型晶体管（Insulate Gate Bipolar Transistor，IGBT）。IGBT自投入市场以来，已成为中大功率电力电子设备的主导器件。当前IGBT工作电压和工作电流的应用水平已分别达到2500～6500V和600～2500A。

1. IGBT的结构和符号

IGBT也是3端器件，具有栅极G、集电极C和发射极E。图6-38a所示为一个IGBT的内部结构，它由N沟道场效应晶体管与双极型晶体管组合而成，与场效应晶体管对照可以看出，IGBT比场效应晶体管多一层P^+注入区，因而形成了一个大面积的P^+N^+结J_1。这样使得IGBT导通时由P^+注入区向基区发射少量载流子，从而对漂移区电导率进行调制，使得IGBT具有很强的通流能力。IGBT的驱动原理与场效应晶体管基本相同，它是一种场控器件，其接通和关断是由栅极和发射极间的电压U_{GE}决定的，当U_{GE}为正且大于开启电压$U_{GE(th)}$时，功率MOSFET内形成沟道，并为晶体管提供基极电流使其导通，当栅极与发射极之间施加反向电压或不加电压时，场效应晶体管内的沟道消失，晶体管无基极电流，ICBT

关断。图 6-38b 所示为 IGBT 的电路符号。

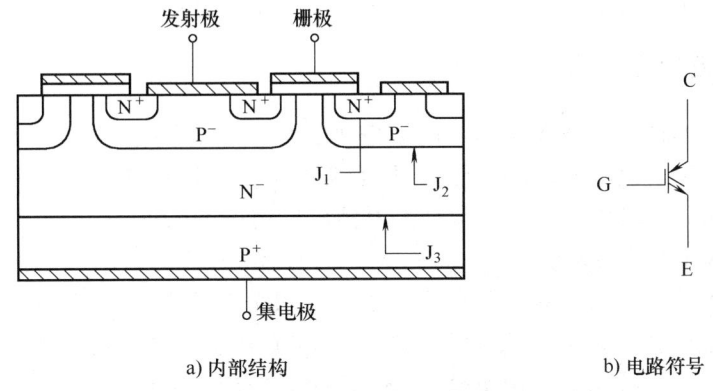

a) 内部结构　　　　　　　　b) 电路符号

图 6-38　IGBT 的内部结构、电路符号

2. IGBT 的工作原理

如果在 IGBT 的栅极和发射极之间加上驱动电压，使得场效应晶体管处于导通状态，则晶体管的基极导通，从而晶体管的集电极和发射极也处于导通状态，此时 IGBT 相当于闭合的开关。

如果 IGBT 的栅极和发射极之间电压为 0V，使得场效应晶体管处于截止状态，则晶体管基极电流也截止，此时 IGBT 相当于断开的开关。

3. IGBT 的开关应用原理

IGBT 有 3 个接口，其中集电极、发射极连接在强电路上，栅极连接控制单元的输出引脚。当控制单元对栅极输出一个高电平信号时，集电极与发射极之间就处于导通状态，相当于闭合开关；当控制单元对栅极输出一个低电平信号时，集电极与发射极之间就处于截止状态，相当于断开开关。图 6-39 所示为 IGBT 开关控制电路。

4. IGBT 与场效应晶体管的区别

IGBT 与场效应晶体管类似，作用相当于"继电器"，通过控制栅极高低电平来控制集电极与发射极的导通、截止。场效应晶体管和 IGBT 都可以用高低电压信号来控制电路通断，但 IGBT 的优点是：在高电流、高电压的环境下，IGBT 作为电子开关切换通断的速度是最快的，1s 内可以开关几万次，更能满足汽车逆变器的工作要求。

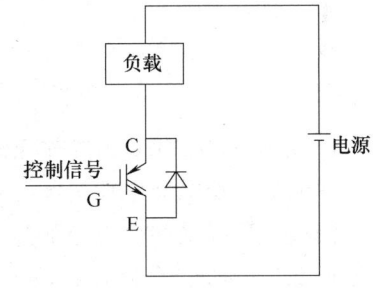

图 6-39　IGBT 开关控制电路

5. IGBT 的主要技术指标

（1）集电极-发射极电压 U_{CES}　U_{CES} 为当栅极和发射极短路时，集电极和发射极之间电压的最大定额，如 U_{CES} = 600V、1200V、1700V、3300V、4500V 和 6500V 等。

（2）栅极-发射极电压 U_{GES}　U_{GES} 为当集电极和发射极短路时，栅极和发射极之间电压的最大定额，如 U_{GES} = ±20V。

（3）集电极电流 I_C　I_C 为在直流条件下，集电极可通过的最大电流定额，如 I_C = 100A（25℃时）。

（4）集电极电流 I_{CM}　I_{CM} 为一定脉冲时间的集电极流过的最大脉冲电流定额，如 I_{CM} = 200A（25℃、1ms 时）。

（5）总耗散功率 P_{tot} P_{tot} 为在一定壳温条件下，器件的最大耗散功率。

（6）结温 T_j T_j 为IGBT的晶元温度范围，如-40~150℃。

6.2.8 功率场效应晶体管

功率场效应晶体管（功率MOSFET）是一种单极型电压全控器件，具有输入阻抗高、工作速度快（开关频率可达500kHz以上）、驱动功率小、电路简单、热稳定性好、无二次击穿问题、安全工作区宽等优点，在各类开关电路中应用极为广泛。

1. 功率MOSFET的结构和符号

功率MOSFET种类和结构繁多，按导电沟道分可分为P沟道和N沟道。当栅极电压为零时，漏源间存在导电沟道的为耗尽型；对于N（P）沟道器件，栅极电压大于（小于）零时才存在导电沟道的为增强型。在功率MOSFET中，应用较多的是沟道增强型。功率MOSFET导电机理与小功率MOS管相同，但在结构上有较多区别。小功率MOS管是一次扩散形成的器件，其导电沟道平行于芯片表面，是横向导电器件。而功率MOSFET大都采用垂直导电结构，这种结构能大大提高器件的耐压和通流能力。

图6-40a所示为常用功率MOSFET的外形，图6-40b所示为N沟道增强型功率MOSFET的结构，图6-40c所示为功率MOSFET的电路符号，其引出的3个电极分别为栅极G、漏极D和源极S。

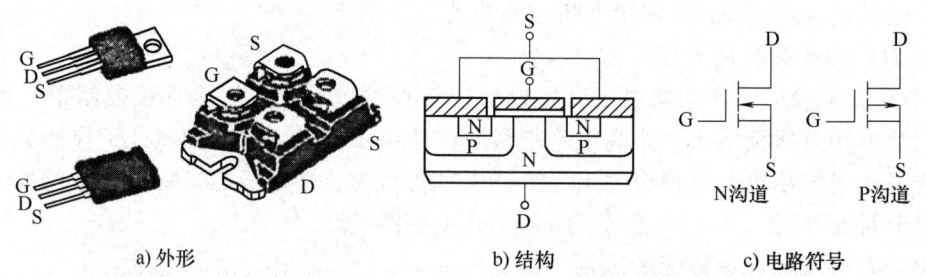

a) 外形　　　　　b) 结构　　　　　c) 电路符号

图6-40 功率MOSFET的外形、结构和电路符号

2. 功率MOSFET的工作原理

当栅极、源极间电压为零，漏极、源极间加正电源，P区与N区之间形成的PN结反偏时，漏极、源极之间无电流流过，如图6-41a所示。在栅极、源极间加正电压U时，由于栅极是绝缘的，所以不会有栅极电流流过，但栅极的正电压会将其下面P区中的空穴推开，而将P区中的电子吸引到栅极下面的P区表面，如图6-41b所示。当 $U_{GS}>U_T$（U_T 为开启电压，也称阈值电压，典型值为2~4V）时，栅极下P区表面的电子浓度将超过空穴浓度，使P型半导体反型成N型，该反型层形成N沟道而使PN结消失，漏极和源极导电，如图6-41c所示。栅源电压 U_{GS} 越高，反型层越厚，导电沟道越宽，漏极电流越大。漏极电流 I_D 不仅受到栅源电压 U_{GS} 的控制，而且与漏源电压 U_{DS} 也密切相关。

3. 功率MOSFET的输出特性

以栅源电压 U_{GS} 为参变量反映漏极电流 I_D 与漏极电压 U_{DS} 间关系的曲线称为功率MOSFET的输出特性曲线，N沟道增强型MOSFET的输出特性曲线如图6-42a所示。不同等级的栅源电压具有不同等级的输出特性曲线。漏极电流随着栅源电压 U_{GS} 的增加而增加，减小

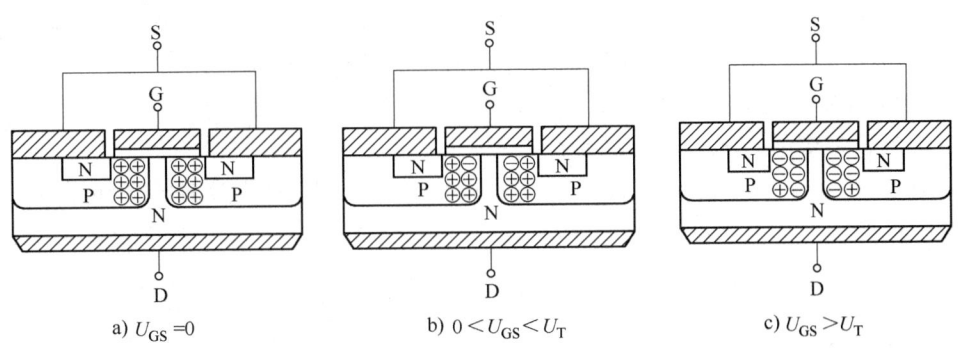

图 6-41 功率 MOSFET 工作原理

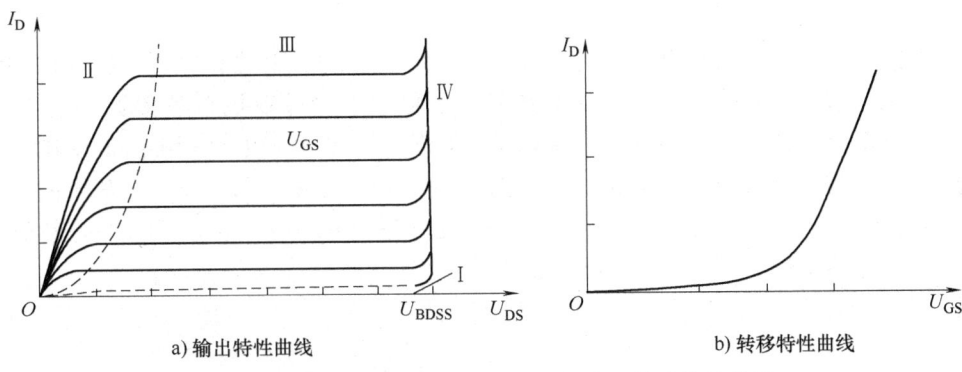

图 6-42 功率 MOSFET 输出特性曲线和转移特性曲线

而减小。

功率 MOSFET 的输出特性曲线,可分为 4 个工作区。

1) 截止区:Ⅰ区,$U_{GS}<U_T$,$I_D=0$。

2) 非饱和区(或称为可调电阻区):Ⅱ区,此时漏源电压 U_{DS} 与漏极电流 I_D 之比近似为常数,而几乎与 U_{GS} 无关。当功率 MOSFET 用于线性放大时,应工作在此区。

3) 饱和区(或称为有源区):Ⅲ区,$U_{GS}>U_T$,在该区中当 U_{GS} 不变时,I_D 几乎不随 I_{DS} 的增大而增大,近似为一个常数,故称为饱和区。当用于开关工作时,功率 MOSFET 在此区内运行。

4) 击穿区:Ⅳ区,漏源电压超过了 MOSFET 的击穿电压,即 $U_{GS}>U_{BDSS}$,产生导电沟道的载流子出现雪崩效应,漏极电流急剧增大。

漏极电流 I_D 和栅源电压 U_{GS} 的关系反映了输入控制电压与输出电流的关系,称为 MOSFET 的转移特性,如图 6-42b 所示。

4. 功率 MOSFET 的主要技术指标

(1) 漏源击穿电压 U_{DSS} U_{DSS} 通常为结温在 25~150℃ 时漏源极的击穿电压,该参数限制了功率 MOSFET 的最高工作电压。常用功率 MOSFET 的 U_{DSS} 通常在 1000V 以下,U_{DSS} 在 500V 及以下器件的各项性能最佳。

(2) 漏极连续电流额定值 I_D 和漏极脉冲电流峰值 I_{DM} I_D 和 I_{DM} 是标称功率 MOSFET 的电流额定参数,一般情况下 I_{DM} 是 I_D 的 2~4 倍。

(3) 漏源通态电阻 $R_{DS(on)}$　在栅源间施加一定电压（10～15V）时，漏源间的导通电阻称为漏源通态电阻。$R_{DS(on)}$ 直接影响器件的通态电压降及损耗。

(4) 栅源击穿电压 U_{GSS}　由于栅源之间的 SiO_2 绝缘层很薄，当 $|U_{GS}|>20V$ 时绝缘层将击穿，因此，在焊接、驱动等方面必须注意。

(5) 跨导 U_{fs}　在规定的工作点下，功率 MOSFET 转移特性曲线的斜率称为该器件的跨导，即

$$U_{fs} = \frac{dI_D}{dU_{GS}}$$

(6) 极间电容　功率 MOSFET 的 3 个电极之间分别存在极间电容 C_{GS}、C_{GD} 和 C_{DS}。

小结

本章主要介绍新能源汽车电路中的基本元件：电阻元件、电感元件、电容元件的特性和用途；半导体二极管、晶体管、场效应晶体管、晶闸管、绝缘双极型晶体管（IGBT）的基本结构、工作原理、特性和主要参数，这是学习新能源汽车电子电路所必备的基础。

新能源汽车电路中常用的基本元件是电阻元件、电容元件、电感元件，常用的半导体器件主要是二极管、晶体管、晶闸管、绝缘双极型晶体管（IGBT）。这些元器件在新能源汽车电路中有着广泛的用途。

课后练习

一、填空题

1. 本征硅中若掺入五价元素的原子，则多数载流子应是_____，掺杂越多，则其数量_____；相反，少数载流子应是_____，掺杂越多，则数量越_____。

2. 晶体管从结构上可以看可以分成_____和_____两种类型，它们工作时有_____和_____两种载流子参与导电。

3. 晶体管用来放大时，应使发射结处于_____偏置，集电结处于_____偏置。

4. 晶体管是一种_____控制器件，控制_____电流，能实现对_____电流的控制，这就是晶体管的_____作用。

5. 二极管最主要的特性是_____，_____偏置时导通，_____偏置时截止。

6. 用一只万用表不同的欧姆档测得某个二极管的电阻分别为 250Ω 和 1.8kΩ，产生这种现象的原因是_____；两个电阻值对应的二极管偏置条件是：250Ω 为_____偏，1.8kΩ 为_____偏。

7. 根据掺入的杂质不同，杂质半导体又可以分为_____半导体和_____半导体。_____半导体主要依靠电子导电，_____半导体主要依靠空穴导电。

8. 稳压二极管是一种特殊的面接触型半导体硅二极管，具有_____的作用。稳压管与普通二极管的主要区别在于，稳压管是工作在_____状态。

9. 当给发光二极管加上_____电压后，从_____空穴和由_____电子复合，产生自发辐射的荧光。

10. 场效应晶体管是一种带有 PN 结的_____器件，场效应晶体管是只有_____参与导电的半导体器件，是一种用_____控制_____的半导体器件。

11. 晶闸管是一种_____半导体器件。

12. 绝缘栅双极型晶体管（IGBT）综合了_____和_____的优点，因而具有_____和_____的优点。IGBT 自投入市场以来，已成为中大功率电力电子设备的主导器件。

二、选择题

1. 在本征半导体中掺入（　　）构成 P 型半导体。
   A. 三价元素　　　B. 四价元素　　　C. 五价元素　　　D. 六价元素

2. 当 PN 结外加正向电压时，扩散电流（　　）漂移电流，耗尽层（　　）。当 PN 结外加反向电压时，扩散电流（　　）漂移电流，耗尽层（　　）。
   A. 大于　　　　　B. 小于　　　　　C. 等于　　　　　D. 变宽
   E. 变窄　　　　　F. 不变

3. 半导体二极管加正向电压时，有（　　）。
   A. 电流大、电阻小　B. 电流大、电阻大　C. 电流小、电阻小　D. 电流小、电阻大

4. 半导体稳压二极管正常稳压时，应当工作于（　　）。
   A. 反向偏置击穿状态　　　　　　B. 反向偏置未击穿状态
   C. 正向偏置导通状态　　　　　　D. 正向偏置未导通状态

5. 当晶体管的两个 PN 结都正偏时，则晶体管处于（　　）。
   A. 截止状态　　　B. 饱和状态　　　C. 放大状态　　　D. 以上都不是

6. 某晶体管接在电路中，今测它的 3 个引脚的电位分别为 6.7V、9V、6V，则电位为 6V 的引脚是（　　）。
   A. 基极　　　　　B. 发射极　　　　C. 集电极　　　　D. 无法判断

三、计算题

1. 如图 6-43 所示，二极管均为理想二极管，请判断它们是否导通，并求出 u_o。

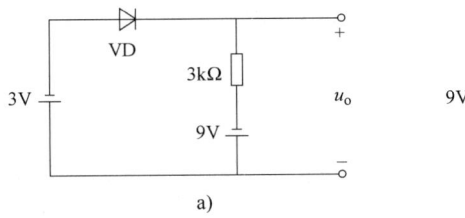
a)

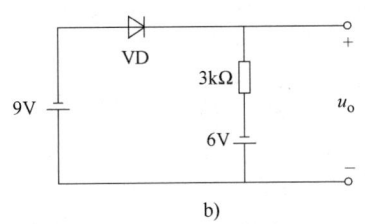
b)

图 6-43　计算题第 1 题图

2. 如图 6-44 所示，分析下列各晶体管的工作状态。

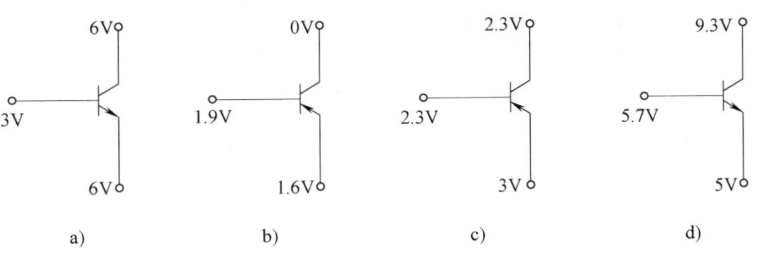

图 6-44　计算题第 2 题图

四、问答题

1. 汽车电路最基本的电子元件有哪些？
2. 晶体管电流放大作用的实质是什么？

五、简述题

1. 简述电感元件、电容元件的特性。
2. 简述晶体管的3个工作状态及进入每个工作状态的条件。
3. 简述绝缘栅场效应晶体管的工作原理。
4. 简述晶闸管的工作原理。
5. 简述IGBT的开关应用原理。

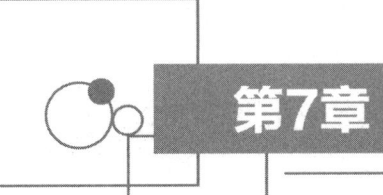

第7章

直流稳压电源

学习目标

- 理解整流电路、滤波电路、稳压电路的组成及工作原理。
- 了解整流、滤波、稳压电路中电压、电流等参数的计算。
- 理解稳压管稳压电路的分析方法以及三端集成稳压电源的应用。
- 能解决整流电路在汽车电路中的应用问题。

7.1 概述

各种放大器、电子设备及自动控制装置,都需要稳定的直流电源供电。直流电源可以由直流发电机和各种电池提供,但比较经济实用的方法是利用具有单向导电性的电子器件将使用广泛的工频正弦交流电转换成直流电。

图 7-1 所示为直流稳压电源的组成框图及其各个部分的输出波形,表示了把交流电转换成直流电的过程,图中各环节的功能如下:

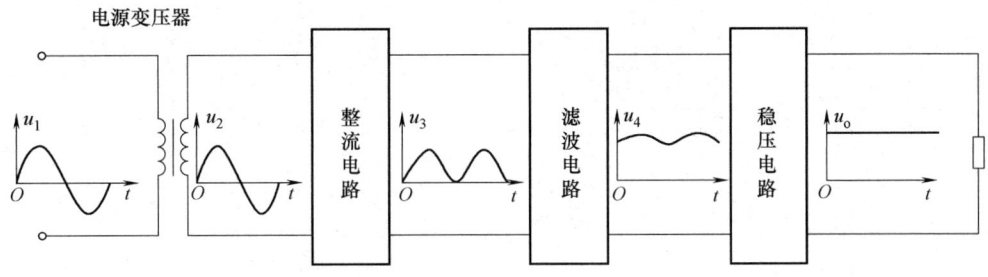

图 7-1 直流稳压电源的组成框图

1)电源变压器:将正弦工频电源电压 u_1 变为符合用电设备所需要的正弦工频交流电压 u_2。

2)整流电路:利用具有单向导电性能的整流元件(如二极管、晶闸管)将正弦交流电压 u_2 变为单向脉动的直流电压 u_3。

3)滤波电路:尽可能将单向脉动直流电压 u_3 中的脉动部分(交流分量)减小,使输出电压成为比较平滑的直流电压 u_4。

4）稳压电路：清除电网波动及负载变化的影响，保持输出电压 u_o 的稳定。

7.2 二极管整流电路

整流电路是利用二极管将交流电压转变为脉动的直流电压。常见的整流电路有半波、全波、桥式整流，为简便起见，分析时可把二极管当作理想器件处理，即二极管的正向导通电阻为0，反向电阻为无穷大。

7.2.1 单相半波整流电路

1. 电路组成

单相半波整流电路由整流变压器 T、整流二极管 VD 及负载电阻 R_L 组成，如图 7-2a 所示。

2. 工作原理

整流变压器 T 将电网电压 u_1 变换为整流电路所要求的交流电压 u_2。将整流二极管视作理想二极管，正向电阻为0，反向电阻为无穷大。如图 7-2b 所示，在电压 u_2 正半周，极性上正下负，二极管承受正向电压导通，此时负载上的电压等于输入电压 u_2；在电压 u_2 负半周，极性上负下正，二极管承受反向电压截止，输出电压为0。在电压 u_2 正半周，$V_a > V_b$，二极管 VD 导通；在电压 u_2 负半周，二极管截止；输出波形如图 7-2b 所示，流过二极管的电流 i_D 和负载电压波形相似，二极管承受的电压和输出电压刚好相反。

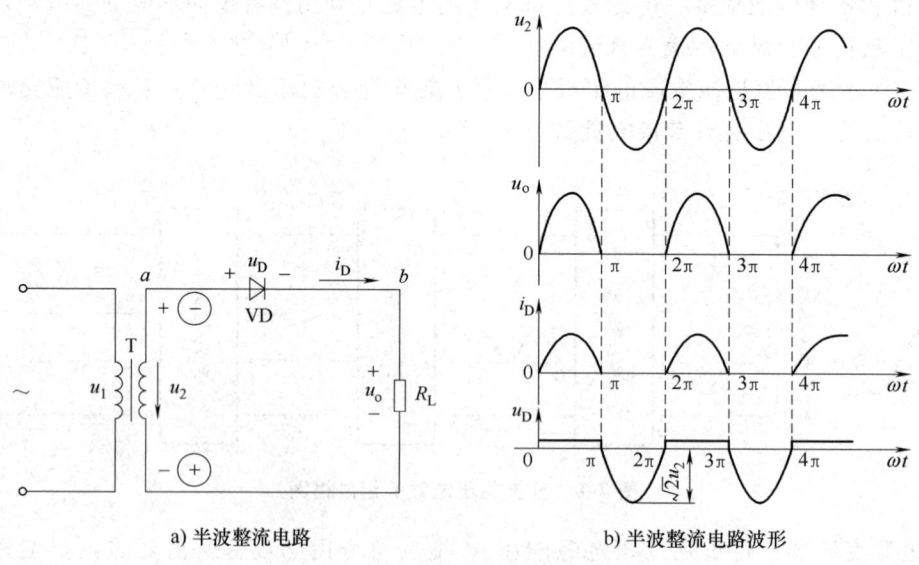

a) 半波整流电路　　　　b) 半波整流电路波形

图 7-2　单相半波整流电路及其波形

3. 输出电压和电流的估算

由输出波形可以看到，负载上得到的整流电压、电流虽然是单向脉动的直流电压、直流电流，但其大小是变化的，这就是所谓的单向脉动电压，常用一个周期的平均值来衡量它的大小。这个平均值就是它的直流分量。

$$I_o = \frac{U_o}{R_L} = 0.45 \frac{U_2}{R_L} \tag{7-1}$$

式(7-1)表示单相半波整流电路输出电压和输出电流平均值与输入电压有效值的关系。

4. 整流二极管的选择

电路中通过整流二极管的平均电流就是负载电流，则

$$I_D = I_o = \frac{U_o}{R_L} = 0.45 \frac{U_2}{R_L} \tag{7-2}$$

在二极管不导通期间，承受反向电压的最大值就是变压器二次电压的最大值，即

$$U_{RM} = \sqrt{2} U_2 \tag{7-3}$$

所以，选择半波整流电路中的整流二极管时，应使其最大正向电流 $I_{FM} > I_o$，最高反向峰值电压 $U_{RM} > \sqrt{2} U_2$。

【例 7-1】 有一单相半波整流电路接到电压为 220V 的正弦工频交流电源上，如图 7-2a 所示，已知负载电阻 $R_L = 750\Omega$，变压器二次电压有效值 $U_2 = 20V$，试求 U_o、I_o、U_{RM}。

解：
$$U_o = 0.45 U_2 = 0.45 \times 20V = 9V$$

$$I_o = \frac{U_o}{R_L} = \frac{9}{750}A = 12mA$$

$$U_{RM} = \sqrt{2} U_2 = \sqrt{2} \times 20V = 28.3V$$

7.2.2 单相桥式整流电路

1. 电路组成

单相桥式整流电路由整流变压器 T、4 只整流二极管 $VD_1 \sim VD_4$ 构成的整流桥及负载电阻 R_L 组成，如图 7-3a 所示。

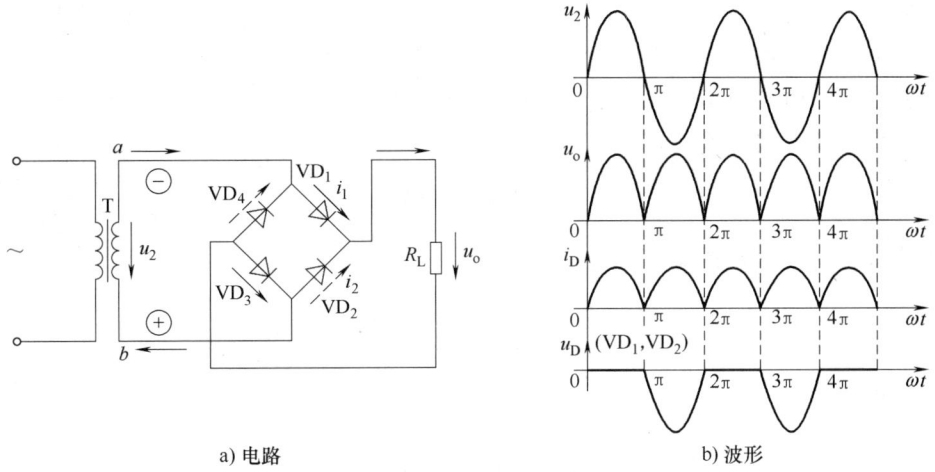

a) 电路　　　　　　　　　　　b) 波形

图 7-3 单相桥式整流电路及其波形

2. 工作原理

在图 7-3a 所示电路中，当变压器二次电压为 u_2 上正下负时，二极管 VD_1 和 VD_3 导通，VD_2 和 VD_4 截止，电路的导电路径为 $a \rightarrow VD_1 \rightarrow R_L \rightarrow VD_3 \rightarrow b$，这时负载电阻 R_L 上得到一个

正弦半波电压,如图 7-3b(0~π、2π~3π)所示;当变压器二次电压 u_2 为上负下正时,二极管 VD_1 和 VD_3 反向截止,VD_2 和 VD_4 导通,电路的导电路径为 $b→VD_2→R_L→VD_4→a$,同样在负载电阻 R_L 上得到一个正弦半波电压,输出波形如图 7-3b(π~2π、3π~4π)所示。

3. 输出电压和电流的估算

由图 7-3b 可知,单相桥式整流电路输出电压的平均值比单相半波整流电路输出电压的平均值增加了 1 倍,即

$$U_o = 0.9 U_2 \tag{7-4}$$

直流电流桥式整流电路通过负载电阻的直流电流也增加 1 倍,即

$$I_o = \frac{U_o}{R_L} = 0.9 \frac{U_2}{R_L} \tag{7-5}$$

4. 二极管的选择

在手册中查二极管的参数(平均电流 I_D 和最高反向电压 U_{RM}),就可以选择满足要求的二极管。

1)二极管的平均电流 I_D:因为每两只二极管串联轮换导通半个周期,在一个周期内负载电阻均有电流流过,且方向相同,每只二极管中流过的平均电流只有负载电流的一半,即

$$I_D = \frac{1}{2} I_o \tag{7-6}$$

2)二极管承受的最高反向电压 U_{RM}:由图 7-3a 可以看出,当 VD_1 和 VD_3 导通时,如果忽略二极管正向压降,此时 VD_2 和 VD_4 的阴极电位接近于 a 点,阳极电位接近于 b 点,二极管由于承受反向电压而截止,其最高反向电压为 u_2 的峰值,即

$$U_{RM} = \sqrt{2} U_2$$

【例 7-2】 有一单相桥式整流电路,接到电压为 220V 的正弦工频交流电源上,已知负载电阻 $R_L = 50\Omega$,负载电压 $U_o = 100V$。根据电路要求选择整流二极管。

解:整流电流的平均值为 $I_o = U_o/R_L = 100V/50\Omega = 2A$。
流过二极管的平均电流为

$$I_D = \frac{1}{2} I_o = \frac{1}{2} \times 2A = 1A$$

变压器二次电压有效值为

$$U_2 = \frac{U_o}{0.9} = \frac{100V}{0.9} \approx 111V$$

考虑到变压器二次绕组及二极管上的压降,变压器二次电压一般应高出(5%~10%)U_2,即

$$U_2' = 111 \times 1.1V \approx 122V$$

每只二极管截止时承受的最高反向电压为

$$U_{RM} = \sqrt{2} U_2' = \sqrt{2} \times 122V = 173V$$

为使整流电路工作安全,在选择二极管时,二极管的最大整流电流应大于二极管中流过的电流平均值,二极管的反向工作电压峰值 U_{DRM} 应比二极管在电路中承受的最高反向电压

U_{RM} 大 1 倍左右。为此，可选用 2CZ12D 二极管，其最大整流电流为 3A，反向工作电压峰值为 300V。

7.3 晶闸管整流电路

7.3.1 单相半波可控整流电路

把不可控的单相半波整流电路中的二极管用晶闸管代替，就成为单相半波可控整流电路。下面分析这种可控整流电路的工作情况。

图 7-4a 是单相半波可控整流电路，由晶闸管 VT、负载 R_L 和单相整流变压器 T 组成。u_2 为通过变压器 T 变换后的正弦交流电，u_L、i_L 分别为整流输出的电压瞬时值和电流瞬时值，u_V、i_V 分别为晶闸管两端的电压瞬时值和电流瞬时值。

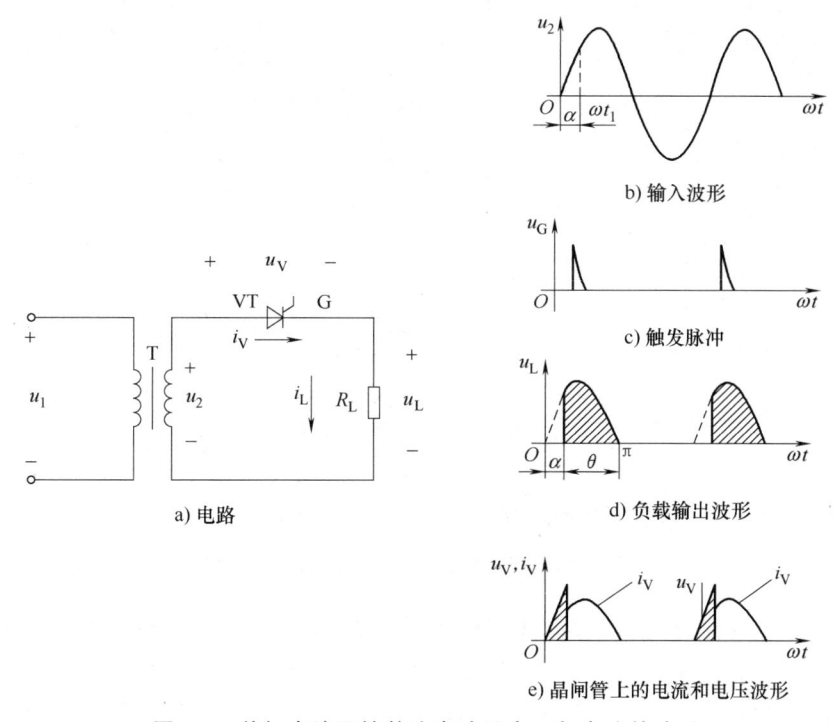

图 7-4 单相半波可控整流电路及电压与电流的波形

该电路工作时的波形如图 7-4b~e 所示。0~ωt_1 期间，晶闸管承受正向阳极电压，但触发电路未送出控制极触发脉冲，所以晶闸管保持阻断状态，无直流电压输出。

在 ωt_1 时刻，触发电路送出触发脉冲，如图 7-4c 所示，晶闸管被触发导通，若管压降忽略不计，负载 R_L 两端电压就是变压器二次电压 u_2，如图 7-4d 所示，负载电流 i_L 的波形与 u_L 的波形相似。

当 $\omega t = \pi$ 时，u_2 下降到零，晶闸管电流也下降到零而关断，电路无输出。

在 u_2 的负半周，即 ωt 为 π~2π 时，晶闸管承受反向电压，处于反向阻断状态，负载两

端电压 u_L 为零。下一个周期循环往复。

在单相半波可控整流电路中,通常把晶闸管承受正向电压但没有被触发导通的范围称为控制角,用 α 表示,而触发导通的范围称为导通角,用 θ 表示。在图 7-4 中,$0 \sim \omega t_1$ 对应控制角 α,$\omega t_1 \sim \pi$ 对应导通角 θ。

在单相半波可控整流电路中,控制角 α 越小,即导通角 θ 越大,负载电压、电流的平均值就越大。所以可通过改变控制角 α 的大小,达到改变输出电压值和调压的目的。整流输出电压的平均值用控制角 α 可以表示为

$$U_L = 0.45 U_2 \frac{1+\cos\alpha}{2} \tag{7-7}$$

7.3.2 单相半控桥式整流电路

单相半波可控整流电路虽然具有电路简单、调整方便、使用元件少的优点,但整流输出的电压脉动大,电流小。因此,实际电路中常用单相半控桥式整流电路,如图 7-5a 所示。该电路和单相桥式整流电路类似,只是用晶闸管 VT_1、VT_2 代替原二极管的位置。

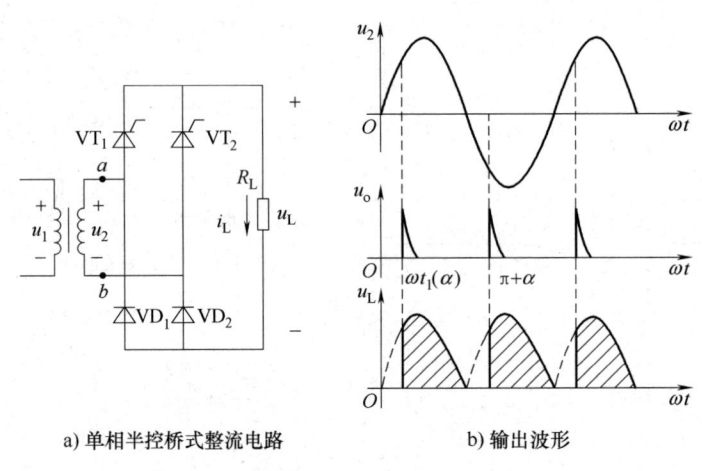

a) 单相半控桥式整流电路   b) 输出波形

图 7-5 单相半控桥式整流电路及其输出波形

当 u_2 处于正半周时,此时 VT_1 和 VD_2 承受正向电压,但并没有导通,若在 t_1 时刻给 VT_1 的控制极加上触发脉冲,则 VT_1 和 VD_2 均导通,电流 i_L 由 $a \to VT_1 \to$ 负载 $R_L \to VD_2 \to b$ 端,此时负载上的瞬时电压值等于 u_2。当 $\omega t = \pi$ 时,u_2 下降到零,VT_1 和 VD_2 关断,电路无输出。

同样,在电压 u_2 的负半周且电角度 $\omega t + \alpha = \pi$ 时,触发晶闸管。由于此时 VT_2、VD_1 承受正向电压,所以 VT_2、VD_1 导通,电流 i_L 由 $b \to VT_2 \to$ 负载 $R_L \to VD_1 \to a$ 端,此时负载上的瞬时电压值等于 u_2。当 $\omega t = 2\pi$ 时,u_2 上升到零,VT_2、VD_1 关断,电路无输出。

单相半控桥式整流电路的输出电压波形如图 7-5b 所示,显然,与单相半波可控整流电流相比,其输出电压的平均值增大了 1 倍,即

$$U_L = 0.9 U_2 \frac{1+\cos\alpha}{2} \tag{7-8}$$

7.4 车用发电机整流电路

整流电路在汽车发电机中也有重要应用。虽然传统内燃机汽车上装有蓄电池,但其储存的电能非常有限,远远不能满足汽车上用电的需求。因此,发电机是汽车电器设备的主要电源。

7.4.1 整流器的组装

车用整流器由6个硅二极管按照图7-6连接而成。压装在后端盖上的3个硅二极管,其引线为负极,外壳为正极,俗称负极管,管壳底有黑色标记;压装在散热板上的3个硅二极管,其引线为正极,外壳为负极,俗称正极管,管壳底有红色标记。散热板上的3个正极管分别接在发电机三相绕组的首端。

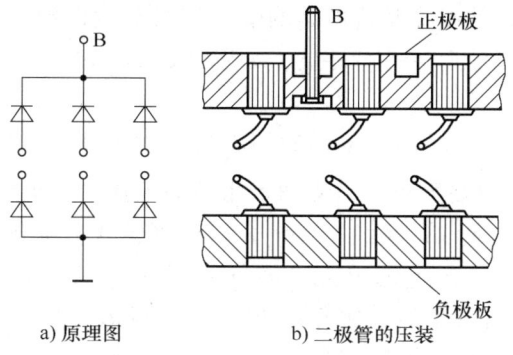

a) 原理图　　b) 二极管的压装

图 7-6　压装式整流器的组装

7.4.2 整流原理

发电机定子绕组中感应产生交流电,由6只二极管组成的三相桥式整流电路变为直流电,如图7-7a所示。二极管具有单向导电特性,当给二极管加上正向电压时,二极管导通,

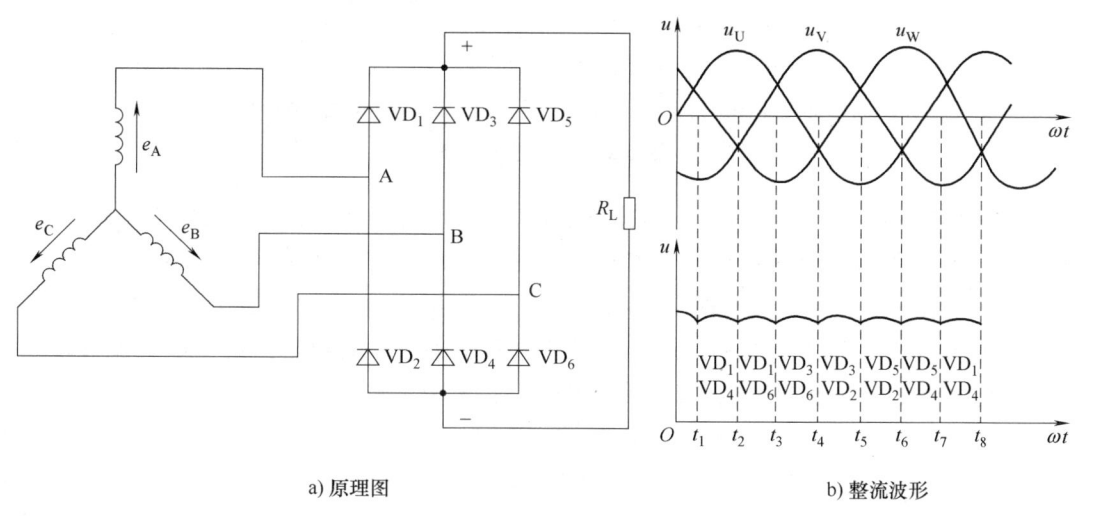

a) 原理图　　b) 整流波形

图 7-7　整流原理及波形

当给二极管加上反向电压时,二极管截止。将定子的三相绕组和6只整流二极管按电路连接,发电机的输出端正、负极上就输出一个脉动直流电压,如图7-7b所示。

7.5 滤波电路

从前面的分析可以看出,整流电路的输出电压虽然是单方向的直流,但还是包含了很多脉动成分(交流分量),这些交流分量可以通过滤波电路去掉,使其变成比较平滑的电压、电流波形。常用的滤波电路有电容滤波器、电感滤波器和复式滤波器等。

7.5.1 电容滤波电路

1. 电路结构

电容滤波器的电路结构就是在整流电路的输出端与负载电阻并联一个足够大的电容器,利用电容器上电压不能突变的原理进行滤波,如图7-8a所示。

2. 工作原理

设电容器事先未充电,在 u_2 的正半周时,二极管 VD 导通,忽略二极管正向压降,则 $u_o = u_2$,这个电压一方面给电容充电,一方面产生负载电流 i_o,电容 C 上的电压 u_C 与 u_2 同步增长,当 u_2 达到峰值后,开始下降,$u_C > u_2$,二极管截止,如图7-8b所示,电容 C 以指数规律经 R_L 放电,u_C 下降。当 u_2 过 0 点 ($u_2 > 0$) 时,u_2 又开始上升,当 $u_2 > u_C$ 时,电容再次被充电到峰值。当 u_2 过峰值后,随着 u_2 的下降,当 $u_C > u_2$ 时,电容 C 再次经 R_L 放电。通过这种周期性充放电,以达到滤波效果。

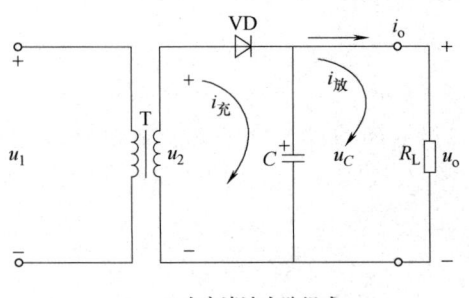
a) 电容滤波电路组成

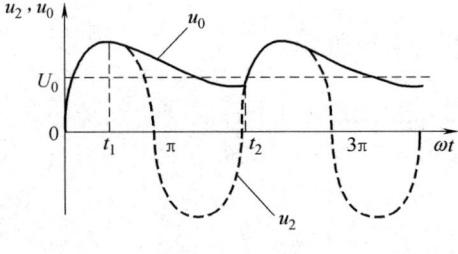
b) 电容滤波电路波形

图 7-8 电容滤波电路

电容的不断充放电,使得输出电压的脉动性减弱,而且输出电压 u_o 的平均值有所提高。输出电压 u_o 平均值的大小显然与 R_L、C 的大小有关。R_L 越大、C 越大,电容放电越慢,u_o 越高。在极限情况下,当 $R_L = \infty$ 时,$u_o = u_C = u_2$,C 不再放电。当 R_L 很小时,C 放电很快,甚至与 u_2 同步下降,则 $U_o = 0.9U_2$,R_L、C 对输出电压的影响很大。可见电容滤波电路适用于负载较小的场合。当满足 $R_L C \geqslant (3 \sim 5)T/2$ 时,输出电压的平均值为

$$U_o = U_2 \quad (半波) \tag{7-9}$$

$$U_o = 1.2U_2 \quad (全波) \tag{7-10}$$

这样,在输入正弦电压的一个周期内,电容器充电两次,放电两次,反复循环。

3. 电容滤波器的特点

1）电路简单，滤波效果较好，应用广泛。

2）输出电压平均值提高。电容的放电填补了整流波形的一部分空白。电容越大，波形越平滑，输出电压的平均值上升越大。

3）整流二极管导通时间短，电流峰值大，而在一个周期内电容器的充电电荷等于放电电荷，即通过电容器的平均电流为0，可见在二极管导通期间，其电流 i_C 的平均值近似等于负载电流的平均值，因此电流峰值大，有电流冲击。选择二极管时要考虑这个问题。

4）外特性较差。当电路空载时，由于不存在放电回路，输出电压为二次电压峰值即 $\sqrt{2}U_2$，随着负载减小、输出电流增大，电容放电时间常数随之减小，放电加快下降，输出电压随之减小。也就是说，输出电压随着外部负载的变化而变化，即外特性较差，或者说带负载能力差。

通常，电容滤波器适用于输出电压高、负载电流小且负载变化不大的场合。

7.5.2 电感滤波电路

1. 电路结构

若在整流电路和负载电阻之间串入一个电感线圈，就构成了电感滤波器。电感滤波器是利用电感元件的电流不能突变这一特性进行滤波的，如图7-9所示。

2. 工作原理

当电感足够大时，整流电压的交流分量大部分降在电感上，而直流分量则大部分降在负载电阻上。若忽略电感线圈的电阻和二极管的管压降，则电感滤波器的输出电压为 $U_o \approx 0.9U_2$。

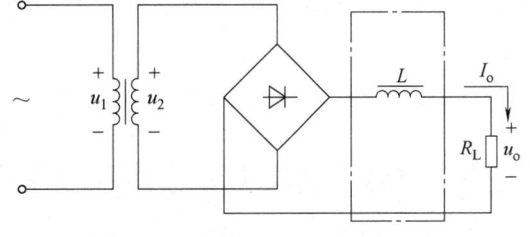

图 7-9 电感滤波电路

3. 电感滤波电路的特点

虽然电感滤波电路对整流二极管没有电流冲击，且带负载能力强，但为了使 L 值增大，多用铁心电感，导致其体积大、笨重、成本高，输出电压的平均值 U_o 也随之较低，且元件本身的电阻还会引起直流电压损失和功率损耗。可见，电感滤波适用于大电流或负载变化大的场合。

7.5.3 复式滤波电路

1. 电路结构

复式滤波电路是电容滤波和电感滤波的复合滤波电路，其组成结构如图7-10所示。

2. 工作原理

为了进一步减小输出电压的脉动程度，可以用电容和铁心电感组成各种形式的复式滤波电路。其整流输出电压中的交流成分绝大部分降落在电感上，电容 C 又对交流接近于短路，故输出

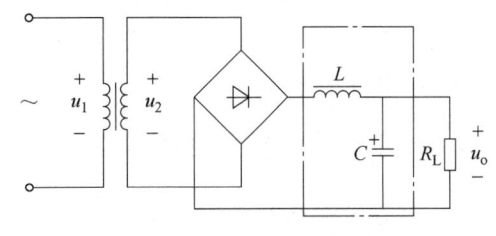

图 7-10 复式滤波电路

电压中交流成分很少，几乎是一个平滑的直流电压。由于整流后先经电感 L 滤波，总特性与电感滤波电路相近，故称为电感型 LC 滤波电路，若将电容 C 平移到电感 L 之前，则为电容型 LC 滤波电路。

【例 7-3】 图 7-11 所示的桥式整流滤波电路中，$U_2 = 100V$，$C = 1000\mu F$。试求正常工作时，U_o 的大小；如果测得 U_o 为下列各值，分析故障原因：1）$U_o = 90V$；2）$U_o = 140V$；3）$U_o = 45V$；4）$U_o = 100V$。

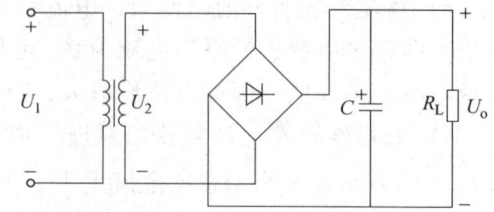

图 7-11 桥式整流滤波电路

解：正常工作时，桥式整流滤波电路输出电压 U_o 为

$$U_o = 1.2U_2 = 1.2 \times 100V = 120V$$

1）当 $U_o = 90V$ 时，即 $U_o = 0.9U_2$，经分析可知此输出电压为桥式整流电路输出电压，电容在该电路中不起作用。综上所述，该电路故障应该为滤波电容 C 开路。

2）当 $U_o = 140V$ 时，$U_o = 1.4U_2$，经分析可知此输出电压为桥式整流电容滤波电路开路时输出电压，即 $R_L = \infty$，综上可以判断为负载开路。

3）当 $U_o = 45V$ 时，$U_o = 0.45U_2$，经分析可知此输出电压为半波整流电路输出电压，即滤波电容 C 和二极管损坏。综上可以判断滤波电容 C 开路和四只二极管中一只或者两只二极管损坏。

4）当 $U_o = 100V$ 时，即 $U_o = U_2$，经分析可知此输出电压为半波整流滤波电路输出电压，综上可以判断四只二极管中一只或者两只二极管损坏。

延展阅读：实现低压直流电源标准化管理，助力中国汽车产业化发展！

GB/T 21560.6—2008《低压直流电源 第 6 部分：评定低压直流电源性能的要求》与 IEC 612040-6:2000 相比，存在如下技术性差异：根据我国标准，本部分将输入电源电压范围上限从 IEC 61204-6 规定的不超过 600V 改为不超过 660V，输出电压范围上限则从 IEC 61204-6 规定的不超过 200V 改为不超过 250V。GB/T 21560.6—2008 由中国电器工业协会提出，由全国电力电子学标准化技术委员会（SAC/TC 60）归口。

7.6 稳压电路

经整流滤波后的电压通常会随着电源电压的波动和负载的变化而变化，为了得到稳定的直流电压，必须在整流滤波之后接入稳压电路。在小功率设备中常用的稳压电路有硅稳压二极管稳压电路和集成稳压电路。

7.6.1 硅稳压二极管稳压电路

1. 并联型稳压电路

（1）电路结构 硅稳压二极管组成的并联型稳压电路如图 7-12 所示。经整流滤波后得到的直流电压作为稳压电路的输入电压 U_i，限流电阻 R 和稳压二极管 VS 组成稳压电路。在这种电路中，不论是电网电压波动还是负载电阻的变化，稳压二极管稳压电路都能起到稳压作用，因为 U_Z 基本恒定，而 $U_o = U_Z$。

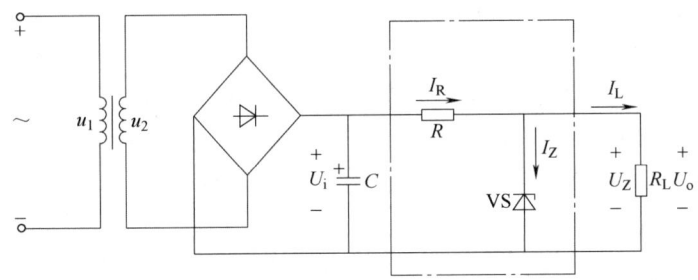

图 7-12　硅稳压二极管并联型稳压电路

（2）工作原理　当 R_L 不变，电网电压升高使 U_i 升高，导致 U_o 升高，而 $U_o = U_Z$。根据稳压二极管的特性，当 U_Z 升高一点时，I_Z 将会显著增加，这样必然使电阻 R 上的电压降 U_R 增大，吸收 U_i 的增加部分，从而保持 U_o 不变，反之亦然。

$$U_i \uparrow \to U_o \uparrow \to U_Z \uparrow \to I_Z \uparrow \to I_R \uparrow \to U_R \uparrow \to U_o \downarrow$$

当电网电压不变，负载电阻 R_L 阻值增大时，I_L 减小，限流电阻 R 上电压降 U_R 将会减小。由于 $U_o = U_Z = U_i - U_R$，所以 U_o 升高，即 U_Z 升高，这样必然使 I_Z 显著增加，由于流过限流电阻 R 的电流为 $I_R = I_Z + I_L$，这样可以使流过 R 上的电流基本不变，导致电压降 U_R 基本不变，则 U_o 也就保持不变，反之亦然。

$$R_L \uparrow \to I_L \downarrow \to U_R \downarrow \to U_Z \uparrow \to I_Z \uparrow \to I_R \uparrow \to U_R \uparrow$$

在实际使用中，这两个过程是同时存在的，而两种调整也同样存在。因而无论电网电压波动或负载变化，都能起到稳压作用。

2. 串联型稳压电路

上述稳压二极管稳压电路虽然具有电路简单、稳压效果好等优点，但允许负载电流变化的范围小，输出直流电压不可调，一般用作基准电压。为了克服稳压二极管稳压电路的这些缺陷，多采用串联型稳压电路，这也是集成稳压器的基础。

（1）电路结构　串联型稳压电路由取样电路、比较放大电路、基准电压电路和调整管四部分组成。图 7-13 所示为分立元件的串联型稳压电路。

（2）工作原理　U_i 是经整流滤波后的电压，取样电路由 R_1、R_2 和 R_P 组成，当输出电压 U_o 变大时，取样电阻将其变化量的一部分送到比较放大管 VT_2 的基极，基极电压能反映出电压的变化，成为取样电压。取样电压不宜过大，也不宜过小，若太大，控制灵敏度下降；若过小，带负载能力减弱。R_3 与 VS 组成基准电路，为 VT_2 发射极提供基准电压，R_3 为限流电阻，保证 VS 有一个合适的工作电流。R_4 既是比较放大管 VT_2 的集电极负载电阻，又是调整管 VT_1 的基极

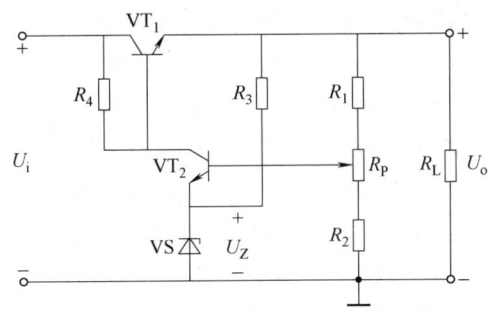

图 7-13　串联型稳压电路

偏置电阻。比较放大管 VT_2 的作用是将输出电压的变化量，先放大然后加到调整管 VT_1 的基极，控制调整管工作，提高控制的灵敏度和输出电压的稳定性。调整管 VT_1 与负载 R_L 串联，故称此电路为串联稳压电路，调整管 VT_1 受比较放大管 VT_2 控制，集射极间相当于一个可变电阻，用来抵消输出电压波动。

设负载电阻 R_L 不变，由于输入电压 U_i 减小，输出电压 U_o 有减小趋势，则通过取样电阻分压使比较放大管 VT_2 的基极电位 V_{B2} 随之减小，发射极电位 V_{E2} 不变，因此 U_{BE2} 减小，于是比较放大管 VT_2 的导通能力减弱，U_{C2} 升高，调整管 VT_1 导通能力增强，电压降下降，使 U_o 保持稳定。这个自动调整过程实际上是一个负反馈过程。

7.6.2 集成稳压电路

如果将调整管、比较放大环节、基准电压电路及取样环节和各种保护环节均制作在同一芯片上，就构成了集成稳压电路。图 7-14 所示为 W7800 系列集成稳压电路的内部组成框图。

串联型集成稳压电路种类繁多，按输出电压是否可调可以分为固定和可调两类，按外部引线的数目又可以分为三端集成稳压器和多端集成稳压器。常用的三端集成稳压器 W7800 系列的外形如图 7-15 所示，它只有 3 个接线端：输入端 1、输出端 2 和接地端 3。由于它具有体积小、性能稳定、价格低廉、使用方便等特点，目前在各种电子系统中得到了非常广泛的应用。

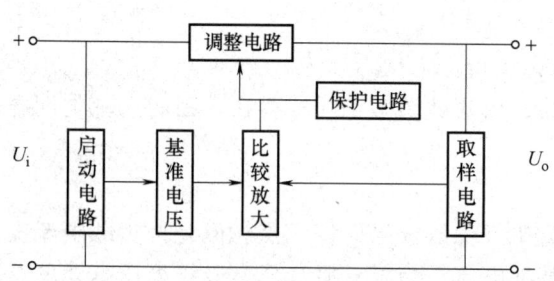

图 7-14 W7800 系列集成稳压电路的内部组成框图

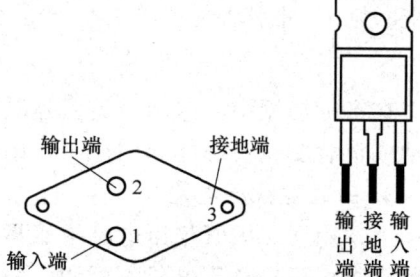

图 7-15 W7800 系列的外形示意图

W7800 系列（输出正电压）和 W7900 系列（输出负电压）稳压器符号中"00"用数字表示输出电压值。W7800 系列输出固定的正电压有 5V、7V、12V、15V、17V、24V 等。例如，W7815 的输出电压为 15V。W7900 系列输出固定的负电压，参数与 W7800 系列基本相同。

在使用时应当注意，输入电压应至少高于输出电压 2~3V，但也不能超过最大输入电压（一般 W7800 系列为 30~40V，W7900 系列为 35~40V），使用时只需在其输入端和输出端与公共端之间各并联一个电容即可。图 7-16 所示为 W7800 系列的典型接线图，其中 C_i 用以抵消输入端较长接线的电感效应，防止产生自激振荡，接线较短时也可不用。C_i 一般可取 0.1~1μF，为了防止瞬时增减负载电流时输出电压产生较大的波动，输出可接 1μF 左右的电容 C_o。

三端集成稳压器在使用时，根据需要搭配适当的散热器就可以接成实际的应用电路。下面简

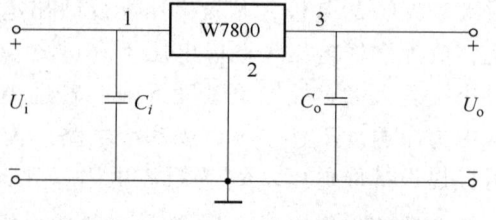

图 7-16 W7800 系列的典型接线图

单介绍几种常用的应用电路。

1. 固定输出的应用电路

图 7-17a、b 分别表示可以提供固定正、负电压输出的实际应用电路。

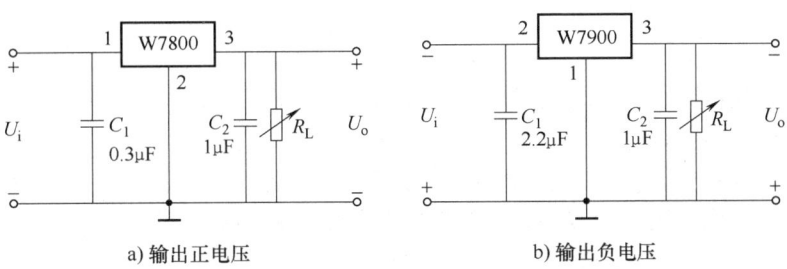

a) 输出正电压　　　　　　　　　b) 输出负电压

图 7-17　固定输出的应用电路

2. 提高输出电压的应用电路

在一些场合的应用中，设备实际要求的工作电压可能略大于集成稳压器可以直接提供的电压值。图 7-18 所示的应用电路能使实际的输出电压高于固定输出电压。图中，U_{XX} 为 W7800 稳压器的固定输出电压，显然 $U_o = U_{XX} + U_Z$。

3. 扩大输出电流的应用电路

当电路所需电流超过器件的最大输出电流 I_{OM} 时，可采用外接功率管 VT 的方法来扩大电路的输出电流，接法如图 7-19 所示。在 I_o 较小时，稳压器输入电流较小，所以 U_R 较小，外接功率管 VT 截止，$I_C = 0$；当 $I_o > I_{OM}$ 时，稳压器输入电流增大，从而使 U_R 增大，VT 导通，$I_o = I_{OM} + I_C$，扩大了输出电流。

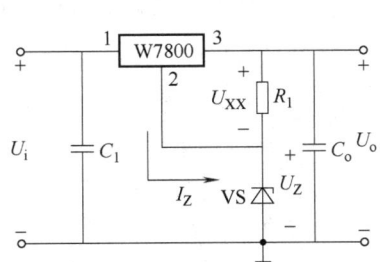 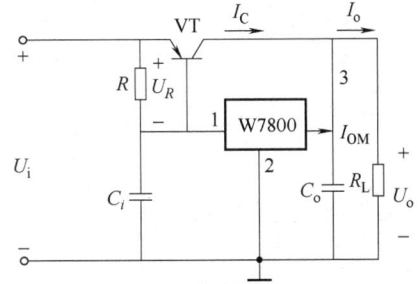

图 7-18　提高输出电压的应用电路　　　　图 7-19　扩大输出电流的应用电路

小结

　　直流稳压电源都使用 220V 市电作为电源，经过变压、整流、滤波后输送给稳压电路进行稳压，最终成为稳定的直流电源。整流电路是利用二极管将交流电压转变为脉动的直流电压；单相半波可控整流电路是把不可控的单相半波整流电路中的二极管用晶闸管代替，虽然具有电路简单、调整方便、使用元件少的优点，但实际电路中常用单相半控桥式整流电路，该电路和单相桥式整流电路类似，只是用晶闸管取代了原二极管的位置。

　　整流电路的输出电压虽然是单方向的直流，但包含了很多脉动成分（交流分量），这些交流分量可以通过滤波电路去掉，使其变成比较平滑的电压、电流波形。经整流滤波后的电压通常会随着电源电压的波动和负载的变化而变化，为了得到稳定的直流电压，必须在整流滤波之后接入稳压电路。在小功率设备中常用的稳压电路有硅稳压二极管稳压电路和集成稳压电路。

课后练习

一、填空题

1. 利用单向导电元件，将正弦交流电压变成单向脉动电压的电路为_____。
2. 滤波器将单向脉动电压中的_____滤掉。
3. 桥式整流电路中，省去了变压器二次侧中心抽头，但需用_____整流二极管。
4. 变压器二次电压为 U_2，经桥式整流电感滤波，输出电压为_____。
5. 电容滤波只适合负载电流_____的场合。
6. 衡量稳压电路质量的两个主要指标是_____和_____。
7. 串联型直流稳压电路包括_____、_____、_____和_____。
8. W7805 的输出电压为_____ V，而 W7912 的输出电压为_____ V。
9. 串联型稳压电源调整管工作在_____状态。

二、选择题

1. 图 7-20 所示电路中，$u_2 = 20$V，则 $u_o = ($　　$)$。
   A. 20V　　　B. 17V　　　C. 9V　　　D. 7V
2. 桥式整流电路中，流过每个整流二极管的电流为（　　）。
   A. $4I_o$　　　B. I_o　　　C. $I_o/2$　　　D. $I_o/4$
3. 桥式整流电路中，某一整流二极管被击穿后，则 u_o 的波形为（　　）。
   A. 正弦半波　　　　　　　　　B. 全波整流波形
   C. 极性相反　　　　　　　　　D. 无波形且损坏变压器或其他整流二极管
4. 图 7-21 所示电路中，二极管的最大反向电压 U_{RM} 为（　　）。
   A. $2\sqrt{2}u_2$　　B. $\sqrt{2}u_2$　　C. $0.5\sqrt{2}u_2$　　D. $2u_2$

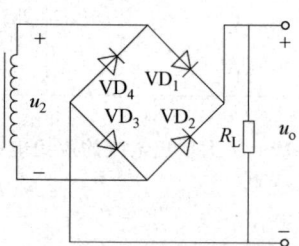

图 7-20　选择题第 1 题图

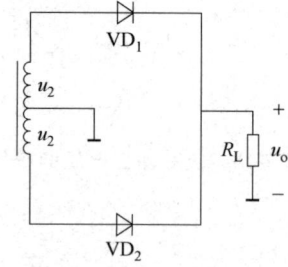

图 7-21　选择题第 4 题图

5. 图 7-22 所示电路，$u_2 = 8.4$V，$u_o = ($　　$)$。
   A. 15.6V　　　B. 7.4V
   C. 7.6V　　　D. 5V
6. 桥式整流电路中接入电容 C 滤波后，输出直流电压较未加 C 时（　　）。
   A. 不变　　　B. 升高
   C. 降低　　　D. 不确定

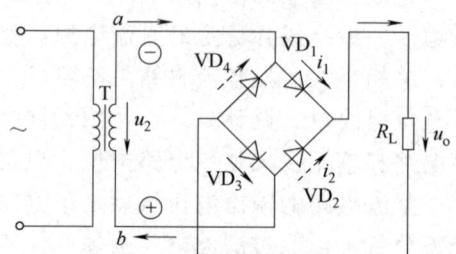

图 7-22　选择题第 5 题图

三、计算题

1. 整流电路如图 7-23 所示，二极管为理想元件，变压器一次电压有效值 $U_1 = 220V$，负载电阻 $R_L = 750\Omega$。变压器电压比 $k = N_1/N_2 = 10$。试求：

1）变压器二次电压有效值 U_2。

2）负载电阻 R_L 上电流平均值 I_o。

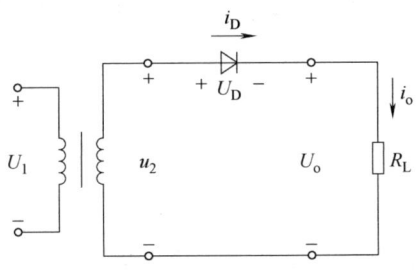

图 7-23　计算题第 1 题图

2. 图 7-22 所示的单相桥式整流电路中，如果 1）VD_1 接反；2）因过电压 VD_1 被击穿短路；3）VD_1 断开，说明其后果如何。

四、问答题

1. 直流稳压电源的组成及各组成部分的作用是什么？
2. 单相交流电压为什么整流、滤波之后还需要稳压？
3. 电容滤波电路的特点是什么？
4. 串联型集成稳压电路有哪些类型？

第8章 新能源汽车电子电路转换

学习目标

- 了解 DC/AC 逆变电路的分类、电压型逆变电路的特点。
- 了解三相电压型逆变电路的组成,掌握其工作原理。
- 掌握三相交流调压电路的功能和工作原理。
- 掌握三相变频 AC/AC 变换电路的工作原理。
- 理解 PWM 直流斩波电路的功能作用。
- 掌握三相 PWM 整流电路的功能和工作原理。

新能源汽车电压包括交流、直流等不同形式的高低电压,以满足新能源汽车不同元器件和使用场景。电子电路转换技术是新能源汽车的调速和转向等动力控制系统的关键技术,其基本作用就是通过合理、有效地控制电源系统电压、电流的输出和驱动电机电压、电流的输入,完成对驱动电机转矩、转速和旋转方向的控制。此外,新能源汽车的充电及低压设备的供电也是通过相应的功率变换技术完成的。

8.1 DC/AC 逆变电路

8.1.1 DC/AC 逆变电路概述

1. DC/AC 逆变电路的认知

DC/AC 逆变电路是应用电力电子器件将直流(DC)电转换成交流(AC)电的一种变流装置,如图 8-1 所示。逆变电路的应用非常广泛,在已有的各种电源中,蓄电池、干电池、太阳能电池等都是直流电源,当需要这些电源向交流负载供电时,就需要逆变电路。交流电动机调速用变频器、不间断电源、感应加热电源等电力电子装置使用非常广泛,其电路的核心部分都是逆变电路。逆变电路的基本作用是在电路的控制下将中间直流电路输出的直流电源转换为频率和电压都任意可调的交流电源。

2. DC/AC 逆变电路的分类

为了满足不同用电设备对交流电源性能参数的不同要求,发展了多种逆变电路,并可按以下方式分类:

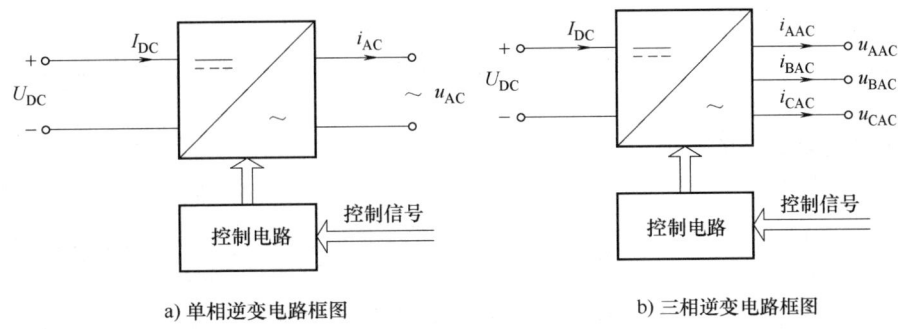

图 8-1 DC/AC 逆变电路

1)按输出电能的去向,可分为有源逆变电路和无源逆变电路。前者输出的电能返回公共交流电网,后者输出的电能直接输给用电设备。

2)按电流波形,可分为正弦逆变电路和非正弦逆变电路。正弦逆变电路开关器件中的电流为正弦波,开关损耗较小,宜用于较高频率。非正弦逆变电路开关器件中的电流为非正弦波,其开关损耗较大,故工作频率较正弦逆变电路低。

3)按输出相数,可分为单相逆变电路和三相逆变电路。

4)按直流电源性质,可分为由电压型直流电源供电的电压型逆变电路和由电流型直流电源供电的电流型逆变电路。

3. DC/AC 逆变电路的逆变原理

以图 8-2a 所示的单相桥式逆变电路为例说明逆变原理。图中,$S_1 \sim S_4$ 为单相桥式电路 4 个臂上的开关,并假设 $S_1 \sim S_4$ 均为理想开关。当 S_1、S_4 闭合,S_2、S_3 断开时,负载电压 u_o 为正;当 S_1、S_4 断开,S_2、S_3 闭合时,u_o 为负,其波形如图 8-2b 所示。这样就把直流电变成了交流电。改变两组开关的切换频率,就可改变输出交流电的频率。这是逆变的最基本原理。负载为电阻负载时,负载电流 i_o 和 u_o 的波形相同,相位也相同。负载为阻感负载时,i_o 的基波相位滞后于 u_o 的基波,两者波形也不同,图 8-2b 给出的是阻感负载时的 i_o 波形。如果 $S_1 \sim S_4$ 由实际的电力电子开关器件组成,且辅助元件(R、L、C)是非理想的,则逆变过程要复杂很多。

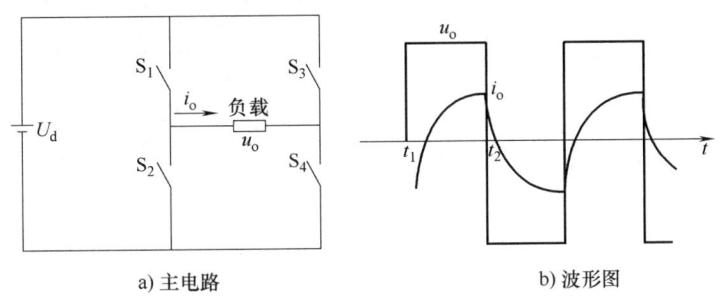

图 8-2 单相桥式逆变器主电路与波形图

8.1.2 电压型逆变电路

1. 电压型逆变电路的特点

1)直流侧为电压源或并联大电容,直流侧电压基本无脉动。

2）输出电压为矩形波，输出电流因负载阻抗不同而不同。

3）阻感负载时需提供无功功率。为了给交流侧向直流侧反馈的无功能量提供通道，逆变桥各臂并联反馈二极管。

2. 电压型逆变电路的类型

电压型逆变电路分为单相电压型逆变电路和三相电压型逆变电路。单相电压型逆变电路分为半桥逆变电路、全桥逆变电路和带中心抽头变压器的逆变电路。三相电压型逆变电路应用最广泛的是三相桥式逆变电路。

1）半桥逆变电路如图 8-3 所示。VT_1 和 VT_2 栅极信号在一个周期内半周正偏、半周反偏，两者互补，输出电压 u_o 为矩形波，幅值 $u_m = U_d/2$。

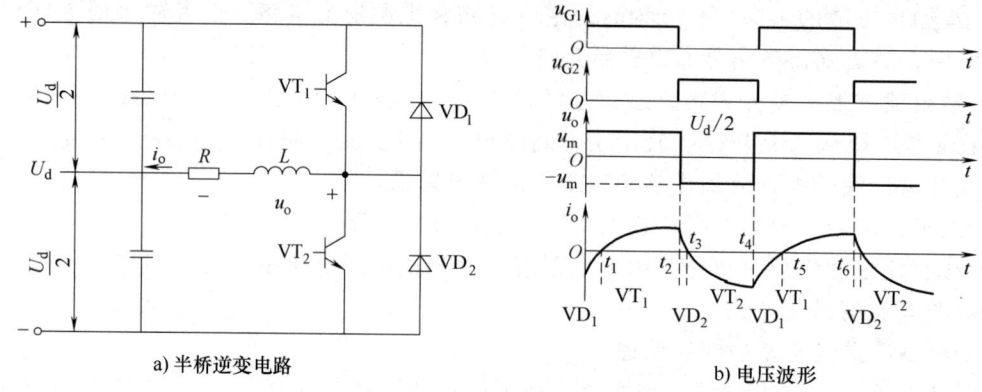

图 8-3 半桥逆变电路与电压波形

2）全桥逆变电路如图 8-4 所示，共 4 个桥臂，可看成两个半桥电路组合而成，两对桥臂交替导通 180°，输出电压和电流波形与半桥电路形状相同，幅值高出 1 倍，改变输出交流电压的有效值只能通过改变直流电压 U_d 来实现。

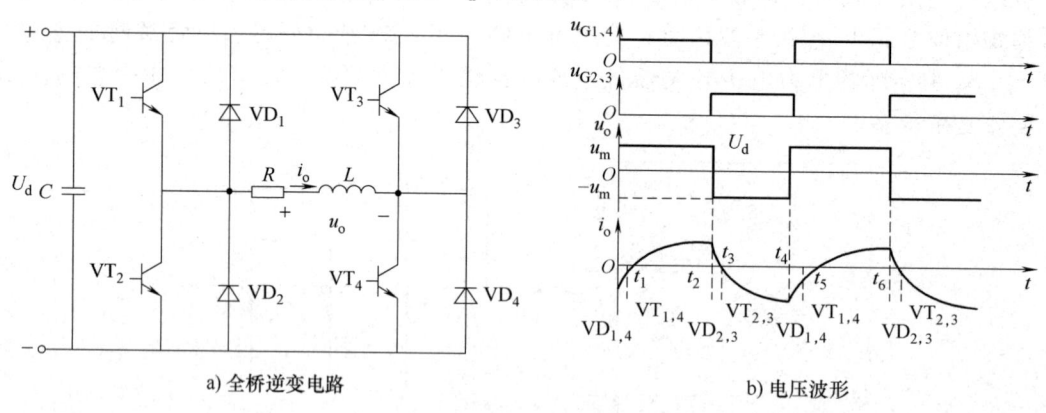

图 8-4 全桥逆变电路与电压波形

3）带中心抽头变压器的逆变电路如图 8-5 所示，交替驱动 VT_1 和 VT_2，经变压器耦合给负载加上矩形波交流电压。两个二极管的作用是提供无功能量的反馈通道，U_d 和负载参数相同，变压器匝数比为 1∶1 时，u_o 和 i_o 波形及幅值与全桥逆变电路完全相同。此电路与全桥逆变电路不同的是：比全桥电路少用一半开关器件；器件承受的电压为 $2U_d$，比全桥逆变电路高 1 倍；必须有 1 个变压器。

4）三相电压型逆变电路如图 8-6 所示，由 3 个单相逆变电路组合而成，应用最广的是三相桥式逆变电路。在中大功率的逆变电路中，3 个桥臂的三相电压型逆变电路应用广泛，因为它能够提供一个幅值、相位和频率都可控的三相电压源。三相电压源逆变器在新能源汽车的动力驱动和辅助系统中得到广泛应用。

三相电压型逆变电路基本工作方式如下：每桥臂导电 180°，同一相上、下两臂交替导电，各相开始导电的角度差 120°；任一瞬间有 3 个桥臂同时导通；每次换流都是在同一相上、下两臂之间进行，也称为纵向换流。

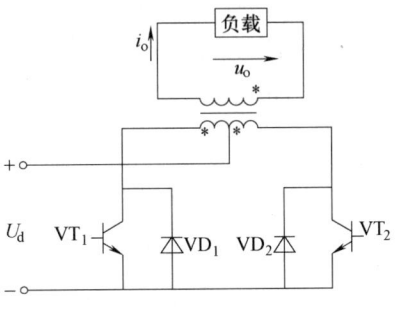

图 8-5 带中心抽头变压器的逆变电路

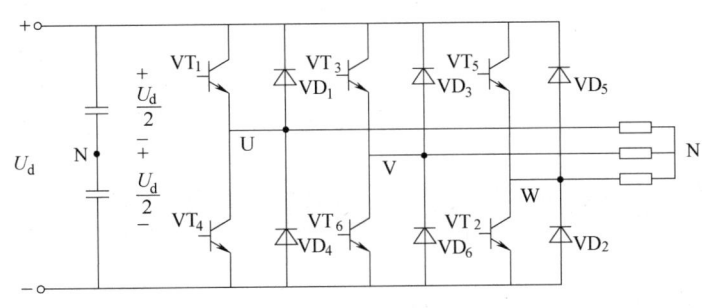

图 8-6 三相电压型逆变电路

8.1.3 电流型逆变电路

电源为电流源的逆变电路称为电流型逆变电路。电流型逆变电路中，采用半控型器件的电路仍应用较多。换流方式有负载换流、强迫换流。电流型逆变电路可分为单相电流型逆变电路和三相电流型逆变电路。

电流型逆变电路的主要特点如下：
1）直流侧串联大电感，电流基本无脉动，相当于电流源。
2）交流输出电流为矩形波，与负载阻抗角无关。输出电压波形和相位因负载不同而不同。
3）直流侧电感起缓冲无功能量的作用，不必给开关器件反向并联二极管。

1. 单相电流型逆变电路

（1）电路原理　单相电流型逆变电路如图 8-7 所示，由 4 个桥臂构成，每个桥臂的晶闸管各串联 1 个电抗器，用来限制晶闸管开通时的 di/dt。工作方式为负载换相。电容 C 和电感 L、电阻 R 构成并联谐振电路。输出电流波形接近矩形波，含基波和奇次谐波，且奇次谐波幅值远小于基波。

（2）工作方式　实际工作过程中，感应线圈参数随时间变化，必须使工作频率适应负载的变化而自动调整，这种控制方式称为自励方式。固定工作频率的控制方式称为他励方式。自励方式存在起动问题，先用他励方式系统开始工作后再转入自励方式或附加预充电起动电路可解决此问题。

2. 三相电流型逆变电路

三相电流型逆变电路如图 8-8 所示。三相电流型逆变电路的基本导电方式是 120° 导通、横向换流方式，任意瞬间只有两个桥臂导通。导通顺序为 $VT_1 \rightarrow VT_2 \rightarrow VT_3 \rightarrow VT_4 \rightarrow VT_5 \rightarrow VT_6$，依次间隔 $60°$，每个桥臂导通 $120°$，这样每个时刻上、下桥臂组中各有一个臂导通。其输出电流波形与负载性质无关。输出电压波形由负载的性质决定。

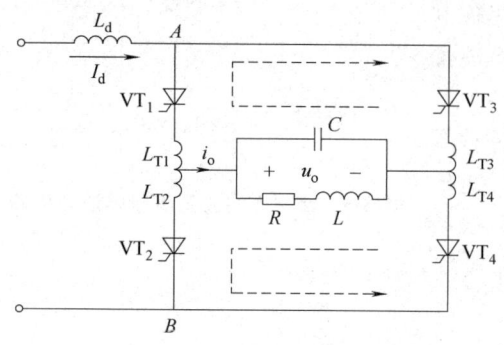

图 8-7 单相电流型逆变电路

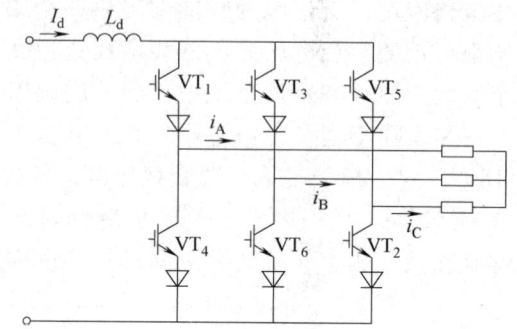

图 8-8 三相电流型逆变电路

8.2 AC/DC 变换电路

新能源汽车驱动电机大部分采用交流电，动力蓄电池为直流高压电，动能回收时需要将驱动电机回收的交流电转换为动力蓄电池的直流电，AC/DC 变换电路正是将交流（AC）电变换成直流（DC）电的重要电路。

8.2.1 AC/DC 变换电路概述

1. AC/DC 变换电路的功能

大多数整流电路由变压器、整流主电路和滤波器等组成。它在直流电动机的调速、发电机的励磁调节、电解、电镀等领域得到广泛应用。新能源汽车电源电路中的 AC/DC 变换电路主要由整流二极管组成，其主要作用是利用二极管的单向导电性将交流电转换成单向脉动性直流电。

2. AC/DC 变换电路的分类

新能源汽车电源电路中的 AC/DC 变换电路主要有单相半波整流电路、单相桥式整流电路、三相桥式整流电路 3 种类型。

8.2.2 不可控 AC/DC 变换电路

1. 单相半波整流电路

（1）整流电路　单相半波整流电路是电源电路中一种结构最简单的整流电路，由整流变压器、二极管及负载组成。单相半波整流电路与波形如图 8-9 所示。

（2）工作原理　当 u 为正半周时，二极管 VD 正向导通；当 u 为负半周时，二极管 VD 反向截止。由于这种电路只在交流的半个周期内才导通，也只有在正半周时才有电流流过负载，故称为单相半波整流电路。

（3）输出电压和输出电流　负载电阻上得到的是一个半波整流电压，整流电压虽然是单方向的，但其大小是变化的，称之为脉动直流电压，如图 8-10 所示。整流输出电压平均值为 $U_o = 0.45U$。

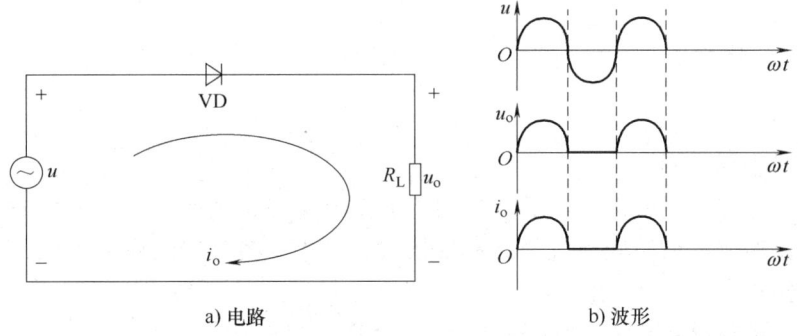

a) 电路　　　　　　　　　b) 波形

图 8-9　单相半波整流电路与波形

图 8-10　单相半波整流电路波形变化

半波整流电路的输出电压不到输入电压的一半，交流分量大，效率低。因此，这种电路仅适用于整流电流较小、对脉冲要求不高的场合。

2. 单相桥式整流电路

（1）整流电路　为了克服半波整流电路的缺点，在实际电路中多采用全波整流电路。最常用的全波整流电路是桥式整流电路，桥式整流电路由 4 个二极管接成电桥的形式构成，如图 8-11a 所示。

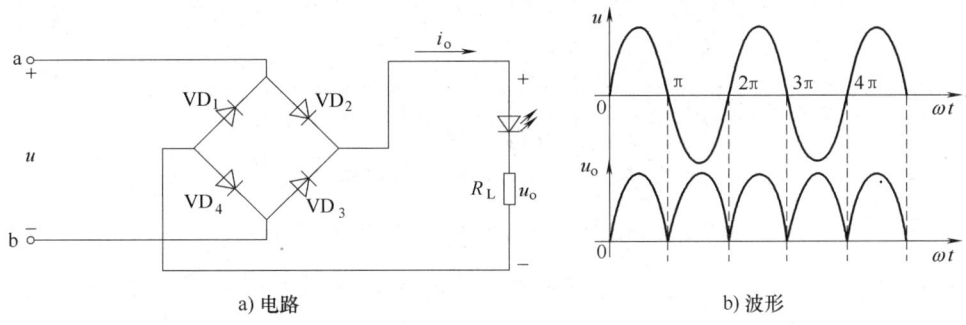

a) 电路　　　　　　　　　b) 波形

图 8-11　单相桥式整流电路与电压波形

（2）工作原理　当输入信号为正半周时，VD_2、VD_4 导通，VD_1、VD_3 截止，负载上有半波输出；当输入信号为负半周时，VD_1、VD_3 导通，VD_2、VD_4 截止，负载上有半波输出。在输入信号的一个周期内，负载上得到两个半波。单相桥式整流电路电压波形如图 8-11b 所示。

（3）基本参数　在单相桥式整流电路（图 8-11a）中，交流电在一个周期内的两个半波都有同方向的电流流过负载，因此，在同样的输入电压下，该电路输出的电流和电压均比半波整流大一倍。

1）整流输出电压平均值 $U_o = 0.9U$。

2）负载电流 $I_o = 0.9 \dfrac{U}{R_L}$。

3. 三相桥式整流电路

广泛应用的三相桥式整流电路是从三相半波整流电路扩展而来的。三相桥式整流电路是由两组三相半波整流电路串联而成的，一组接成共阴极，另一组接成共阳极，这种整流电路不再需要变压器中点。

三相桥式不可控整流电路如图 8-12 所示，VD_1、VD_3、VD_5 共阴极三相半波整流，VD_2、VD_4、VD_6 共阳极三相半波整流。

三相桥式整流电路工作时，共阴极的 3 个二极管中阳极交流电压最高的二极管优先导通，而另外两个二极管因承受反向电压处于关断状态；同理，共阳极的 3 个二极管中，阴极交流电压最低的二极管优先导通，而另外两个二极管因承受反向电压处于关断状态。即，在电路工作过程中，共阴极组和共阳极组中各有 1 个二极管处于导通状态，其工作波形如图 8-13 所示。

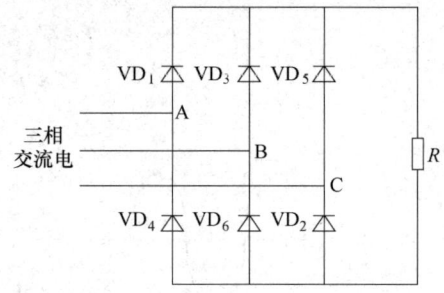

图 8-12　三相桥式不可控整流电路

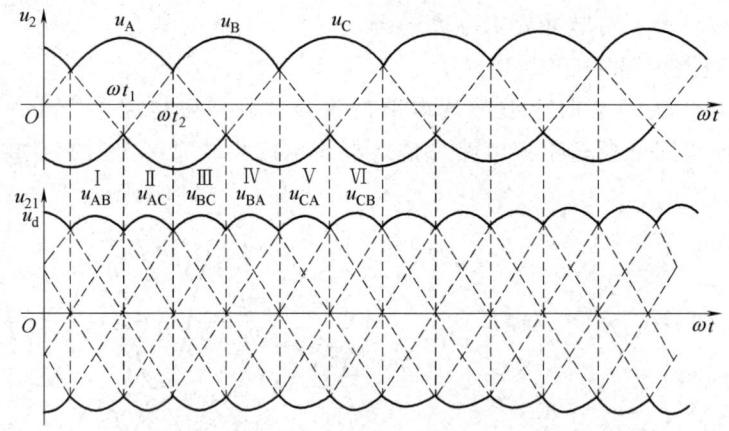

图 8-13　三相桥式不可控整流电路负载电压波形

在图 8-13 所示波形 I 段中，A 相电压最高，而 B 相负值电压最低，因此 VD_1、VD_6 导通，$u_d = u_A - u_B = u_{AB}$，在 ωt_1 时刻，由于 u_C 比 u_B 更低，所以共阳极组 VD_2 导通，VD_6 承受反向电压而关断，此时 $u_d = u_A - u_C = u_{AC}$；在 ωt_2 时刻后，由于 $u_B > u_A$，所以共阴极组 VD_3 导通，VD_1 承受反向电压而关断，此时 $u_d = u_B - u_C = u_{BC}$。以此类推，输出电压 u_d 为线电压中最大的 1 个，其波形为线电压 u_{21} 的包络线。输出电压 u_d 一个周期内脉动 6 次，每次脉动的波形都相同，因此三相桥式整流电路也称为六脉波整流电路，该整流电路的输出电压波形比单相桥式整流电路的输出电压波形更平滑，因而更容易滤波。

在单相桥式整流电路中，每个二极管承受交流电源的相电压幅值，而在三相桥式整流电路中，每个二极管要承受交流电源线电压的幅值，因此，三相桥式整流电路中的二极管需要选用更高的耐压值。

8.3 AC/AC 变换电路

AC/AC 变换电路是把一种形式的交流（AC）电转变成另一种形式的交流（AC）电的电力电子装置。采用晶闸管等电力半导体器件构成的 AC/AC 变换电路可分为两大类：一类是频率不变仅改变电压大小的 AC/AC 变换电路，称为恒频变压 AC/AC 变换电路；另一类是直接将一个较高频率交流电变为较低频率交流电的相控方式降频降压变换电路，称为变压变频 AC/AC 变换电路。

8.3.1 恒频变压 AC/AC 变换电路

恒频变压 AC/AC 变换电路通常称为交流调压电路，是指由晶闸管等电力半导体器件构成，把一种交流电变成另一种同频率、不同电压的交流电变换装置。按所变换的相数不同，交流调压电路可分为单相交流调压电路及三相交流调压电路。交流调压器的控制方式有整周波通断控制、相位控制、斩波控制 3 种。

在整周波通断控制方式中，晶闸管是作为交流开关使用的，它把负载与电源接通几个周波，再断开几个周波，通过改变通断比来改变负载上的电压有效值。

相位控制方式是在电源电压上、下半波的某一相位分别触发相应的晶闸管使其导通，通过改变触发延迟角改变负载接通电压的时间，从而达到调压的目的。相位控制交流调压又称相控调压，是交流调压中的基本控制方式，应用最广。

在斩波控制方式中，晶闸管要带有强迫关断电路或采用 IGBT 等可自关断器件，在每个电压周波中，开关器件多次通断，使电压斩波成多个脉冲，通过改变导通比即可实现调压。

3 种控制方式的输出电压波形如图 8-14 所示。

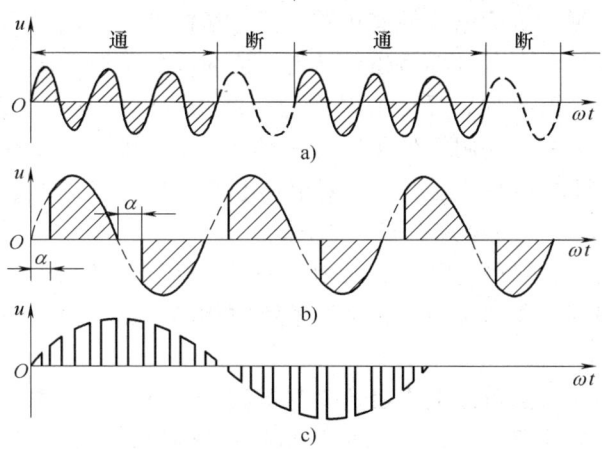

图 8-14 交流调压器 3 种控制方式的输出电压波形

由晶闸管组成的交流调压电路，可以方便地调节输出电压的有效值。它可用于电炉温度控制、灯光调节、异步电动机减压软起动和调压调速等，也可以用于调节变压器的一次电压，其二次侧多为直流低电压、大电流或高压、小电流负载，而且负载功率一般不超过500kW。

1. 晶闸管单相交流调压电路

单相交流调压电路是三相交流调压电路的基础，和整流电路一样，交流调压电路的工作情况也和负载性质有很大关系。

（1）电阻性负载　图8-15所示为电阻负载单相交流调压电路图及其波形。其中图8-15a为主电路，采用晶闸管VT_1和VT_2反并联连接，与负载电阻R_L串联接到交流电源u_i上。在交流电源u_i的正半周开始时刻触发VT_1，负半周开始时刻触发VT_2，如同一个无触点开关，若正、负半周以同样的触发延迟角α分别触发VT_1和VT_2，则负载电压有效值随α改变而改变，实现了交流调压。图8-15b给出了移相角为α的输出电压u波形，可以看出，负载电压波形是电源电压波形的一部分，负载电流（电源电流）和负载电压的波形相同。单相交流调压电路对电阻负载供电时，其电压可调范围是$0 \sim u_i$，α的移相范围是$0° \sim 180°$。

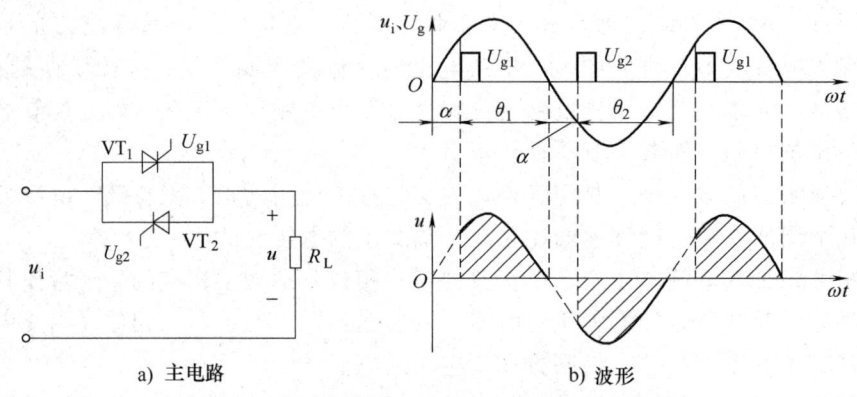

图8-15　电阻负载单相交流调压电路图及其波形

（2）电阻-电感性负载（阻感负载）　阻感负载单相交流调压电路及其波形如图8-16所示，阻感负载是交流调压电路最具代表性的负载。

由于电感的储能作用，负载电流的变化滞后于电压的变化，因而和电阻性负载相比具有新的特点。负载电流在电源电压过零后还要延迟一段时间才能降到零，即电压过零时晶闸管不关断，还将继续导通到负半周，延迟的时间与负载功率因数角φ（$\varphi = \arctan(\omega L/R)$）有关；电流过零时晶闸管关断。晶闸管的导通角$\theta$不仅与触发延迟角$\alpha$有关，还与负载阻抗角$\varphi$有关。两只晶闸管门极的起始控制点应分别定在电源电压每半周的起始点上，α的最大移相范围是$0° \le \alpha \le 180°$，正、负半周有相同的α。

在一个晶闸管导通时，它的管压降因成为另一只晶闸管的反向电压而截止。于是，在一只晶闸管导电时，电路的工作情况与单相半波整流时相同。另一只晶闸管导电时，情况完全相同，只是存在180°相位差。

在单相调压电路中，虽然负载电流表达式与单相半波整流电路相同，但两只晶闸管分别在电源电压的正、负半周导通，因此，每只晶闸管的导通角不可大于180°，而单相半波整流时有大于180°的情况。

综上所述，交流调压电路带电感-电阻性负载时，为使电路正常工作，需保证：

1) $\varphi<\alpha<180°$。
2) 采用宽度大于 60°的宽脉冲或脉冲列。

2. 三相交流调压电路

若把 3 个单相交流调压电路接在对称的三相电源上，让其互差 $2\pi/3$ 相位工作，构成了三相交流调压电路，其主电路的连接形式繁多，其中图 8-17 所示为无中性线的星形联结，它的波形正负对称，负载及电路中都无谐波电流，因此得到广泛应用。

下面以典型的星形联结三相交流调压电路为例分析其工作原理，主要分析电阻负载时的情况。

三相交流调压电路对触发脉冲的要求与三相全控桥式整流电路完全相同，即采用双窄脉冲或宽脉冲触发，触发脉冲顺序也是 $VT_1 \sim VT_6$，依次相差 60°，三相的触发脉冲应依次相差 120°，同一相的两个反并联晶闸管触发脉冲应相差 180°。

图 8-18 所示为电阻负载星形联结的三相交流调压器，为分析其工作原理，首先要确定触发脉冲起始控制点，电阻负载时相电流和相电压同相位，且相电压过零时刻开始，相应的二极管开始导通。因此把相电压过零

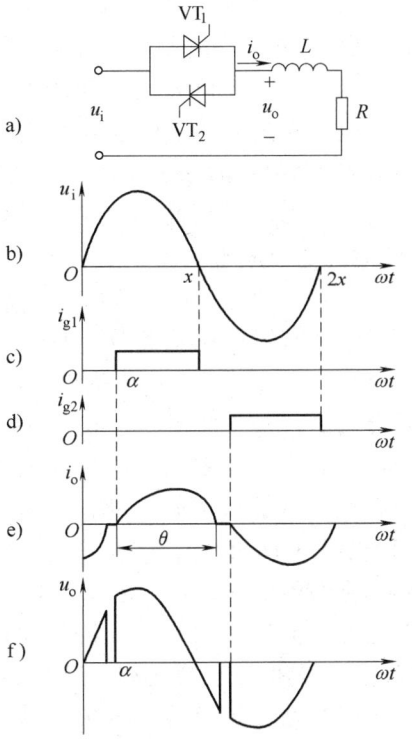

图 8-16 阻感负载单相交流调压电路及其波形

点定为 $\alpha = 0°$点。该点与三相全控桥式整流电路不同，由于三相电阻负载星形联结的三相交流调压器任何时刻最多只能有两个晶闸管导通，因而 $\alpha = 0°$定在自然换相点。三相交流调压器中，存在 3 个晶闸管同时导通的时刻。所以，无论是单相还是三相调压器，$\alpha = 0°$点都是定在电压过零时刻。三相三线电路中，两相间是靠线电压导通的，而线电压超前相电压 30°，因此，α 的移相范围是 0°~150°。

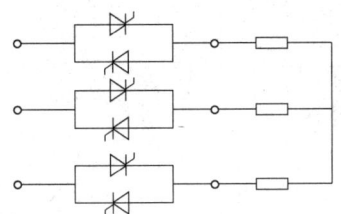

图 8-17 三相负载无中性线星形联结的调压电路

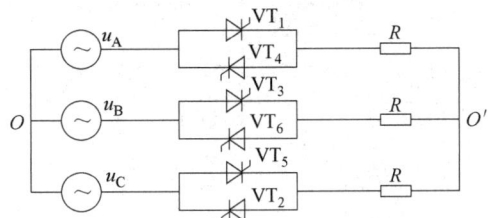

图 8-18 电阻负载星形联结的三相交流调压器

交流调压电路是靠改变施加到负载上的电压波形来实现调压的，因此分析得到负载电压波形是最重要的。对星形联结的三相交流调压电路中的相来说，只要两个晶闸管之中有一个导通，则该支路是导通的。

只要能判别各晶闸管的通断情况，就能确定该电路的导通相数，从而得到该时刻的负载电压值，判别一个周波能得到的负载电压波形，根据波形可分析交流调压电路的各种工况。

下面分析几个不同触发延迟角 α 下的工作情况。

(1) 触发延迟角 α = 0°　图 8-19 所示为 α = 0° 时的电压波形。晶闸管触发信号在各相电压的自然过零点给出，任何时刻每相均有一个晶闸管导通，三相电压直接接到三相电阻 R 上，电压、电流及所有 α = 0°晶闸管的导通都是三相对称的。

(2) 触发延时角 α = 60°　图 8-20 所示为 α = 60°时的电压波形。图中 α = 60°时 VT$_1$ 开始触发导通。此后每延迟 60°，VT$_2$ ~ VT$_6$ 依次开始导通。VT$_1$ 导通 120°，到 ωt ≥ 180°时，VT$_3$ 开始导通，此时由于 $u_{AB}<0$，VT$_1$ 立即截止，而 VT$_4$ 的触发脉冲尚未到达，故 A 相停止导电，所以 A 相正半波电流仅在 60° ≤ ωt ≤ 180° 的 120°期间存在。VT$_1$ 和 VT$_6$ 导通期间 I，$i_A = u_{AB}/2R$，同理在随后的 VT$_1$ 和 VT$_2$ 导通期间 II，$i_A = u_{AC}/2R$，同理在 240° ≤ ωt ≤ 360°的 120°期间，VT$_4$ 导通，此时 i_A 为负。因此 A 相电流是 120°宽的交流电流。同理 i_A、i_C 都是 120°宽的交流电流。每个晶闸管对称导通 120°，任何时刻仅有两相、两个晶闸管同时导通。

(3) 触发延时角 α = 120°　图 8-21 所示为 α = 120°时的电压波形。图中 α = 120°时 VT$_1$ 开始触发导通。此后每延迟 60°，VT$_2$ ~ VT$_6$ 依次开始导通。VT$_1$ 导通 30°区间 I 中，VT$_1$、

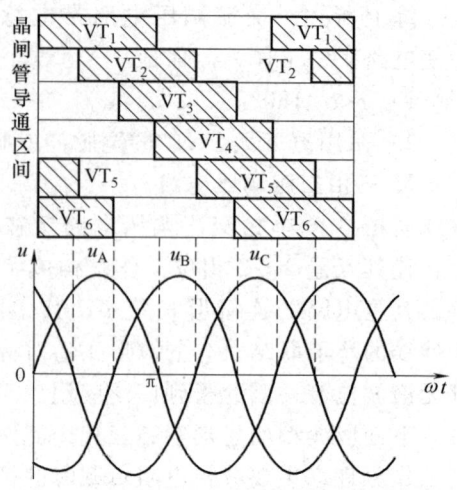

图 8-19　电阻性负载星形联结三相交流调压器 α = 0°时的电压波形

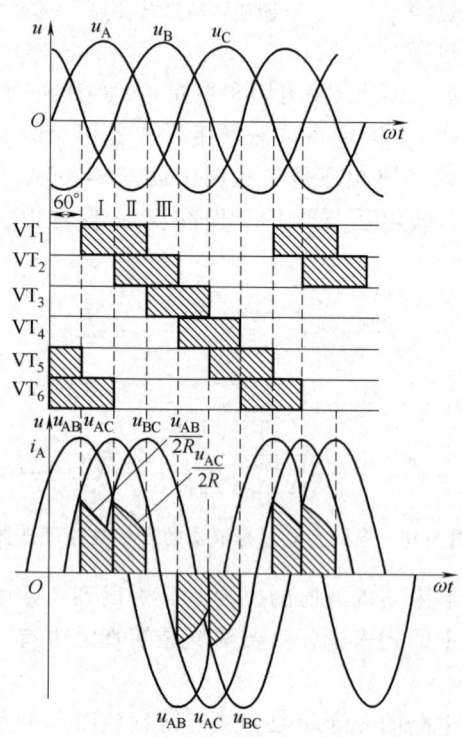

图 8-20　电阻性负载星形联结三相交流调压器 α = 60°时的电压波形

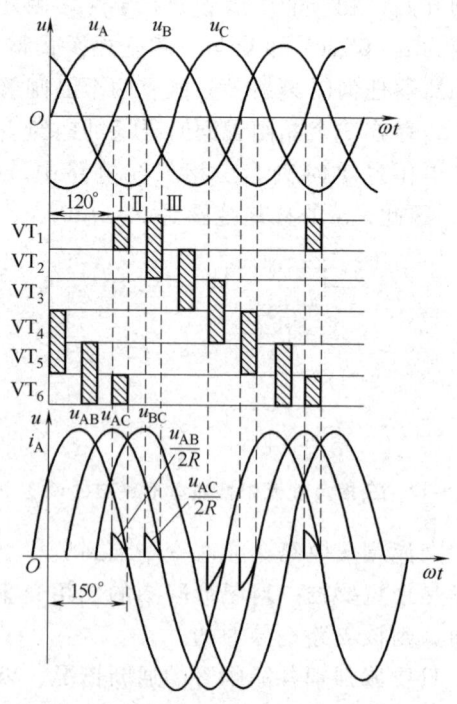

图 8-21　电阻性负载星形联结三相交流调压器 α = 120°时的电压波形

VT$_6$ 导通,电压为 u_{AB},$i_A = u_{AB}/2R$,30°以后 $u_{AB} < 0$,VT$_6$ 受压关断,u_{AC} 虽然为正值,但 VT$_2$ 触发脉冲尚未到达区间Ⅱ(30°)中,VT$_2$ 不导通,i_A 形成不了回路,$i_A = 0$ 在随后的区间Ⅲ(30°)中,VT$_1$、VT$_2$ 导通,电压为 u_{AC},$i_A = u_{AC}/2R$。电流波形在半周期的 120°期间有两个断续的脉动电流。

8.3.2 变频 AC/AC 变换电路

变频 AC/AC 变换电路直接将电网固定频率的交流电变换为所需频率的交流电,这种交流装置称为交流/交流(AC/AC)变频器,它广泛应用于大功率、低转速的交流电动机调速传动,也用于电力系统无功补偿、感应加热用电源、交流励磁变速、恒频发电机的励磁电源等。因为没有中间的直流环节,减少了一次能量变换过程,消耗能量少。但这种变频电路的输出频率受到限制,它低于输入频率,而且输出电压频率与变频电路的具体结构有关。

1. 单相变频 AC/AC 变换电路

(1) 电路组成 单相变频 AC/AC 变换电路如图 8-22a 所示,它由具有相同特征的两组晶闸管整流电路反向并联构成。其中一组整流器称为正组整流器(P 组),另外一组称为反组整流器(N 组)。

(2) 工作原理 如果正组整流器工作,反组整流器被封锁,则负载端输出电压为上正下负,负载电流 i_o 为正;如果反组整流器工作,正组整流器被封锁,则负载端得到输出电压为上负下正,负载电流 i_o 为负。因此,只要交替地以低于电源的频率切换正反组整流器的工作状态,在负载端就可以获得交变的输出电压。

如果在一个周期内触发延迟角 α 是固定不变的,则输出电压波形为矩形

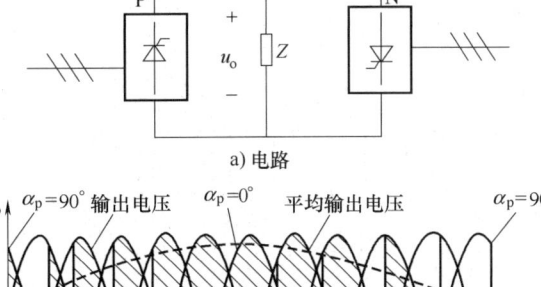

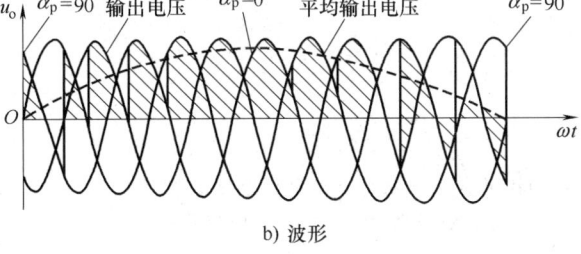

图 8-22 单相变频 AC/AC 变换电路及波形

波。此种方式控制简单,但矩形波中含有大量的谐波,对电动机负载工作很不利。如果触发延迟角 α 不固定,在正组工作的半个周期内让触发延迟角 α 按正弦规律从 90°逐渐减小到 0°,然后再由 0°逐渐增大到 90°,那么正组整流电路的输出电压的平均值就按正弦规律变化,从零增加到最大,然后从最大减小到零,如图 8-22b 所示。在反组整流电路工作的半个周期内采用同样的控制方法就可以得到接近正弦波的输出电压。两组变流器按一定的频率交替工作,负载就得到该频率的交流电。

在单相变频 AC/AC 变换电路中,改变两组整流器的切换频率,就可改变输出频率 ω_o;改变交流电路的触发延迟角 α,就可以改变交流输出电压的幅值。也就是说,通过控制电路能实现变频变压。

2. 三相变频 AC/AC 变换电路

三相变频 AC/AC 变换电路主要用于交流调速系统,因此实际使用的主要是三相交流/交流变换器。三相变频 AC/AC 变换电路是由 3 组输出电压相位差为 120°的单相 AC/AC 变换

电路组成的,电路接线形式主要有公共交流母线进线方式和输出星形联结方式两种。

(1)公共交流母线进线方式 图8-23所示为采用公共交流母线进线方式的三相变频AC/AC变换电路原理,它由三相彼此独立、输出电压相位差为120°的单相变频AC/AC变换电路组成,它们的电源进线通过进线电抗器接在公共交流母线上。因为电源进线端公用,所以三相变换电路的输出端必须隔离。为此,交流电动机的3个绕组必须拆开,同时引出6根线。采用公共交流母线进线方式的三相变频AC/AC变换电路主要用于中等容量的交流调速系统。

(2)输出星形联结方式 图8-24所示为采用输出星形联结方式的三相变频AC/AC变换电路原理,电源进线通过进线电抗器接在公共交流母线上。三相变频AC/AC变换电路的输出端采用星形联结,电动机的3个绕组也采用星形联结,电动机中性点和变换器中性点接在一起,电动机只引3根线即可。因为3组单相变换器连接在一起,电源进线端公用,其电源进线就必须隔离,故3组单相变换器分别用3个变压器供电。和整流电路一样,同一组桥内的两个晶闸管靠双触发脉冲保证同时导通,两组桥之间则靠各自的触发脉冲有足够的宽度以保证同时导通。

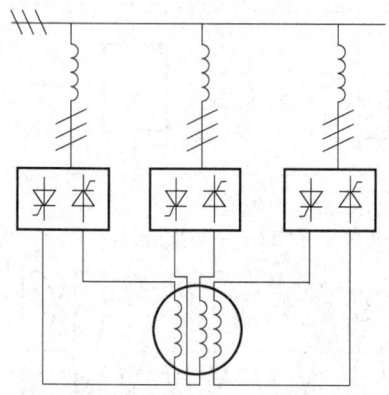

图8-23 采用公共交流母线进线方式的三相变频AC/AC变换电路原理

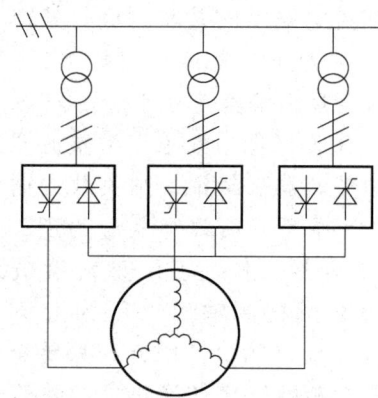

图8-24 采用输出星形联结方式的三相变频AC/AC变换电路原理

在采用输出星形联结的三相变频AC/AC变换电路中,各相输出的是相电压,而加在负载上的是线电压,如果在各相电压中叠加同样的直流分量或3倍于输出频率的谐波分量,则它们不会在线电压中反映,也不会加到负载上,利用这一特性可以改善输入功率因数并提高输出电压。

三相变频AC/AC变换电路的特点如下:

1)直接一次变换,效率较高。

2)可方便地实现四象限工作。

3)低频输出波形接近正弦波。

8.4 PWM控制电路

脉冲宽度调制(Pulse Width Modulation,PWM)技术通常利用半导体器件的导通和关断把直流电压变成一定周期和宽度的电压脉冲序列,以实现变电压、变电流、变频、控制和消除谐波的目标。在嵌入式微控制器中，PWM 模块的数字输出对模拟电路进行控制，广泛应用在测量、通信、功率控制与变换的许多领域中。高频全控型功率半导体器件的快速发展极大地促进了 PWM 技术在功率控制与变换中的应用，同时也使得功率变换装置的性能更加优异。

8.4.1 PWM 控制电路概述

1. PWM 信号的类型

PWM 信号是一串频率和幅度固定而脉冲宽度变化的脉冲。在 PWM 周期内，每个脉冲的幅度是固定不变的，但是脉冲的宽度随着调制信号的不同而发生变化。PWM 信号有两种基本类型，即中心对称型和边沿对称型，如图 8-25 所示。中心对称型 PWM 信号相对于每个 PWM 周期的中心是对称的，而边沿对称型 PWM 信号则与每个 PWM 周期有相同的左边沿或右边沿。

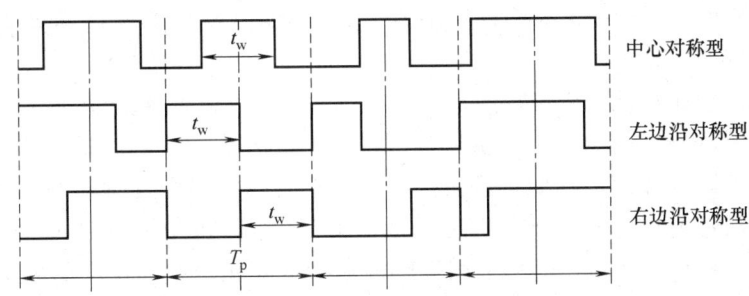

图 8-25 中心对称型 PWM 信号和边沿对称型 PWM 信号

无论是中心对称型 PWM 信号还是边沿对称型 PWM 信号，每个 PWM 信号都有相同的脉冲周期 T_p，其幅值固定不变，但脉冲宽度 t_w 发生变化。在时序特征上，PWM 信号的高低电平跳变的时刻不同，中心对称型 PWM 信号的电平跳变的周期时刻如下：

$$t_{rise} = \frac{T_p - t_w}{2}$$

$$t_{fall} = \frac{T_p - t_w}{2} + t_w$$

式中，t_{rise} 为电平从低到高跳变的上升时刻；t_{fall} 为电平从高到低跳变的下降时刻。

左边沿对称型 PWM 信号的电平跳变的周期时刻如下：

$$t_{rise} = \frac{T_p - t_w}{2}$$

$$t_{fall} = \frac{T_p - t_w}{2} + t_w$$

同理，右边沿对称型 PWM 信号的电平跳变的周期时刻如下：

$$t_{rise} = 0$$

$$t_{fall} = T_p$$

2. PWM 信号的占空比

对于一个 PWM 信号，无论是中心对称型还是边沿对称型，它的每个周期都会发生高低电平的跳变。如图 8-26 所示，设一个 PWM 信号的周期为 T_p，低电平的时间为 t_{lo}，高电平的时间为 t_{hi}。

显然，PWM 信号的脉冲宽度 T_w 等于其高电平的时间 t_{hi}。因此，PWM 信号的脉冲宽度与其周期之比，称为 PWM 信号的占空比，即

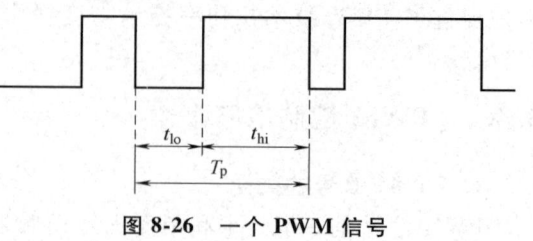

图 8-26　一个 PWM 信号

$$\delta = \frac{T_w}{T_p} \times 100\% = \frac{t_{hi}}{t_{lo}+t_{hi}} \times 100\%$$

式中，δ 为 PWM 的占空比。

当占空比恒定时，对 PWM 周期进行调节，这样的 PWM 称为脉冲频率调制。

3. PWM 数字信号的发生

对于周期和占空比相同的 PWM 信号，中心对称型 PWM 信号和边沿对称型 PWM 信号的高低电平跳变的时刻不同。对于占空比不同的 PWM 信号，每个周期的 PWM 信号的电平跳变的时刻也不相同。然而，它们都需要一个 PWM 周期的信号发生器和一个 PWM 占空比的信号发生器，两者进行比较，产生每个周期的 PWM 的电平跳变时刻，触发 PWM 输出信号翻转。中心对称型 PWM 信号采用等腰三角形参考波产生 PWM 的周期信号，等腰三角波的周期等于 PWM 周期的 2 倍。边沿对称型 PWM 信号采用锯齿波产生 PWM 的周期信号，锯齿波的周期等于 PWM 周期。

嵌入式微控制器常配置 PWM 模块，它的基本组成有时钟、PWM 计数器、PWM 占空比寄存器、比较器和 PWM 周期寄存器等，如图 8-27 所示。时钟是 PWM 模块的计数基准，PWM 计数器可以上行计数器或下行计数器。PWM 周期寄存器与比较器存放 PWM 的周期时间 t_{per}，并比较产生每个 PWM 周期的周期执行信息。PWM 占空比寄存器与比较器存放 PWM 的占空比关联时间 t_{dty}，并比较产生每个 PWM 周期的占空比执行信息，触发或驱动外部设备。PWM 计数器的功能设置包括计数方向和复位等。

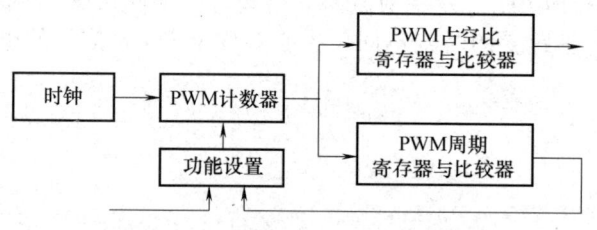

图 8-27　PWM 数字信号发生器框图

PWM 信号的波形如图 8-28 所示，中心对称型 PWM 信号的低电平时间、高电平时间、脉冲宽度、周期和占空比如下：

$$t_{lo} = 2t_{dty}$$
$$t_{hi} = 2(t_{per} - t_{dty})$$
$$t_w = 2(t_{per} - t_{dty})$$
$$T_p = 2t_{per}$$
$$\delta = \frac{t_{per} - t_{dty}}{t_{per}} \times 100\%$$

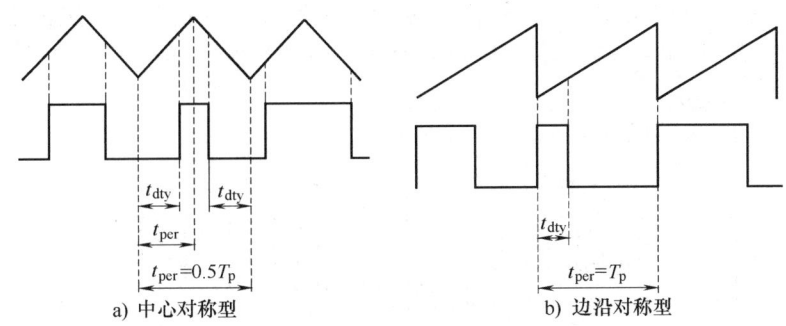

图 8-28 PWM 信号波形

同理,左边对称型 PWM 信号的低电平时间、高电平时间、脉冲宽度、周期和占空比如下:

$$t_{lo} = t_{per} - t_{dty}$$
$$t_{hi} = t_{dry}$$
$$t_w = t_{dty}$$
$$t_p = t_{per}$$
$$\delta = \frac{t_{dty}}{t_{per}} \times 100\%$$

延展阅读:打好新能源汽车电路基础,助力新能源汽车大发展!

积极响应国家的教育方针,以立德树人为根本,以扎实掌握技能为核心,时刻关注新能源汽车技术发展新态势和新动向,遵循"理论知识适度、实践技能突出"的原则,努力学习新能源汽车技术知识和技能,为国家新能源汽车产业发展贡献自己的力量。

8.4.2 PWM 控制电路的应用

1. PWM 直流斩波电路

(1)PWM 直流斩波原理 工程上,一般将以开关管按一定控制规律调制且无变压器隔离的 DC/DC 变换器称为直流斩波器。直流斩波电路主要工作方式是 PWM,基本原理是通过开关管把直流电斩成方波(脉冲波),通过调节方波的占空比(脉冲宽度与脉冲周期之比)来改变电压。

如图 8-29 所示,输入电压 U_i 通过开关与负载串联,当开关闭合时,输出电压等于输入电压,即 $U_o = U_i$;而当开关断开时,输出电压等于零,即 $U_o = 0$。得到基本电压变换电路的输出电压波形。

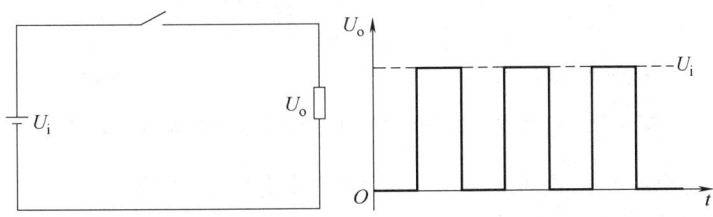

图 8-29 输入电压 U_i 与负载串联和输出电压 U_o 波形

用可控的功率开关管代替开关，输入一定的控制信号，控制电路的交替通断，获得可调的输出电压，达到降压的目的。图 8-30 所示为基本斩波电路与输出电压波形。

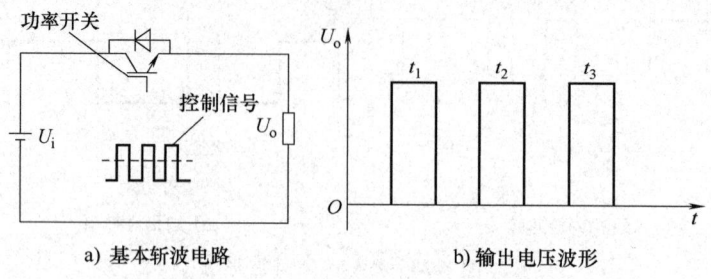

a) 基本斩波电路　　　　　　b) 输出电压波形

图 8-30　基本斩波电路与输出电压波形

$$U_o = \frac{t_1 + t_2 + t_3}{T} U_i \quad U_o \leq U_i$$

由上式可知，在周期 T 不变的情况下，改变导通时间就可以改变 U_o 的大小。将功率开关的导通时间与开关周期之比定义为占空比，用 δ 表示，则

$$\delta = \frac{t_1 + t_2 + t_3}{T}$$

由于占空比 $\delta \leq 1$，所以输出电压 U_o 小于或等于输入电压 U_i。因此，改变 δ 值就可以改变输出电压平均值的大小。而占空比的改变可以通过改变导通时间或周期来实现。

（2）斩波电路控制信号

1）脉冲宽度调制（PWM）（图 8-31a）：即维持方波周期 T 不变，改变导通时间 t_{on}。在这种控制方式中，输出电压波形的周期或频率是不变的，因此输出谐波的频率也是不变的，这使得滤波器的设计变得较为容易，并得到普遍应用。

2）脉冲频率调制（PFM）（图 8-31b）：即维持 t_{on} 不变，改变 T。在这种控制方式中，由于输出电压波形的周期或频率是变化的，因此输出谐波的频率也是变化的，这使得滤波器的设计比较困难，输出波形谐波干扰严重，一般很少采用。

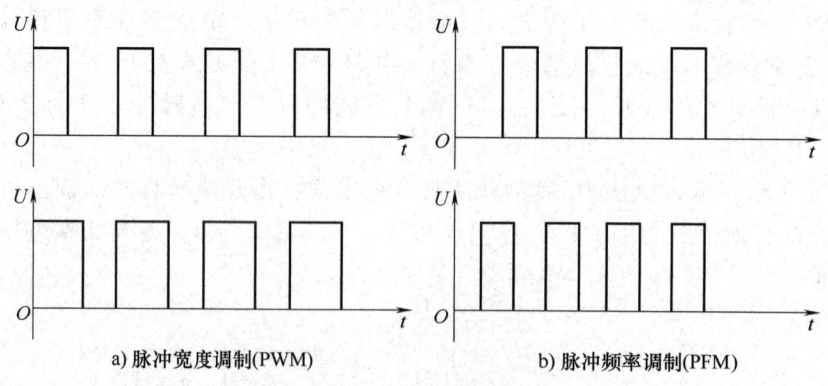

a) 脉冲宽度调制(PWM)　　　　　　b) 脉冲频率调制(PFM)

图 8-31　脉冲宽度调制（PWM）和脉冲频率调制（PFM）

3）调频调宽混合控制：这种控制方式不但要改变 t_{on}，也要改变 T。其特点是：可以大幅提高输出范围，但由于频率是变化的，也存在着设计滤波器较难的问题。

（3）升压斩波电路

1）升压电路：直流升压变换器也称为并联开关变换器，由功率开关、二极管、储能电感、滤波电容等组成，如图 8-32 所示。

2）升压原理：通过电感元件组成升压斩波电路，如图 8-33 所示，当开关管 VT 导通时，电流通过电感 L 时会在 L 中存储能量，此时负载上的电压由 C 提供；当开关管 VT 关断时，电感 L 释放能量，输出电压为输入电压 U_i 与 L 产生的

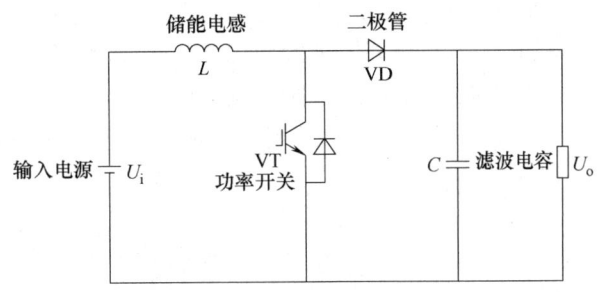

图 8-32　直流升压电路组成

电压相加，故提高了输入电压。该电路称为升压斩波电路或直流升压变换器，输出电压 $U_o = U_i/(1-\delta)$，δ 是占空比，值必须小于 1。

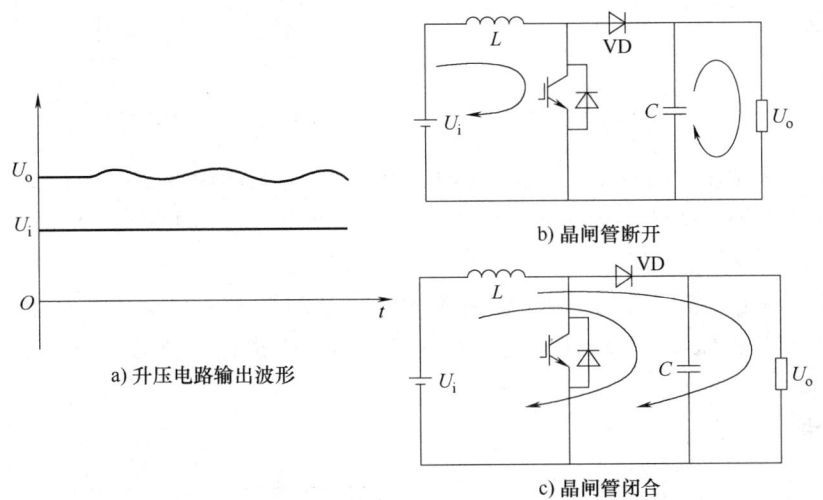

图 8-33　升压电路晶闸管断开和闭合时的输出波形

综上可总结如下：

① 晶闸管断开时：$U_o = U_i + U_L$；$U_C = U_i + U_L$（电源和电感给负载供电并给电容充电）。

② 晶闸管闭合时：$U_o = U_C$；$U_L = U_i$（电源给电感充电，电容给负载供电）。

③ 如图 8-33 所示，假设控制信号为 PWM 波，占空比为 δ，则 $U_o = U_i/(1-\delta)$（$0 \leq \delta \leq 1$）。

（4）降压斩波电路

1）降压电路：降压电路结构组成如图 8-34 所示。为了抑制输出电压脉动，在基本原理电路中加入滤波电容 C；为了限制开关管 VT 导通时的电流应力，将缓冲电感串入开关管 VT 的支路中；为了避免开关管 VT 关断时缓冲电感中电流的突变，加入续流二极管 VD。

2）降压原理：直流斩波电路是使用广泛的

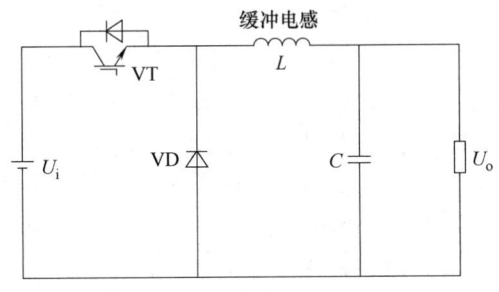

图 8-34　直流降压电路

直流变换电路。开关管 VT 把输入的 U_i 斩成方波输出到 R 上，图 8-35 所示为斩波后的波形，方波的周期为 T，在 VT 导通时输出电压等于 U_i，导通时间为 t_{on}，在 VD 关断时输出电压等于 0，关断时间为 t_{off}，占空比 $\delta = t_{on}/T$，方波电压的平均值与占空比成正比。

图 8-36 所示方波为连续输出波形，其平均电压如图中折线所示。改变脉冲宽度即可改变输出电压，在时间 t_1 前脉冲较宽、间隔较窄，平均电压 U_{o1} 较高；在时间 t_1 后脉冲变窄，平均电压 U_{o2} 降低。固定方波周期 T 不变，改变占空比调节输出电压就是 PWM 法，称之为定频调宽法。

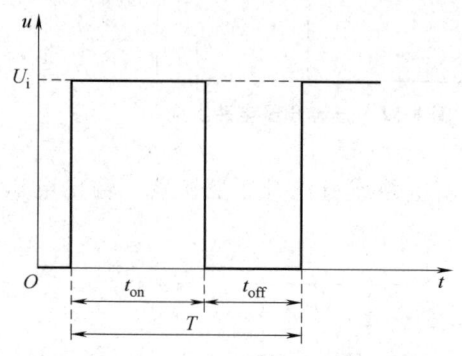

图 8-35　输入电压 U_i 斩波后的波形

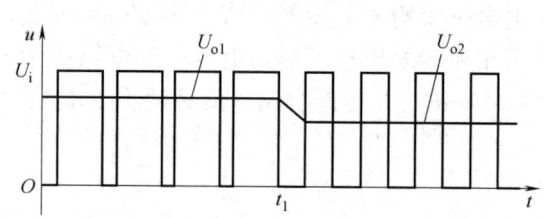

图 8-36　方波连续输出波形和平均电压

由于输出电压比输入电压低，称之为降压斩波电路。方波脉冲不能算直流电源，实际使用时要加上滤波电路，图 8-37 所示是加 LC 滤波的电路，L 是滤波电感，C 是滤波电容，VD 是续流二极管。当 VT 导通时，L 与 C 储能，向负载输电；当 VT 关断时，C 向负载输电，L 通过 VD 向负载输电。输出方波选用的频率较高，一般是数千赫兹至几十千赫兹，故电感体积很小，输出波纹也不大。电路输出电压 $U_o = \delta U_i$（δ 是占空比，值为 0~1）。

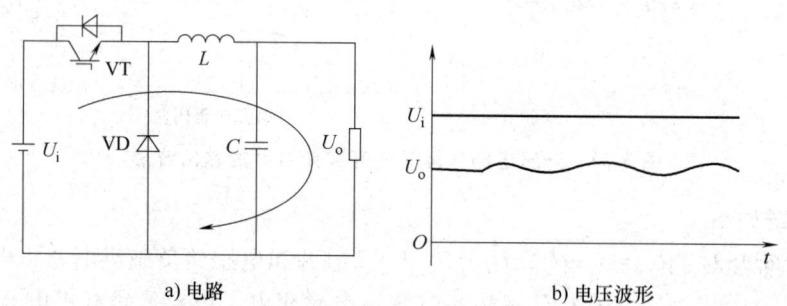

a) 电路　　　　　　　　　　b) 电压波形

图 8-37　带有 LC 滤波的降压斩波电路与电压波形

2. PWM 整流电路

PWM 整流电路由全控性功率开关器件构成，采用 PWM 控制方式。当 PWM 整流电路从电网接收电能时，工作于整流状态；当 PWM 整流电路向电网反馈电能时，则工作于有源逆变状态。根据不同的分类，PWM 整流电路有不同的类型，按电路的输出特性，PWM 整流电路可分为电压型和电流型，两者的区别在于直流侧滤波形式的不同，电压型整流电路采用大电容，电流型整流电路则采用大电感。电压型 PWM 整流电路应用更为广泛。

（1）单相电压型 PWM 整流电路　单相电压型 PWM 整流电路最初应用于电力机车交流传动系统，为牵引变流器提供直流电源。单相电压型 PWM 整流电路如图 8-38 所示，每个桥臂由 1 个全控器件和反并联的整流二极管组成，L_1 为交流侧附加的电抗器，起平衡电压、支撑无功功率和储存能量的作用；u_N 是正弦波电网电压，是 U_o 整流电路的直流侧输出电压；u_s 是交流侧输入电压，u_G 是 PWM 控制方式下的脉冲波，其基波与干电网电压同频率，幅值和相位可控；i_N 是 PWM 整流器从电网吸收的电流。电网可以通过整流二极管 VD_1~VD_4 完成能量从交流侧向直流侧的传递，也可以经全控器件 VT_1~VT_4，从直流侧逆变为交流侧，反馈给电网，所以 PWM 整流器的能量变换是双向的，而能量的传递趋势是整流还是逆变，主要取决于 VT_1~VT_4 的脉宽调制方式。图 8-38 中串联型滤波器的谐振频率是基波频率的 2 倍，从而可以短路交流侧的偶次谐波。

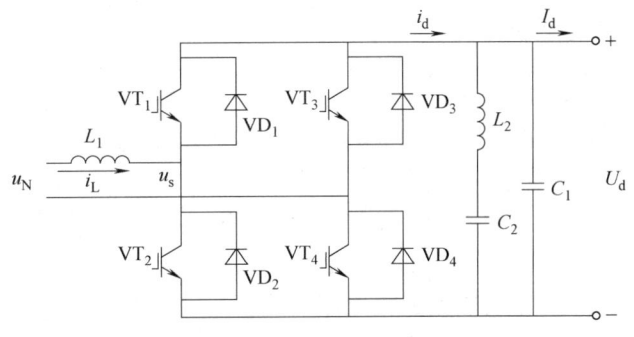

图 8-38 单相电压型 PWM 整流电路

（2）三相电压型 PWM 整流电路 三相电压型 PWM 整流电路如图 8-39 所示。这是最基本的 PWM 整流电路，应用也最广泛。u_A、u_B、u_C 为交流侧电源电压，i_A、i_B、i_C 为交流侧电源电流，L 为电抗器即电路的电感，C 为直流侧滤波电容。

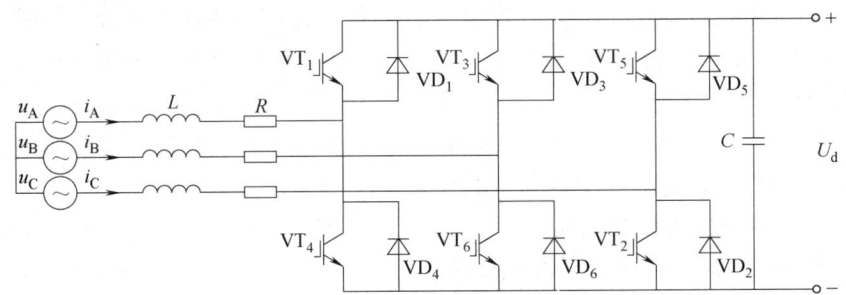

图 8-39 三相电压型 PWM 整流电路

三相电压型 PWM 整流电路具有更快的响应速度和更好的输入电流波形，稳态工作时，输出电流、电压不变，开关器件按正弦规律脉宽调制。整流器交流侧的输出电压与逆变器相同，忽略整流电路输出交流电压的谐波，变换器可以看作是可控正弦三相电源，它和正弦的电源高电压共同作用于输入电感，产生正弦电流波形，适当控制整流电路输出电压的间隔值和相位，就可以获得所需大小和相位的输入电流。

小结

电子电路转换技术是新能源汽车调速和转向等动力控制系统的关键技术，其基本作用就是通过合理、有效地控制电源系统电压、电流的输出和驱动电机电压、电流的输入，完成对驱动电机转矩、转速和旋转方向的控制。DC/AC 逆变电路是应用电力电子器件将直流（DC）电转换成交流（AC）电的一种变流装置。新能源汽车驱动电机大部分采用交流电，动力蓄电池为直流高压电，动能回收时需要将驱动电机回收的交流电转换为动力蓄电池的直流电，AC/DC 变换电路正是将交流（AC）电变换成直流（DC）电的重要电路。

AC/AC 变换电路是把一种形式的交流（AC）电转变成另一种形式的交流（AC）电的电力电子装置电路。脉冲宽度调制（PWM）技术通常利用半导体器件的导通和关断把直流电压变成一定周期和宽度的电压脉冲序列，以实现变电压、变电流、变频、控制和消除谐波的目标。

课后练习

一、填空题

1. 新能源汽车电压包括_____、_____等不同形式的高低电压，以满足新能源汽车不同_____和_____。

2. 逆变电路的应用非常广泛，在已有的各种电源中，_____、_____、_____等都是直流电源，当需要这些电源向_____供电时，就需要逆变电路。

3. 单相电压型逆变电路分为_____、_____和_____的逆变电路。

4. 新能源汽车驱动电机大部分采用_____，动力蓄电池为_____，动能回收时需要将驱动电机回收的_____转换为_____。

5. 新能源汽车电源电路中的 AC/DC 变换电路主要由_____组成，其主要作用是利用_____将交流电转换成_____。

6. 广泛应用的三相桥式整流电路是由两组_____串联而成的，一组接成_____，另一组接成_____，这种整流电路不再需要变压器中点。

7. AC/AC 变换电路是把一种形式的_____电能转变成另一种形式的_____的电力电子装置电路。

8. 恒频变压 AC/AC 变换电路，通常称为_____电路，是指由晶闸管等电力半导体器件构成的，把一种_____变成另一种_____变换装置。

9. 变频 AC/AC 变换电路直接将_____的交流电变换为所需_____的交流电。

10. 交流/交流（AC/AC）变频器广泛应用于_____、_____的交流电动机调速传动，也用于_____、_____、交流励磁变速、_____的励磁电源等。

11. 三相变频 AC/AC 变换电路主要用于_____，因此实际使用的主要是_____变换器。

12. 三相变频 AC/AC 变换电路接线形式主要有_____方式和_____方式两种。

13. 脉冲宽度调制技术通常利用半导体器件的_____和_____把直流电压变成一定_____和_____的电压脉冲序列。

14. PWM 信号是一串_____和_____固定而脉冲_____变化的脉冲。

15. 嵌入式微控制器常配置 PWM 模块，它的基本组成有_____、_____、_____寄存器、比较器和_____寄存器等。

16. 工程上，一般将以开关管按一定_____且无_____的 DC/DC 变换器称为直流斩波器。

17. 单相电压型 PWM 整流电路最初应用于_____系统中，为_____提供直流电源。

18. 三相电压型 PWM 整流电路是最基本的_____，应用也最_____。

19. 三相电压型 PWM 整流电路具有更快的_____和更好的_____，稳态工作时输出电流电压不变,开关器件按_____调制。

二、问答题

1. 简述电压型逆变电路的特点。
2. 简述电流型逆变电路的主要特点。
3. 简述 AC/DC 变换电路的功能。
4. 简述单相变频 AC/AC 变换电路的工作原理。
5. 简述 PWM 数字信号的发生过程。
6. 简述 PWM 直流斩波原理。
7. 简述降压斩波电路降压原理。
8. 简述升压斩波电路升压原理。
9. 简述单相电压型 PWM 整流电路的工作原理。
10. 简述三相电压型 PWM 整流电路的工作原理。

第9章

数字电路

学习目标

- 了解基本逻辑门电路、集成逻辑门电路的功能和工作原理。
- 了解基本 RS、JK 触发器的工作原理，掌握它们的逻辑功能。
- 掌握加法器、编码器、译码器的功能和基本工作原理。
- 理解寄存器、计数器、555 定时器的工作原理。
- 理解 A/D、D/A 转换器的功能作用。

9.1 数字电路的基本概念

9.1.1 模拟信号与数字信号

模拟信号为在时间和数值上连续的信号，如电视的图像和伴音信号。模拟信号的特征是无论从时间或信号幅度上看都是连续变化的，其信号特点是幅值可由无限个数值表示。常用传感器将从自然界感知的大部分物理信号，如速度、压力、温度、声音、质量、位置等转换成电信号，这些电信号就是最常见的模拟信号。

数字信号为在时间和数值上不连续的信号，其特征是幅值被限制在有限个数值之内。数字信号是一种离散、脉冲有无的组合形式，最常见的数字信号是幅度取值只有两种（用 0 和 1 代表）的信号，称为二进制信号。生活中存在大量的数字信号，如电源开关的通断、事件的出现与消失、电子表的秒信号、生产中自动记录零件个数的计数信号等。图 9-1 所示为模拟信号和数字信号时域描述的波形。

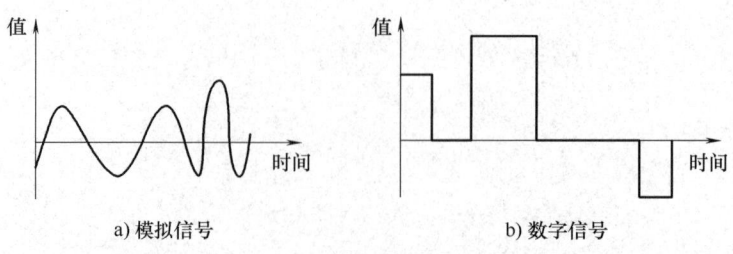

图 9-1　模拟信号和数字信号时域描述的波形

9.1.2 数字信号与数字电路

1. 数字信号

数字信号是脉冲信号，所谓脉冲信号是指在短时间内断续作用的跃变信号，其持续作用的时间可短至几微秒，甚至几纳秒。图9-2所示为常见脉冲信号波形。在工业检测与控制的数字电路中最常用的是矩形脉冲信号，它一般是电压波形，可用电位的高低来表示，分别称为高电平和低电平。

高电平和低电平是数字信号的两种状态，一般高电平是指高电位，低电平是指低电位。电位的高低划分由具体的数字电路决定。通常情况下数字电路设计 3.5~5V 是高电平，而 0~1.5V 为低电平。

实际上，矩形脉冲的前后沿不是垂直的，即脉冲的跃变需要一定的时间才能完成。图9-3为一个实际的矩形脉冲波形，现以它为例来说明脉冲信号波形的一些参数。

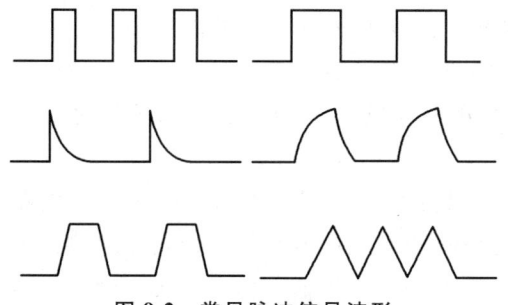

图 9-2 常见脉冲信号波形

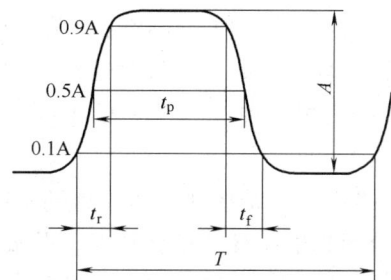

图 9-3 实际的矩形脉冲波形

1）脉冲幅度 A：脉冲高低电平之间的差值，即脉冲信号变化的最大值。

2）脉冲上升时间 t_r：脉冲信号从 0.1A 上升到 0.9A 所需的时间，波形图上称为脉冲上升沿，t_r 越小，脉冲上升越快，波形上升沿越陡，波形也越好。

3）脉冲下降时间 t_f：脉冲信号从 0.9A 下降到 0.1A 所需的时间，波形图上称为脉冲下降沿，t_f 越小，脉冲下降越快，波形下降沿越陡。

脉冲上升时间 t_r 和脉冲下降时间 t_f 越小，脉冲波形越接近矩形，对应的数字信号越规范、标准。

4）脉冲宽度 t_p：从脉冲上升沿 0.5A 处到下降沿 0.5A 处的时间间隔。

5）脉冲周期 T：周期性脉冲信号前后两次出现的时间间隔。

6）脉冲频率 f：每秒内脉冲出现的次数，即为周期 T 的倒数。

7）占空比 D：脉冲宽度与脉冲周期比值的百分数，即 $D = \dfrac{t_p}{T} \times 100\%$。

2. 数字电路

数字电路是电子电路中另一大类电路，数字电路就是用以传递、加工和处理数字信号的电路。数字电路是基于逻辑代数的知识，研究数字信号的编码、译码、比较、选择、运算、存储、数/模转换等的电路。

（1）数字电路的特点　数字电路与模拟电路相比，具有以下特点：

1）电路结构简单、容易制造，便于集成和系列化生产。

2）不仅具有算术运算功能，还具有一定的"逻辑思维功能"。电路的输出与输入之间的关系是逻辑关系，因此数字电路又称为逻辑电路。目前，数字电路已经成为现代电子系统的核心和基本电路，是现代电子系统的基础电路之一。

3）电路抗干扰能力强、精度高。由于数字电路的信号传输、交换和处理都是二值信息，尽管数字信号受到的干扰与模拟信号是相同的，但只要数字信号受到干扰的幅度不大，其状态就不易改变，经整形电路处理后仍然可以恢复原状，不易产生畸变，因而抗干扰能力强。

4）能够实现数字信号长期存储。

5）保密性好。在数字电路中可以采用各种编码技术，进行加密处理，使信息资源不易被窃取。

6）通用性强。可以采用标准化的逻辑部件构成各种数字系统。

（2）数字电路的分类

1）按集成度，数字电路可分为小规模、中规模、大规模和超大规模数字集成电路，从应用的角度数字电路又可分为通用型和专用型两大类型。

2）按所用器件制作工艺的不同，数字电路可分为双极型（TTL 型）和单极型（MOS 型）两类。

3）按电路的结构和工作原理的不同，数字电路可分为组合逻辑电路和时序逻辑电路两类。组合逻辑电路没有记忆功能，其输出信号只与当时的输入信号有关，而与电路以前的状态无关。时序逻辑电路具有记忆功能，其输出信号不仅与当时的输入信号有关，而且与电路以前的状态也有关。

9.2 逻辑门电路

逻辑运算中，为了描述事物两种对立的逻辑状态，采用仅有两个取值的变量。这种变量称为逻辑变量。逻辑变量可用字母表示，逻辑变量的取值只有 0 和 1 两种可能，代表逻辑变量的两种状态。它们之间只能按照某种逻辑关系进行逻辑运算。

9.2.1 基本逻辑门电路

1. 与门（逻辑与）

图 9-4a 给出了指示灯的两开关串联控制电路。由图可知，只有 A 和 B 两个开关全都接通时，指示灯 Y 才会亮；如果有一个开关不接通，或两个开关均不接通，则指示灯不亮。由此例可以得到这样的逻辑关系：只有决定事物结果（灯亮）的几个条件（开关 A 和 B 接通）同时满足时，结果才会发生。这种因果关系称为逻辑与，也叫与逻辑关系。图 9-4b 所示为与逻辑符号。

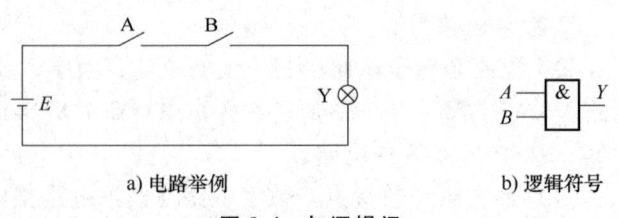

a) 电路举例　　　　　　　　　b) 逻辑符号

图 9-4　与逻辑门

为了详细描述逻辑关系，常把"条件"和"结果"的各种可能性列成表格对应表示出来，表 9-1 所示为与逻辑状态表。

如果用二值逻辑变量来表示上述关系，假设开关接通和灯亮均用 1 表示；开关不接通（断）和灯不亮（灭）均用 0 表示，则可得到表 9-2。这种用逻辑变量的取值反映逻辑关系的表格称为逻辑真值表，简称真值表。在逻辑代数中，把逻辑变量之间逻辑与关系称为与运算，也叫逻辑乘运算，并用符号"·"表示与。因此，A、B 和 Y 的与逻辑关系表达式为

$$Y = A \cdot B$$

表 9-1　逻辑状态表

开关 A	开关 B	灯 Y
断开	断开	灭
断开	闭合	灭
闭合	断开	灭
闭合	闭合	亮

表 9-2　与逻辑真值表

A	B	Y
0	0	0
0	1	0
1	0	0
1	1	1

2. 或门（逻辑或）

图 9-5a 给出了指示灯的两开关并联控制电路。显而易见，只要任何一个开关（A 或 B）接通或两个均接通，指示灯 Y 都会亮；如果两个开关均不接通，则灯不亮。由此可以得到另一种逻辑关系：在决定事物结果的几个条件中，只要满足一个或一个以上条件时，结果就会发生；否则结果不会发生。这种因果关系称为逻辑或，也叫或逻辑关系。或逻辑关系也可以用逻辑符号表示，如图 9-5b 所示。

按照前述假设，用二值逻辑变量不难列出或逻辑关系的真值表，见表 9-3。

逻辑变量之间逻辑或关系称为或运算，也叫作逻辑加法运算，因此 A、B 和 Y 的逻辑关系表达式为

$$Y = A + B$$

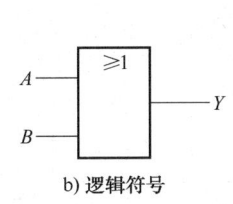

a) 电路举例　　　b) 逻辑符号

图 9-5　或逻辑门

表 9-3　或逻辑真值表

A	B	Y
0	0	0
0	1	1
1	0	1
1	1	1

3. 非门（逻辑非）

由图 9-6a 所示电路可知，当开关 A 接通时，指示灯 Y 不亮；而当开关 A 不接通时，指示灯亮。它所反映的逻辑关系是：当某一条件满足时，结果却不发生；而这一条件不满足时，结果才会发生。这种因果关系称为逻辑非，也叫非逻辑关系。非逻辑符号如图 9-6b 所示，图中小圈表示非运算。

假设开关接通和灯亮均用 1 表示，开关不接通和灯不亮均用 0 表示，则可得到非逻辑真值表，见表 9-4。

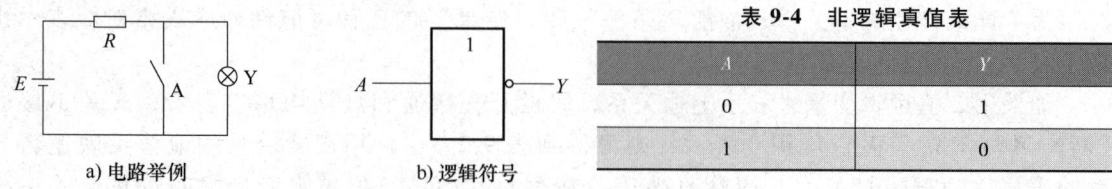

图 9-6 非逻辑门

表 9-4 非逻辑真值表

A	Y
0	1
1	0

在逻辑代数中，逻辑非称为非运算，也称作求反运算。通常在变量上方加一短线表示非运算，所以其逻辑表达式可写为

$$Y = \overline{A}$$

4. 常用的复合逻辑门

与、或、非 3 种逻辑门是最基本的逻辑关系。利用 3 种逻辑门可以组合成几种常用的复合逻辑门，以实现各种预期的逻辑功能。表 9-5 给出了常用的复合逻辑运算的名称、逻辑符号和逻辑函数式。

表 9-5 常用的复合逻辑门

名称	与非门	或非门	异或门	同或门	与或非门
逻辑符号	A&B→Y	A≥1 B→Y	A=1 B→Y	A=1 B→Y	A B C D &→Y
逻辑函数式	$Y=\overline{AB}$	$Y=\overline{A+B}$	$Y=A\oplus B$	$Y=A\odot B$	$Y=\overline{AB+CD}$

9.2.2 集成逻辑门电路

74 系列 TTL 集成逻辑器件是国际上通用的标准器件，有多种系列，图 9-7 所示为两种常见的 74 系列 TTL 与非门外引线排列图。在一片集成器件内，各逻辑门共用电源和地线，但互相独立，可以单独使用。74LS00 内含 4 个二输入的与非门，74LS20 内含 2 个四输入的与非门。

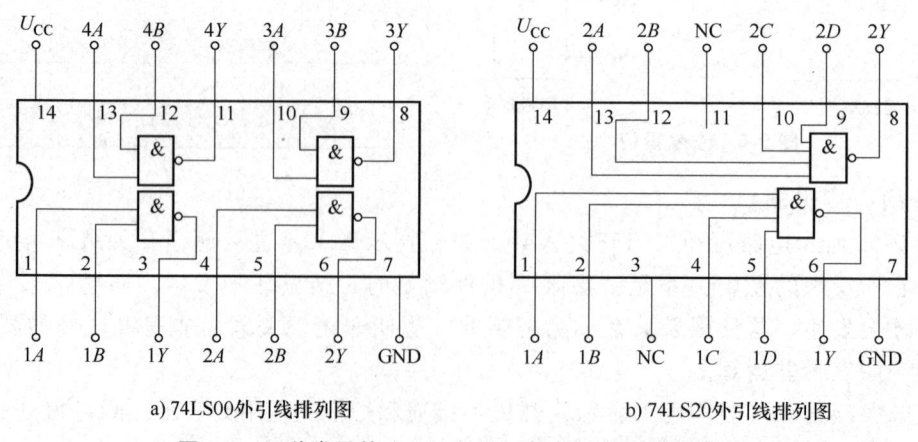

a) 74LS00 外引线排列图　　　　b) 74LS20 外引线排列图

图 9-7 两种常见的 74 系列 TTL 与非门外引线排列图

9.3 组合逻辑电路

组合逻辑电路是由逻辑门电路组成的。组合逻辑电路任何时刻的输出状态只取决于该时刻的输入状态。描述组合逻辑电路功能的方法主要有逻辑表达式、真值表和逻辑图等。组合逻辑电路的分析主要是根据给定的逻辑图,找出输出信号和输入信号的逻辑关系,从而确定其逻辑功能。

9.3.1 加法器

在电子计算机和数字系统中,通常要进行加、减、乘、除等算术运算,而这些运算均是利用加法器来进行的,因此加法器是数字系统中最基本的运算单元。其中以二进制加法最简单。

1. 半加器

不考虑低位的进位,只求本位的两个二进制数相加,称为半加。设两个一位二进制数 A、B 相加,S 表示 A 和 B 两个数半加和,C 为进位。根据二进制数加法运算法则,可以列出半加器的真值表,见表 9-6。

表 9-6 半加器真值表

A	B	S	C
0	0	0	0
0	1	1	0
1	0	1	0
1	1	0	1

根据上面的分析,半加器可用一个异或门和一个与门实现。半加器的逻辑图和逻辑符号如图 9-8 所示。

2. 全加器

全加器除了最低位是加数和被加数两个二进制数相加,而对于其他位而言,不仅要考虑该位的被加数 A_i、加数 B_i,而且要考虑来自低位的进位 C_{i-1}。这三个数相加,得到本位和数 S_i 及进位 C_i,实现这种加法运算功能的电路称为全加器。全加器的逻辑图和逻辑符号如图 9-9 所示,逻辑真值表见表 9-7。

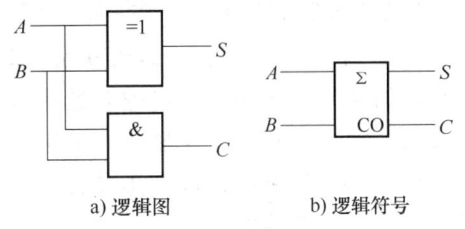

a) 逻辑图　　　　b) 逻辑符号

图 9-8 半加器的逻辑图和逻辑符号

由真值表可以看出,和函数 S_i 就是奇数电路,即输入变量为奇数个 1 时 S_i 为 1,否则为 0。进位函数就是一个三变量的多数表决器。两者凑起来组成一个全加器,但这不是最佳方案。采用异或门电路或与非门电路较简便。

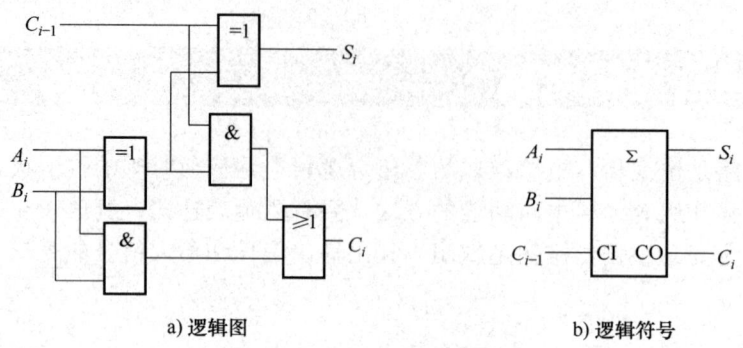

a) 逻辑图   b) 逻辑符号

图 9-9 全加器逻辑图和逻辑符号

表 9-7 全加器真值表

A_i	B_i	C_{i-1}	C_i	S_i
0	0	0	0	0
0	0	1	0	1
0	1	0	0	1
0	1	1	1	0
1	0	0	0	1
1	0	1	1	0
1	1	0	1	0
1	1	1	1	1

9.3.2 编码器

现实生活中的各种代码,如身份证号码、电话号码、车牌号码等都表示某些特定的含义。这种用数字按一定规律编排成不同的代码,表示某一对象或信息的过程,称为编码。用来实现编码功能的电路称为编码器。

1. 二进制编码器

1 位二进制数可表示 "0" 和 "1" 两种状态,n 位二进制数则有 2^n 种状态。2^n 种状态能表示 2^n 个数据和信息。编码就是对 2^n 种状态进行人为的数值指定,给每一种状态指定一个具体的数值。例如 3 位二进制数有 8 种状态,可指定它们来表示 0~7 的数,也可指定它们表示 8 种特定的含义。显然,由于指定是任意的,故编码方案也有多种。

对于二进制来说,最常用的是自然数的二进制编码,因为它有一定的规律性,便于记忆,也有利于电路的连接。

2. 二-十进制编码器

将十进制的十个数码 0、1、2、3、4、5、6、7、8、9 编成二进制代码的电路称二-十进制编码器。

(1) 确定二进制代码的位数 编码的输入信号为 I_0、I_1、I_2、I_3、I_4、I_5、I_6、I_7、I_8、I_9 共有 10 个(即 $N=10$,$N=2^n \geqslant 10$,得 $n=4$),可知输出为四位二进制代码。

（2）列编码表　四位二进制代码共有 16 种状态，其中任何 10 种都可以表示 0~9 这 10 个数码，编码方案很多，最常用的是按 8421 编码方式编码，见表 9-8。

表 9-8　8421 编码表

输入信号										输出信号			
I_0	I_1	I_2	I_3	I_4	I_5	I_6	I_7	I_8	I_9	Y_3	Y_2	Y_1	Y_0
1	0	0	0	0	0	0	0	0	0	0	0	0	0
0	1	0	0	0	0	0	0	0	0	0	0	0	1
0	0	1	0	0	0	0	0	0	0	0	0	1	0
0	0	0	1	0	0	0	0	0	0	0	0	1	1
0	0	0	0	1	0	0	0	0	0	0	1	0	0
0	0	0	0	0	1	0	0	0	0	0	1	0	1
0	0	0	0	0	0	1	0	0	0	0	1	1	0
0	0	0	0	0	0	0	1	0	0	0	1	1	1
0	0	0	0	0	0	0	0	1	0	1	0	0	0
0	0	0	0	0	0	0	0	0	1	1	0	0	1

逻辑图如图 9-10 所示。计算机的键盘输入电路就是由编码器组成的。按下某一个按键就输入相应的一个十进制数码。如按下 S_5 键，输入 5，即 $I_5=1$，其他均为 0，输出为 0101，从而将十进制数 5 编成二进制代码 0101；按下 S_0 键，$I_0=1$，其他均为 0，则输出 0000。

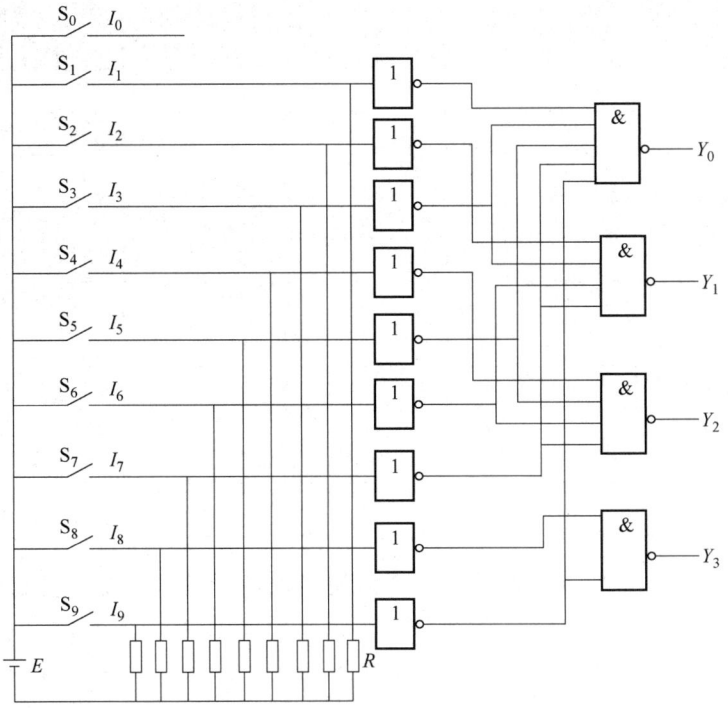

图 9-10　8421 编码器逻辑图

9.3.3 译码器和数码显示电路

译码是编码的逆过程。编码是将含有特定意义的信息编成二进制码;译码则是表示将特定意义信息的二进制码翻译出来。能完成译码功能的电路叫译码器。

1. 二进制译码器

二进制译码器就是要把用二进制编码的信号还原。CT74LS139 就是一个双 2 线-4 线译码器。除此以外,还有 3 线-8 线译码器、4 线-16 线译码器等。图 9-11 所示为常用的 3 线-8 线译码器 CT74LS138 的外引线排列图。它除了有 A_0、A_1、A_2 3 个代码输入端外,还有一个使能端 S_1 和两个控制端 $\overline{S_2}$、$\overline{S_3}$,这 3 个又称为片选端,作为扩展功能和级连使用,其逻辑功能表见表 9-9。从表中可以看出 S_1 高电平有效,$S_1=1$ 时,可以译码;$S_1=0$ 时,禁止译码,输出全为 1。$\overline{S_2}$、$\overline{S_3}$ 为低电平有效,若均为 0,可以译码;若其中有 1 或全为 1,则禁止译码,输出也为 1。

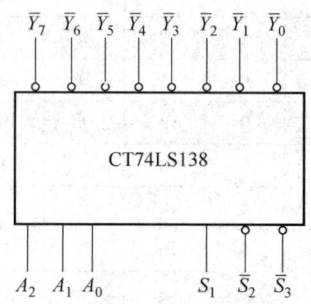

图 9-11 3 线-8 线译码器 CT74LS138 的外引线排列图

2. 显示译码器

在数字系统中,经常要把数据和运算结果用十进制数显示出来,以便人们观测。显示译码器能将二-十进制代码直接译成能用显示器件显示出来的十进制数。

表 9-9 3 线-8 线译码器的逻辑功能表

使能	控制		输入			输出							
S_1	$\overline{S_2}$	$\overline{S_3}$	A_0	A_1	A_2	$\overline{Y_0}$	$\overline{Y_1}$	$\overline{Y_2}$	$\overline{Y_3}$	$\overline{Y_4}$	$\overline{Y_5}$	$\overline{Y_6}$	$\overline{Y_7}$
×	1	0	×	×	×	1	1	1	1	1	1	1	1
×	0	1	×	×	×	1	1	1	1	1	1	1	1
0	×	×	0	0	0	1	1	1	1	1	1	1	1
1	0	0	0	0	0	0	1	1	1	1	1	1	1
1	0	0	1	0	0	1	0	1	1	1	1	1	1
1	0	0	0	1	0	1	1	0	1	1	1	1	1
1	0	0	1	1	0	1	1	1	0	1	1	1	1
1	0	0	0	0	1	1	1	1	1	0	1	1	1
1	0	0	1	0	1	1	1	1	1	1	0	1	1
1	0	0	0	1	1	1	1	1	1	1	1	0	1
1	0	0	1	1	1	1	1	1	1	1	1	1	0

(1) 半导体数码管 半导体数码管是当前使用最广泛的显示器件之一,它将十进制数码分成 7 个字段,每个字段为一只发光二极管,排列成图 9-12 所示的字形结构封装而成。当不同字段的二极管导通发光时,可显示出相应的字形。当 a、b、c、d、e、f、g 7 段全亮时,显示 8;当 b、c、f、g 亮时显示 4。

半导体数码管内部的 7 只发光二极管有共阴极和共阳极两种接法,如图 9-13 所示。对于共阴极接法的数码管，阴极接地，当任一字段接高电平时，该字段发光；而共阳极接法的数码管，阳极接高电平，只有当某一字段接低电平时，该字段才发光。

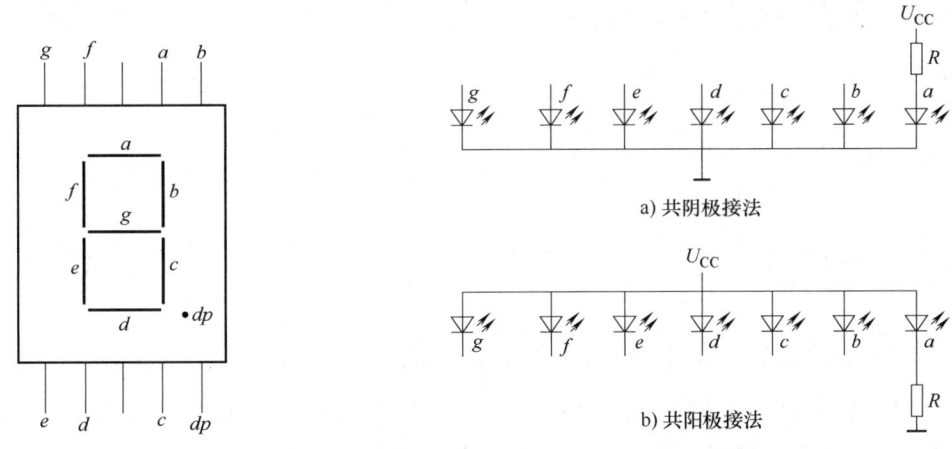

图 9-12　半导体数码管的结构　　　　图 9-13　数码管的两种接法

（2）液晶显示器　液晶即液态晶体，它既具有液体的流动性和连续性，又具有晶体的某些光学特性。其透明度和颜色受外加电场的控制，利用这一特点制成七段液晶数码显示器。当无电场作用时，液晶分子排列整齐，入射的光线绝大部分被反射回来，液晶呈透明状态，不显示数字；当相应的字段加外电场时，破坏了液晶分子的整齐排列，使入射光线被散射，透明的液体变浑浊，从而显示出相应的字形。当外加电场消失时，液晶又恢复到整齐排列状态，显示的数字也随之消失。

（3）七段显示译码器　七段显示译码器就是将 8421 代码译成对应的 7 个字段信号，驱动显示器显示出相应的十进制数码。图 9-14 所示为 74LS247 显示译码器逻辑功能示意图。表 9-10 所示为 74LS247 显示译码器逻辑功能表。A、B、C、D 为 4 个输入端，输入为 8421 码。$\bar{a} \sim \bar{g}$ 为 7 个输出端（低电平有效），$\overline{BI}$ 为消隐控制端，当 $\overline{BI}=0$ 时，7 个字段全灭，显示器不显示数字。$\overline{LT}$ 为试灯输入端，检查工作是否正常，$\overline{BI}=1$，$\overline{LT}=0$ 时，7 个字段全亮，显示 8。$\overline{RBI}$ 为灭 0 输入端，$\overline{BI}=1$，$\overline{LT}=1$，$\overline{RBI}=0$，输入均为 0 时，灭 0。

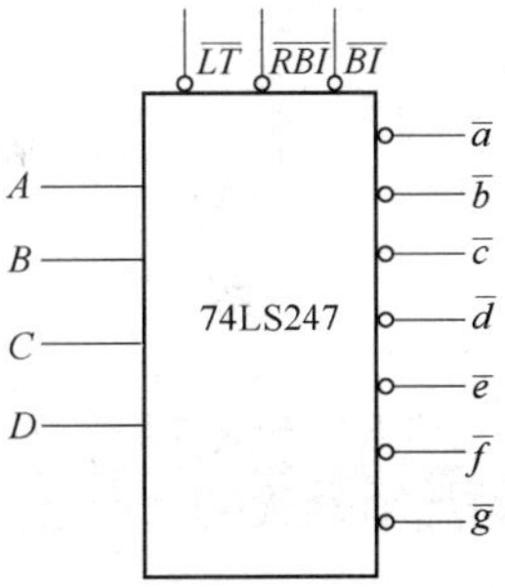

图 9-14　74LS247 显示译码器逻辑功能示意图

表 9-10　74LS247 显示译码器的逻辑功能表

十进制数	输入							输出							显示字符
	$\overline{LT}$	$\overline{RBI}$	$\overline{BI}$	D	C	B	A	$\bar{a}$	$\bar{b}$	$\bar{c}$	$\bar{d}$	$\bar{e}$	$\bar{f}$	$\bar{g}$	
0	1	1	1	0	0	0	0	0	0	0	0	0	0	1	0
1	1	×	1	0	0	0	1	1	0	0	1	1	1	1	1
2	1	×	1	0	0	1	0	0	0	1	0	0	1	0	2
3	1	×	1	0	0	1	1	0	0	0	0	1	1	0	3
4	1	×	1	0	1	0	0	1	0	0	1	1	0	0	4

（续）

十进制数	$\overline{LT}$	$\overline{RBI}$	$\overline{BI}$	D	C	B	A	$\overline{a}$	$\overline{b}$	$\overline{c}$	$\overline{d}$	$\overline{e}$	$\overline{f}$	$\overline{g}$	显示字符
5	1	×	1	0	1	0	1	0	1	0	0	1	0	0	5
6	1	×	1	0	1	1	0	1	1	0	0	0	0	0	6
7	1	×	1	0	1	1	1	0	0	0	1	1	1	1	7
8	1	×	1	1	0	0	0	0	0	0	0	0	0	0	8
9	1	×	1	1	0	0	1	0	0	0	1	1	0	0	9
试灯	0	×	1	×	×	×	×	0	0	0	0	0	0	0	8
消隐	×	×	0	×	×	×	×	1	1	1	1	1	1	1	熄灭
灭0	1	0	1	0	0	0	0	1	1	1	1	1	1	1	熄灭

（4）数码显示电路　图 9-15 所示为七段译码器 CT74LS247 和共阳极半导体数码管 BS204 的连接图，注意使用时每个二极管都要接限流电阻。

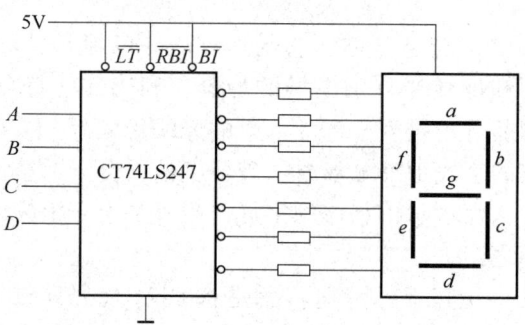

图 9-15　七段译码器和数码管的连接图

9.4　时序逻辑电路

时序逻辑电路是由组合逻辑电路和反馈电路组成的，它的输出状态不仅决定当时的输入状态，而且与原来的状态有关，具有记忆功能。

9.4.1　触发器

触发器具有两个稳定的状态，分别用来代表二进制数码 1 和 0。它可以保持所记忆的信息，只有在一定的外界触发信号作用下，它才能由一个稳定状态翻转到另一稳定状态，即存入新数码。所以，触发器具有记忆功能。

触发器按结构可分为基本型、主从型和维持阻塞型触发器等，按逻辑功能可分为 RS 触发器、JK 触发器、D 触发器和 T 触发器等。

1. 基本 RS 触发器

基本 RS 触发器是构成各种功能触发器的最基本单元。用两个与非门构成基本 RS 触发器的逻辑图如图 9-16a 所示。触发器具有两个输出端 Q 和 $\overline{Q}$，这两个输出端的状态是互补的。

常用 Q 端的逻辑电平表示触发器所处的状态。若 Q 为高电平、$\bar{Q}$ 为低电平，即 $Q=1$、$\bar{Q}=0$，则称触发器处于"1"状态；若 Q 为低电平、$\bar{Q}$ 为高电平，即 $Q=0$、$\bar{Q}=1$，则称触发器处于"0"状态。

另外规定，触发器初始状态称为"初态"或"现态"，用 Q_n 表示；在触发信号作用下的状态称为"次态"，用 Q_{n+1} 表示。

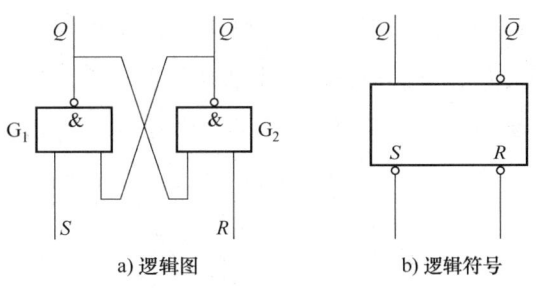

图 9-16 基本 RS 触发器

下面分 4 种情况分析其工作原理。

1) 当 $S=0$、$R=1$ 时，无论触发器原来的输出状态如何，$S=0$ 都将使与非门 G_1 对应的输出 $Q=1$，这时与非门 G_2 的两个输入均为高电平，其输出 $\bar{Q}=0$。

这种输出 $Q=1$、$\bar{Q}=0$ 的逻辑电平互反，对应触发器的 1 态，此时低电平有效的输入端 S 称为置位端（或置 1 端）。

2) 当 $S=1$、$R=0$ 时，无论触发器原来的输出状态如何，$R=0$ 都将使与非门 G_2 对应的输出 $\bar{Q}=1$，这时与非门 G_1 的两个输入均为高电平，其输出 $Q=0$。

这种输出 $Q=0$、$\bar{Q}=1$ 的逻辑电平互反，对应触发器的 0 态，此时低电平有效的输入端 R 称为复位端（或置 0 端）。

3) 当 $S=1$、$R=1$ 时，若原状态为 $Q_n=0$，则下一个状态 $Q_{n+1}=0$，若原状态为 $Q_n=1$，则下一个状态 $Q_{n+1}=1$，且输出 Q、$\bar{Q}$ 的逻辑电平符合互反规律，此时触发器保持原状态不变，具有记忆功能，$Q_{n+1}=Q_n$。

4) 当 $S=0$、$R=0$ 时，两个与非门 G_1、G_2 的输出端 Q、$\bar{Q}$ 都为 1，逻辑状态达不到互反的要求。而当输入端的负脉冲信号去除后，触发器的状态不确定，因此这种情况在使用中应禁止出现。

图 9-16b 是基本 RS 触发器的逻辑符号，逻辑符号方框外侧 R、S 对应的小圆圈表示低电平有效，输出信号的小圆圈对应 $\bar{Q}$ 端。

根据上述分析，基本 RS 触发器的逻辑功能表见表 9-11。

表 9-11 基本 RS 触发器的逻辑功能表

S	R	Q_{n+1}
1	0	0
0	1	1
1	1	Q_n
0	0	不定

2. 主从型 JK 触发器

（1）电路结构　图 9-17a 所示为主从型 JK 触发器的逻辑图，图 9-17b 是它的逻辑符号。

它由两个同步 RS 触发器组成，两者分别称为主触发器和从触发器。主触发器的输出 Q、$\overline{Q}$ 作为从触发器的输入，即从触发器的输入端 $S_从=Q$、$R_从=\overline{Q}$，而从触发器的输出 Q、$\overline{Q}$ 又馈送到主触发器的输入端，因此对于主触发器而言，其输入为 $R_主=KQ$，$S_主=J\overline{Q}$。

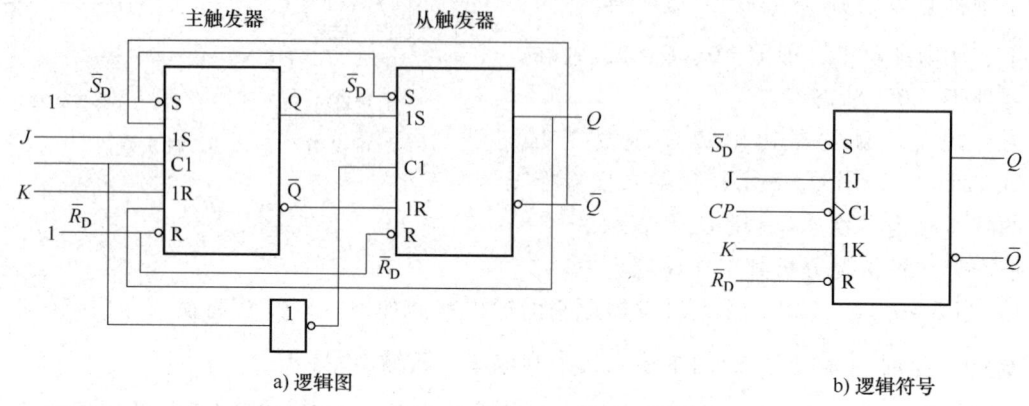

图 9-17 主从型 JK 触发器的逻辑图与逻辑符号

此外，还通过一个非门将两个触发器的时钟脉冲端连接起来。这就是 JK 触发器的主从型结构。

CP 信号通过一个非门将两个触发器联系起来。$CP=1$ 时，主触发器的输入端被打开，从触发器被封锁，保持状态不变；$CP=0$ 时，从触发器的输入端被打开，主触发器被封锁，保持状态不变。

（2）逻辑功能　下面分 4 种情况分析主从型 JK 触发器逻辑功能。

1）$J=K=1$。设时钟到来之前（$CP=0$）触发器的初始状态为 0 态（$Q_n=0$）。此时主发器的 $S_主=J\overline{Q}=1$，$R_主=KQ=0$。当时钟到来后（$CP=1$），主触发器翻转为 1 态，从触发器封锁。当 CP 从 1 下跳为 0 时，主触发器的输出作为从触发器的输入，使 $S_从=1$、$R_从=0$，从触发器输出也翻转为 1 态（$Q_{n+1}=1$）。

同理，若初始状态为 1 态（$Q_n=1$），当 CP 从 1 下跳为 0 时，输出翻转为 0 态（$Q_{n+1}=0$）。

可见，在 $J=K=1$ 时，无论触发器的初始状态如何，时钟脉冲的下降沿将使 JK 触发器的输出翻转一次（$Q_{n+1}=\overline{Q}_n$）。此时触发器具有计数功能。

2）$J=K=0$。触发器的输入端被封锁，CP 对触发器不起作用，所以输出保持原来状态（$Q_{n+1}=Q_n$）。

3）$J=1$，$K=0$。设触发器的初始状态为 0 态（$Q_n=0$）。当 $CP=1$ 时，由 $S_主=J\overline{Q}=1$，$R_主=KQ=0$，主触发器翻转为 1 态。当 CP 从 1 下跳为 0 时，$S_从=1$，$R_从=0$，从触发器也翻转为 1 态（$Q_{n+1}=1$）。

若初始状态为 1 态（$Q_n=1$），当 $CP=1$ 时，由于主触发器的 $S_主=J\overline{Q}=0$，$R_主=KQ=1$，保持 1 态不变；当 CP 从 1 下跳为 0 时，从触发器 $S_从=1$，$R_从=0$，也保持 1 态不变（$Q_{n+1}=1$）。

可见，在 $J=1$、$K=0$ 时，无论触发器的初始状态如何，次态一定是 1 态（$Q_{n+1}=1$）。

4）$J=0$，$K=1$。与上述 $J=1$、$K=0$ 时的情况类似，当 $J=0$、$K=1$ 时，无论触发器的初

始状态如何，次态一定是 0 态（$Q_{n+1}=0$）。

综上所述，列出主从型 JK 触发器的逻辑功能表见表 9-12。由于主从型 JK 触发器输出状态的改变都是发生在 CP 从 1 下跳为 0 时，故称为下降沿触发。主从型 JK 触发器不会产生空翻现象。

表 9-12 主从型 JK 触发器的逻辑功能表

J	K	Q_{n+1}
0	0	Q_n（不变）
0	1	0（与 J 同）
1	0	1（与 J 同）
1	1	$\overline{Q_n}$（翻转）

图 9-17b 为主从型 JK 触发器的逻辑符号，CP 对应的小圆圈表示下降沿触发。$\overline{S}_D$ 和 $\overline{R}_D$ 为异步置 1 和清 0 输入，不受 CP 的控制，低电平有效。如不需要直接置 1 和清 0，则这两端应接高电平。

3. 触发器逻辑功能的转换

厂家生产的触发器主要是 D 触发器、JK 触发器以及少量的 RS 触发器。当需要其他类型的触发器时，可以根据各种触发器的逻辑功能，由现有的触发器转化而成。

（1）JK 触发器转换成 D 触发器　如图 9-18 所示，将 JK 触发器的输入端连接一个反相器，则 J、K 的状态总是相反，根据 JK 触发器的状态表，输出状态与 J 相同。当 D=1，即 J=1、K=0 时，在时钟的下降沿触发器为 1 态；当 D=0，即 J=0、K=1 时，在时钟的下降沿触发器为 0 态，符合 D 触发器的变化规律，相当于下降沿触发的 D 触发器。

（2）JK 触发器转换成 T 触发器　如图 9-19 所示，将 JK 触发器的输入端连在一起，称为 T 端。根据 JK 触发器的状态表知道，J、K 的状态始终相同，当输入 T=1 时，即 J=1、K=1，这时每来一个脉冲，触发器就翻转一次；当输入 T=0 时，即 J=0、K=0，触发器保持原来状态不变，这样的触发器称为 T 触发器。

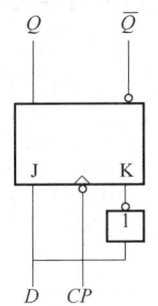

图 9-18 JK 触发器转换成 D 触发器

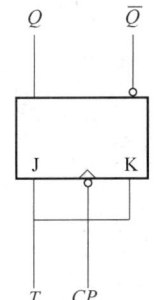

图 9-19 JK 触发器转换成 T 触发器

9.4.2 寄存器

触发器具有时序逻辑电路的特征，由触发器可以构成各种时序逻辑电路，如寄存器、计数器等。

寄存器是存放数码、运算结果或指令的电路,采用任何类型触发器均可以构成寄存器。一个触发器可存放一位二进制数或代码,n 个触发器可以存放 n 位二进制数或代码。

1. 数码寄存器

具有接收数码和清除原有数码功能的寄存器称为数码寄存器。图 9-20 所示为由 4 个 D 触发器构成的 4 位数码寄存器的逻辑图。当清零端为 0 时,4 个触发器 $FF_0 \sim FF_3$ 同时被置 0。寄存器工作时,清零端应为高电平 1。

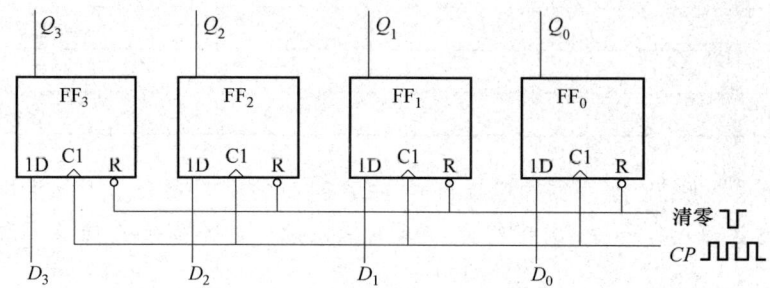

图 9-20　由 4 个 D 触发器构成的 4 位数码寄存器的逻辑图

将要输入的二进制数码 $D_3D_2D_1D_0$ 分别置于 4 个相应 D 触发器的数据输入端,当时钟脉冲 CP 上升沿到达时,每个触发器的状态立即与其输入端的数码一致,即 $Q_3Q_2Q_1Q_0 = D_3D_2D_1D_0$,保持在触发器的输出端,具有寄存功能。由于寄存器中触发器的状态改变与时钟 CP 同步,故称同步寄存器。

2. 移位寄存器

电子计算机在进行算术运算和逻辑运算时,常需将某些数码向左或向右移位,这种具有存放数码和使数码具有左右移位功能的电路称为移位寄存器。移位寄存器分为单向移位寄存器和双向移位寄存器。

(1) 单向移位寄存器　图 9-21 所示为由 D 触发器构成的右向移位寄存器(由低位向高位)。由第一个触发器接收数据,每个触发器的输出依次作为下一个触发器的输入。设输入数码为 1011,那么在移位脉冲作用下,输入数码移入触发器,移位寄存器中数码移动的情况见表 9-13。

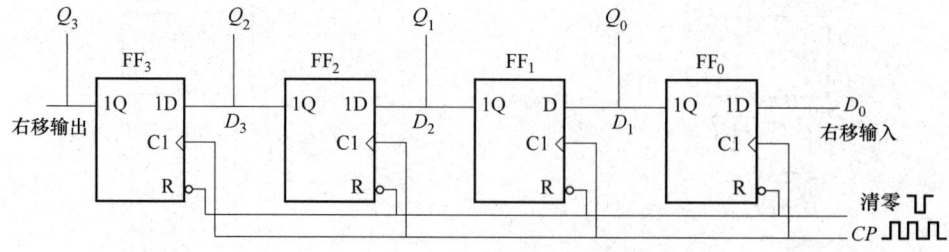

图 9-21　由 D 触发器构成的右向移位寄存器

从表中可以看出,当过来 4 个移位脉冲 CP 后,数码 1011 就由 $Q_3Q_2Q_1Q_0$ 并行输出,如果想得到串行输出信号,则只需要再输入 4 个脉冲,这时 1011 便由 Q_3 端依次输出。

同理,可以构成左向移位寄存器(由高位向低位)。

表 9-13　右向移位寄存器的状态表

移位脉冲 CP	输入数据	移位寄存器中的数码			
		Q_0	Q_1	Q_2	Q_3
0	0	0	0	0	0
1	1	1	0	0	0
2	0	0	1	0	0
3	1	1	0	1	0
4	1	1	1	0	1

（2）双向移位寄存器　如果通过适当的控制电路，将左移和右移的寄存器结合到一起，便构成双向移位寄存器。图 9-22 所示为集成双向移位寄存器 CT74LS194 的逻辑功能示意图。图中 $\overline{CR}$ 为置 0 端，$D_0 \sim D_3$ 为并行数码输入端，D_{SR} 为右移串行数码输入端，D_{SL} 为左移串行数码输入端，M_1、M_0 为工作方式控制端，$Q_0 \sim Q_3$ 为并行数码输出端，CP 为移位脉冲输入端。双向移位寄存器 CT74LS194 的逻辑功能见表 9-14。

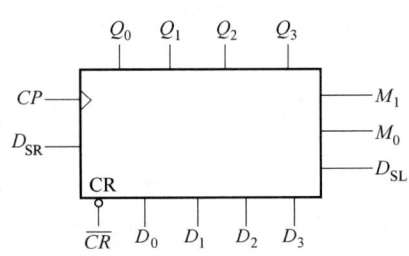

图 9-22　CT74LS194 的逻辑功能示意图

表 9-14　双向移位寄存器 CT74LS194 的逻辑功能表

输入										输出				说明
$\overline{CR}$	M_1	M_0	CP	D_{SL}	D_{SR}	D_0	D_1	D_2	D_3	Q_0	Q_1	Q_2	Q_3	
0	×	×	×	×	×	×	×	×	×	0	0	0	0	置 0
1	×	×	0	×	×	×	×	×	×	保持				保持
1	1	0	↑	×	×	d_0	d_1	d_2	d_3	d_0	d_1	d_2	d_3	并行置数
1	0	1	↑	×	1	×	×	×	×	1	Q_0	Q_1	Q_2	右移输入 1
1	0	1	↑	×	0	×	×	×	×	0	Q_0	Q_1	Q_2	右移输入 0
1	1	0	↑	1	×	×	×	×	×	Q_1	Q_2	Q_3	1	左移输入 1
1	1	0	↑	0	×	×	×	×	×	Q_1	Q_2	Q_3	0	左移输入 0
1	0	0	×	×	×	×	×	×	×	保持				保持

由表 9-14 可知它有如下功能：

1）置 0 功能：当 $\overline{CR}=0$ 时，双向移位寄存器置 0。$Q_0 \sim Q_3$ 都为 0 状态。

2）保持功能：当 $\overline{CR}=1$、$CP=0$，或 $\overline{CR}=1$、$M_1 M_0 = 00$ 时，双向移位寄存器保持原状态不变。

3）并行置数功能：$\overline{CR}=1$、$M_1 M_0 = 11$ 时，在 CP 上升沿作用下，使 $D_0 \sim D_3$ 输入的数码 $d_0 \sim d_3$ 并行送入寄存器。

4）左移位送数功能：$\overline{CR}=1$、$M_1 M_0 = 10$ 时，在 CP 上升沿作用下，D_{SL} 端的数码向左移位依次送入寄存器。

5)右移位送数功能:$\overline{CR}=1$、$M_1M_0=01$ 时,在 CP 上升沿作用下,D_{SR} 端的数码向右移位依次送入寄存器。

9.4.3 计数器

在数字电路中,用来累计输入脉冲个数的电路称为计数器。计数器广泛用于分频、计数、定时、数字测量、运算和控制等电路,它是数字系统中使用最广泛的时序部件。

计数器按照脉冲的输入方式分类,可分为同步计数器和异步计数器;按照计数的规律分类,可分为加法计数器、减法计数器和可逆计数器;按照进位的数值分类,可分为二进制计数器、十进制计数器和其他任意进制计数器。

1. 二进制计数器

二进制只有 0 和 1 两个代码,其加法规则是"逢二进一"。由于双稳态触发器有 0 和 1 两种稳态,因此可以考虑用双稳态触发器的输出来表示二进制的每一位代码,n 位二进制计数器电路需要 n 个触发器。此外,采用不同的触发器可以构成不同的加法电路,即使采用同一种触发器,也可以形成不同的逻辑电路来完成相同的计数功能。

图 9-23 所示为集成 4 位二进制同步加法计数器 74LS161 的逻辑功能示意图。$\overline{LD}$ 为同步置数控制端,$\overline{CR}$ 为异步置 0 控制端,CT_P 和 CT_T 为计数控制端,$D_0 \sim D_3$ 为并行数据输入端,$Q_0 \sim Q_3$ 为输出端,CO 为进位输出端。表 9-15 所示为 74LS161 的逻辑功能表。

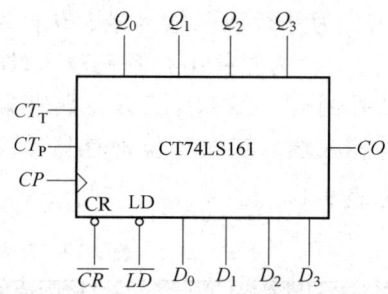

图 9-23 74LS161 的逻辑功能示意图

表 9-15 74LS161 逻辑功能表

输入									输出			
$\overline{CR}$	$\overline{LD}$	CT_P	CT_T	CP	D_3	D_2	D_1	D_0	Q_3	Q_2	Q_1	Q_0
0	×	×	×	×	×	×	×	×	0	0	0	0
1	0	×	×	↑	d_3	d_2	d_1	d_0	d_3	d_2	d_1	d_0
1	1	1	1	↑	×	×	×	×	计数			
1	1	0	×	×	×	×	×	×	保持			
1	1	×	0	×	×	×	×	×	保持			

从表 9-15 中可以看出 74LS161 具有下列功能:

1)异步清零:当 $\overline{CR}=0$ 时,其他输入信号不起作用,计数器清 0。

2)同步并行置数:当 $\overline{CR}=1$、$\overline{LD}=0$ 时,在 CP 上升沿作用下,输入数据为 $D_3D_2D_1D_0 = d_3d_2d_1d_0$,那么在 CP 上升沿到来时,完成置数操作,即 $Q_3Q_2Q_1Q_0 = d_3d_2d_1d_0$。计数控制端 CT_P 和 CT_T 的状态不影响置数操作。

3)计数:若 $\overline{CR}$、$\overline{LD}$、CT_P、CT_T 均为 1,在 CP 上升沿到来时,计数器进行加 1 计数。

4)保持:$\overline{CR}=\overline{LD}=1$,$CT_T$ 和 CT_T 中任意一个为 0 将使计数器各 Q 端的输出状态保持不变。但 $CT_T=0$ 时,能影响进位输出信号,使 $CO=0$。进位输出信号 $CO=Q_3Q_2Q_1Q_0CT_T$,当 $Q_3 \sim Q_0$ 及 CT_T 均为 1 时,$CO=1$,产生正进位脉冲。

2. 十进制计数器

十进制计数器是在二进制计数器的基础上得到的。十进制计数器只有 10 种状态，而二进制计数器却有 16 种状态，因此将二进制计数器状态表中 1010~1111 的 6 种状态去掉，即可得到十进制计数器。

集成十进制同步计数器 74LS160 的逻辑功能示意图和逻辑功能表与 74LS161 相同。但因为 74LS160 是十进制计数器，所以 $CO = Q_3 Q_0 CT_T$。

9.5 555 定时器

555 定时器是一种应用极为广泛的中规模集成电路。该电路使用灵活、方便，只须外接少量的阻容元件便可以构成单稳触发器、多谐振荡器和施密特触发器。

9.5.1 555 定时器的结构

图 9-24 所示为双极型 5G555 定时器。它由电阻分压器、电压比较器 C_1 和 C_2、基本 RS 触发器、放电管 VT 等部分组成。

1. 电阻分压器

由 3 个阻值为 $5k\Omega$ 的电阻串联构成电阻分压器，为电压比较器 C_1、C_2 提供基准电压，$U_{R1} = 2U_{CC}/3$，$U_{R2} = U_{CC}/3$。如果控制端 5 另加电压 U_{CO}，则基准电压为 $U_{R1} = U_{CO}$，$U_{R2} = U_{CO}/3$。5 端若不用时，应外接 $0.01\mu F$ 电容到地，防止高频干扰。

2. 电压比较器

C_1、C_2 是两个电压比较器。当输入端 6 电压大于 U_{R1} 时，比较器 C_1 输出低电平；当输入端 2 电压小于 U_{R2} 时，比较器 C_2 输出为低电平。反之，两比较器输出为高电平。

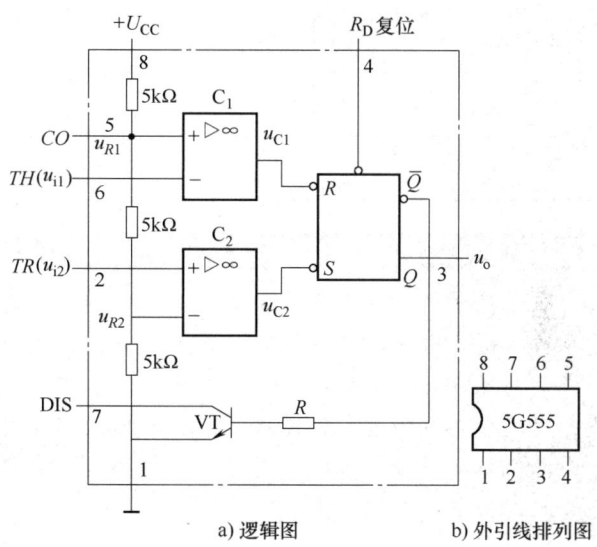

图 9-24 双极型 5G555 定时器

3. 基本 RS 触发器

基本 RS 触发器的状态受两个比较器输出控制，并设有直接复位端 R_D。当 $R_D = 0$ 时，触发器输出 $Q = 0$，平时 R_D 保持高电平。

4. 放电管 VT

晶体管 VT 受触发器的 Q 控制，$Q = 0$ 时 VT 截止，$Q = 1$ 时 VT 导通。

9.5.2 555 定时器的功能

1. 当 $R_D = 0$ 时

不管其他输入状态如何，触发器输出 $Q = 0$，$\overline{Q} = 1$，放电管 VT 导通。平时应使 $\overline{R_D}$ 保持高电平。

2. 当 $u_{i1} > 2U_{CC}/3$、$u_{i2} > U_{CC}/3$ 时

比较器输出 $u_{C1} = 0$、$u_{C2} = 1$，基本 RS 触发器被置 0，$Q = 0$、$\overline{Q} = 1$。输出 $u_o = 0$，同时 VT 导通。

3. 当 $u_{i1} < 2U_{CC}/3$、$u_{i2} < U_{CC}/3$ 时

比较器输出 $u_{C1} = 1$、$u_{C2} = 0$，基本 RS 触发器被置 1，$Q = 1$、$\overline{Q} = 0$。输出 $u_o = 1$，同时 VT 截止。

4. 当 $u_{i1} < 2U_{CC}/3$、$u_{i2} > U_{CC}/3$ 时

比较器输出 $u_{C1} = 1$、$u_{C2} = 1$，基本 RS 触发器保持原状态不变，放电管 VT 状态也不变。

综上所述，555 定时器的逻辑功能见表 9-16。

表 9-16 555 定时器的逻辑功能

输入			输出	
u_{i1}	u_{i2}	$\overline{R_D}$	u_o	VT 的状态
×	×	0	0	导通
$>\frac{2}{3}U_{CC}$	$>\frac{1}{3}U_{CC}$	1	0	导通
$<\frac{2}{3}U_{CC}$	$<\frac{1}{3}U_{CC}$	1	1	截止
$<\frac{2}{3}U_{CC}$	$>\frac{2}{3}U_{CC}$	1	不变	不变

延展阅读：以国家的力量推动国产芯片，助力新能源汽车产业化发展！

汽车电子芯片是用于汽车上的芯片，统称车用芯片。将电路制造在半导体芯片表面上的集成电路又称薄膜集成电路。另有一种厚膜集成电路是由独立半导体设备和被动组件，集成到衬底或线路板所构成的小型化电路。随着新能源汽车智能化和电动化水平的快速发展，对汽车芯片的需求迅速提升。由于我国汽车芯片供不应求，汽车芯片严重影响了我国新能源汽车的产量，但短期内无法一蹴而就，需要更多发挥我国体制机制优势，以国家的力量推动国产芯片崛起。

9.6 模拟信号与数字信号的转换

将模拟信号转换为数字信号的电路称为模/数转换器，简称 A/D 转换器。将数字信号转换为模拟信号的电路称为数/模转换器，简称 D/A 转换器。汽车电路中大多数传感器信号是模拟信号，而电控单元（Electronic Control Unit，ECU）信号一般是数字信号，这就需要在传感器与控制单元之间加入 A/D 转换器，而在控制单元与执行器之间加入 D/A 转换器。

A/D 转换器、D/A 转换器的种类很多，本节将主要介绍集成 A/D 转换器和集成 D/A 转换器。

9.6.1 A/D 转换器

1. 集成 A/D 转换器 ADC0808

ADC0808 是一种逐次逼近型的集成 A/D 转换器，由输入选择部分、8 位 A/D 转换器和输出驱动三部分构成，它的内部结构框图如图 9-25 所示。

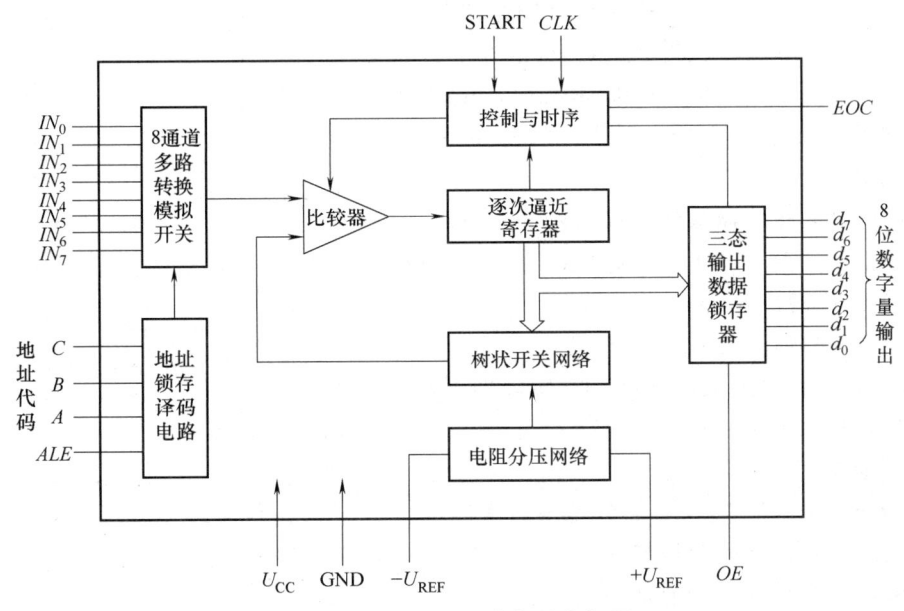

图 9-25 ADC0808 内部结构框图

输入选择部分包括 8 通道多路转换模拟开关和地址锁存译码电路。当地址锁存控制端的 ALE = 1（高电平）时，根据地址代码 A、B、C 的不同，输入 8 路模拟信号（$IN_0 \sim IN_7$）中的某一路将被选中进行 A/D 转换，具体的对应情况见表 9-17。ALE = 0（低电平）时锁存 A、B、C 的数值，保证在 ALE = 1 时所选择的通道保持不变。

表 9-17 ADC0808 的地址码与选通通道对应情况

地址码			选通通道
C	B	A	
0	0	0	IN_0
0	0	1	IN_1
0	1	0	IN_2
0	1	1	IN_3
1	0	0	IN_4
1	0	1	IN_5
1	1	0	IN_6
1	1	1	IN_7

8 位 A/D 转换器电路是 ADC0808 的核心部分，它由控制与时序、逐次逼近寄存器、树状开关网络、比较器和电阻分压网络组成。转换后的数字量送入三态输出数据锁存器。只有

当输出的有效控制端 $OE=1$（高电平）时，转换后的数字信号 $d_7 \sim d_0$ 才会出现在数据输出端，$OE=0$（低电平）时，各数据输出端呈现高阻状态。

ADC0808 的外引线引脚图如图 9-26 所示，部分引脚功能说明如下：

U_{CC}：电压输入端。

GND：接地端。

$+U_{REF}$ 和 $-U_{REF}$：分别为基准电压的高电平端和低电平端，提供 D/A 转换器权电阻的标准电平。

CLK：时钟脉冲输入端。ADC0808 只有在时钟脉冲信号的同步下才能进行 A/D 转换。时钟频率越高，转换速度越快。

START：启动脉冲输入端。在此端应该加一个完整的正脉冲信号，脉冲的上升沿将使内部寄存器清 0，下降沿启动 A/D 转换开始。

EOC：转换结束信号端。A/D 转换期间，$EOC=0$（低电平），表示转换正在进行，输出数据不可信；A/D 转换完成后，$EOC=1$（高电平），表示转换结束，输出数据可信。

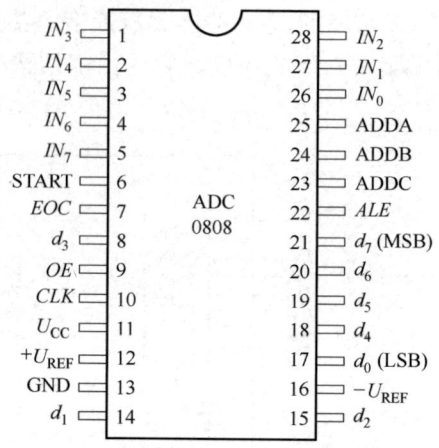

图 9-26 ADC0808 外引线引脚图

2. 主要参数

（1）分辨率 A/D 转换器的分辨率通常用输出数据二进制的位数表示，它表征了 A/D 转换器对输入模拟信号的分辨能力。当输入信号在一定范围内变化时，位数越多，量化的误差越小，分辨能力越强，转换精度也越高。

（2）转换误差 通常以输出误差最大值来衡量转换误差。它表示实际输出的数字量与理论值的差别，一般用最低有效位的倍数表示。转换误差与电源电压、环境温度有很大关系。因此，为获得较高的转换精度，应保证供电电源的稳定性，并限制环境温度的变化。

（3）转换速度 转换速度是指 A/D 转换器完成一次将模拟量转换为数字量所需要的时间。转换速度与转换器的电路形式密切相关，不同类型的转换器，其转换速度相差很大。总体来说，直接型 A/D 转换器的转换速度较间接型 A/D 转换器快，但转换精度和抗干扰能力相对较差。

9.6.2 D/A 转换器

1. 集成 D/A 转换器 CC7520

CC7520 是 10 位集成 D/A 转换芯片。它内部包含 10 位倒 T 形电阻网络和 10 个双向模拟开关。图 9-27a 是 CC7520 引脚排列图，部分引脚功能说明如下：

U_{CC}：电源电压输入端。

GND：接地端。

U_{REF}：参考电压的输入端。

R_f：反馈输入端。

$d_0 \sim d_9$：待转换数字信号输入端。

I_{out1}、I_{out2}：电流输出端。

CC7520 的应用电路如图 9-27b 所示。CC7520 的 16 脚和 1 脚之间接有一个反馈电阻 R_f，

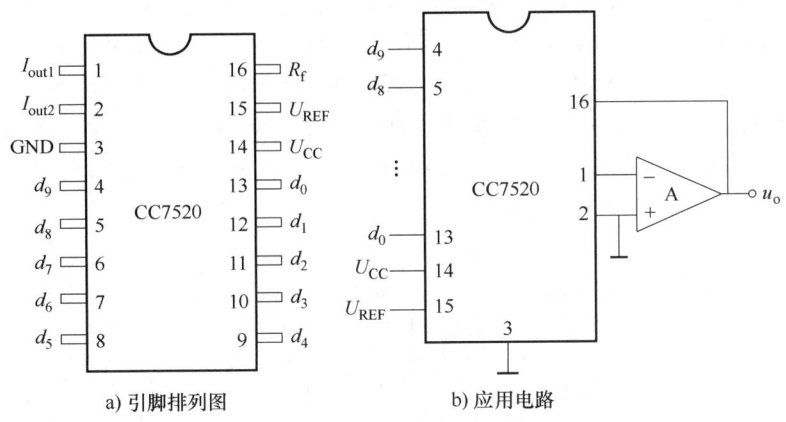

图 9-27　CC7520

当 $R_f = R$ 时，运放输出电压为

$$u_o = -\frac{U_{REF}}{2^9}(2^9 d_9 + 2^8 d_8 + \cdots + 2^1 d_1 + 2^0 d_0) \tag{9-1}$$

2. 主要参数

（1）分辨率　分辨率是用来表征 D/A 转换器对输入量微小变化的敏感程度，或者说对最小输入电压的分辨能力。分辨率通常定义为最小输出电压 u_{omin}（即对应输入数字信号量只有最低有效位为 1）与最大输出电压 u_{omax}（即对应输入数字信号量所有有效位全为 1）的比值，可表示为

$$\text{分辨率} = \frac{u_{omin}}{u_{omax}} = \frac{1}{2^n - 1} \tag{9-2}$$

式中，n 为输入二进制的位数，可见输入数字量的位数越高，D/A 转换器的分辨率就越高。

（2）转换精度　转换精度是在对应给定的满刻度数字量的情况下，D/A 转换电路实际输出的模拟电压和理论值之间的偏差。该误差是由于基准电压的波动、运算放大器的零点漂移、模拟电子开关的导通内阻和导通压降等因素引起的。

（3）转换速度　转换速度一般用建立时间来定量描述，建立时间是指输入数字信号从全 0 跳变到全 1，或者由全 1 变为全 0 时，模拟信号电压或电流达到稳定值所需要的时间。建立时间越短，说明 D/A 转换的速度越快。

9.7　数字电路在汽车电路中的应用举例

集成数字电路在各行各业都得到广泛的应用，特别是在现代汽车上的作用更是发挥得淋漓尽致。由数字电路构成的微处理技术（ECU）在汽车上的应用，将汽车工业推向了一个新的高度。

9.7.1　汽车前照灯电子变光器

图 9-28 所示为由一块互补金属氧化物半导体（Complementary Metal Oxide Semiconductor,

CMOS）双 D 触发器 CDZ1013 构成的汽车前照灯变光电子开关。在图中，触发器 D_1 构成单稳态电路，用来消除开关抖动，保证开关动作时，只输出一个等宽的高电平。输出脉冲宽度由电路元件 R_2、C_1 的数值决定。开关 K 选用不带锁按键开关，当开关按动一下时，S 为高电位，使 Q 输出高电位，经 R_2 对 C_1 充电，R 上的电位慢慢升高，当升高到 R 的阈值电平时，触发器复位，Q_1 变为低电平"0"，这样开关按下一次，保证输出只有一个等宽的脉冲来触发 D_2。

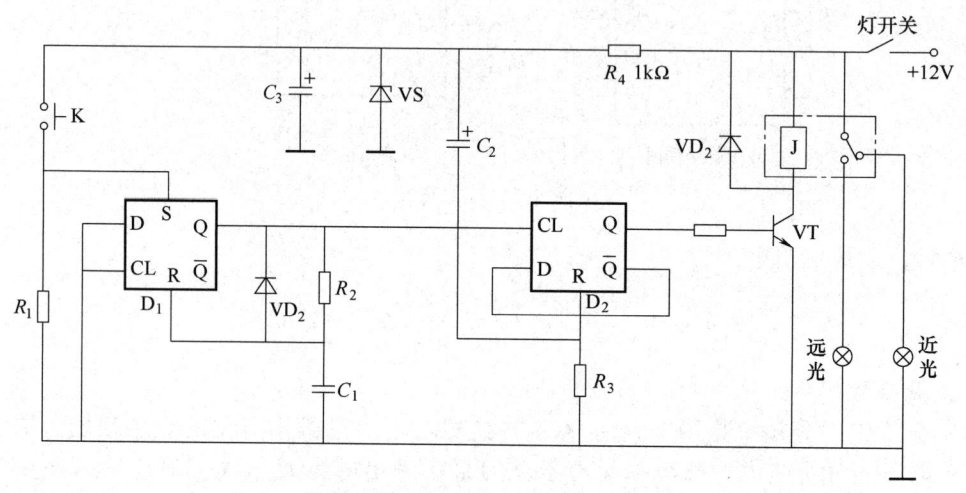

图 9-28　汽车前照灯变光电子开关

D_2 构成 T 触发器，C_2、R_3 为上电复位电路，使开机时 D_2 输出为低电平，继电器不吸合，处在近光位置复按一次开关，D_2 在脉冲作用下翻转一次，继电器改变一次状态，由吸合变放开或由释放变吸合，起到远近光切换的作用。

图 9-28 中 R_3、VS、C_3 是稳压电路，为 CDZ1013 提供一个稳定的电压。

9.7.2　555 转向闪光讯响器电路

闪光讯响器是由 555 集成电路、转向灯开关 K、指示信号灯 ZD 及扬声器 Y 等组成。

555 集成块和 R_1、R_P、C_1 等组成的无稳态多谐振荡器，其振荡周期为 $T = 0.693(R_1 +$

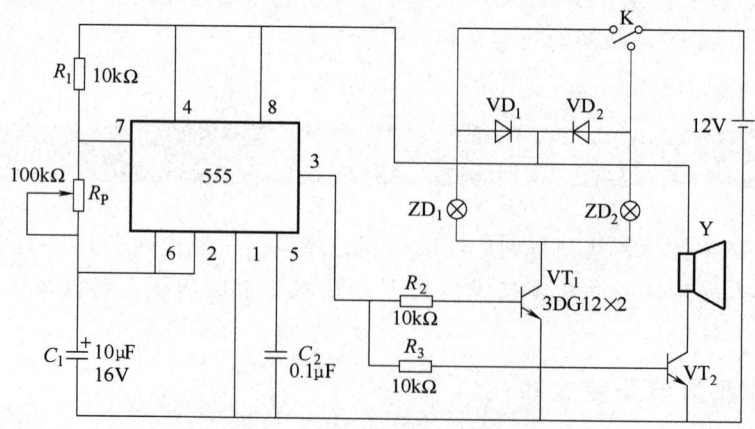

图 9-29　555 转向闪光讯响器电路

$2R_P)C_1$。图 9-29 所示参数的最低频率为 1Hz 左右,调节 R_P 可改变其振荡频率,占空比接近 1:1,VT_1 和 VT_2 为驱动级。当汽车左转弯时,拨动转向开关 K,左转向灯闪亮,与此同时,扬声器 Y 发出"嘀——嘀——"的转向提醒声,汽车右转弯时,其情况与此相似。

9.7.3 制动灯故障监测器

制动灯故障监测器电路用一块 CMOS 与非门数字集成电路 CD4011 接成非门的形式,用来自动监测汽车制动灯的工作状况,在图 9-30 中,X_{D1}、X_{D2} 为尾部制动信号灯,LED_1 和 LED_2 为驾驶室内的工作指示灯,其工作状况和尾部信号灯相对应,K 为制动开关。

当信号灯 X_{D1}、X_{D2} 完好时,由于灯丝电阻值较小,故 VD_1 和 VD_2 与 YF_1 和 YF_3 的输入端全为低电平,YF_2 和 YF_4 的输出端也为低电平,LED_1 和 LED_2 均不亮。当 X_{D1} 或 X_{D2} 断路

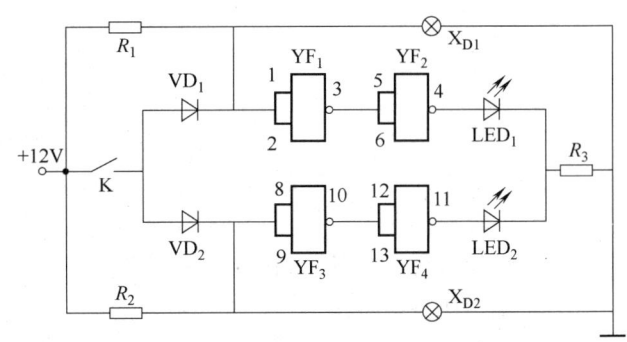

图 9-30 制动灯故障监测器

时,YF_1 或 YF_3 的输入端由于 R_1、R_2 的接入变高电平,故 YF_2 和 YF_4 的输出端为高电平,LED_1 和 LED_2 亮。LED_1 和 X_{D1} 对应,LED_2 和 X_{D2} 相对应。

小结

数字信号的数值相对于时间的变化过程是跳变、间断的。对数字信号进行传输、处理的电子电路称为数字电路。门电路是组合逻辑电路的基本单元,触发器是时序逻辑电路的基本单元。

门电路是利用半导体器件的开关特性构成的,是数字电路中最基本的的逻辑单元。与门、或门和非门是 3 种基本逻辑门,能实现与、或、非 3 种基本逻辑关系。有 3 种基本门电路按一定的方式组合实现其他逻辑功能的电路称为组合逻辑电路。

组合逻辑电路不具有记忆功能。但在数字系统中,为了能实现按一定程序进行运算,需要记忆功能。本章主要介绍集成逻辑门电路、加法器、编码器、译码器和数码显示电路、触发器、计数器、寄存器常用数字电路工作原理及逻辑功能,集成 555 定时器的工作原理与逻辑功能,集成 A/D、D/A 转换器功能及主要性能指标。

随着汽车不断地向信息化与智能化方向发展,各种数字电路在汽车电路中得到越来越广泛的应用。现代汽车的检测电路、信息处理存储电路、音响电路及各种控制电路等广泛应用了数字电路技术。

课后练习

一、填空题

1. 模拟信号是在_____和_____连续的信号,如电视的图像和伴音信号。数字信号是在_____和_____不连续的信号。

2. 数字电路是用以_____、_____和_____数字信号的电路。

3. 逻辑门电路中，最基本的逻辑门是_____、_____和_____。
4. 七段 LED 有_____和_____两种接法。
5. 编码是指_____的过程。
6. 4 位二进制代码有_____个状态，可以表示_____个信息。
7. 8421BCD 码为_____，它代表的十进制数是 8。
8. 译码的含义是_____。
9. 触发器具有_____个稳定状态，在输入信号消失后，它能保持_____不变。
10. 在时钟脉冲控制下，根据输入信号及 J 端、K 端的不同情况，能够具有_____、_____、_____和_____功能的电路，称为 JK 触发器。
11. 寄存器常分为_____寄存器和_____寄存器，其区别在有无_____功能。
12. 计数器分为加法计数器和_____计数器、同步计数器和_____计数器。
13. D/A 转换器是把_____量转换为_____量的电路器件，而 A/D 转换器是把_____量转换为量的电路器件。
14. D/A 转换器通常由_____、_____、_____和_____等部分组成。
15. CC7520 是_____位集成_____转换器芯片。
16. _____用来表征 D/A 转换器对_____量微小变化的敏感程度，或者说对最小输入电压的分辨能力。
17. 并联比较型 A/D 转换器的转换速度最快，它包括_____构成的分压电路、_____构成的比较器和_____三个部分。

二、选择题

1. 与非门的逻辑功能是（　　）。
   A. 有 0 出 1，全 1 出 0　　　　　　B. 有 1 出 1，全 0 出 0
   C. 有 0 出 0，全 1 出 1　　　　　　D. 有 1 出 0，全 0 出 1
2. 凡在数值上或时间上不连续变化的信号，称为（　　）。
   A. 数字信号　　B. 模拟信号　　C. 直流信号　　D. 交流信号
3. 触发器处于"1"态，则表示（　　）。
   A. $Q=0$，$\bar{Q}=1$　　B. $Q=1$，$\bar{Q}=0$　　C. $Q=1$，$\bar{Q}=1$　　D. A、B 都表示
4. JK 触发器中，当 $J=0$、$K=0$ 时，触发器具有（　　）逻辑功能。
   A. 保持　　B. 翻转计数　　C. 置"0"　　D. 以上均有
5. 基本 RS 触发器电路中，触发脉冲消失后，其输出状态（　　）。
   A. 恢复原状态　　B. 保持原状态　　C. 出现新状态　　D. 不确定
6. 触发器有（　　）种稳定状态。
   A. 1　　B. 2　　C. 3　　D. 4
7. JK 触发器，当 $J=0$、$K=1$ 时，其输出状态是（　　）。
   A. $Q=0$　　B. $Q=1$　　C. $Q=0$ 或 $Q=1$　　D. 不确定
8. 一个 8 位二进制数字量输入的 D/A 转换器，其分辨率为（　　）位。
   A. 1　　B. 3　　C. 4　　D. 8
9. 将一个时间上连续变化的模拟量转换为时间断续变化的模拟量的过程是（　　）。
   A. 采样　　B. 量化　　C. 保持　　D. 编码

10. 用二进制码表示某一最小电压整数倍的过程是（　　）。

A. 采样　　　　　　B. 量化　　　　　　C. 保持　　　　　　D. 编码

三、思考题

1. 数字电路的特点有哪些？
2. 以图 8-4a、图 8-5a、图 8-6a 为依据分析与、或、非 3 种逻辑门的逻辑功能。
3. 什么是模拟信号？什么是数字信号？
4. 常见的复合逻辑门有哪些？试分别分析它们的逻辑功能。
5. 试分析半加器、全加器的逻辑功能。
6. 编码的含义是什么？
7. 试分析 3 位二进制译码器的逻辑功能。
8. 液态晶体数码显示的原理是什么？
9. 试分析基本 RS、JK 触发器的逻辑功能。
10. 试分析 4 位数码寄存器的工作过程。
11. 试分析 4 位二进制计数器的工作过程。
12. 试分析 555 定时器的逻辑功能。
13. A/D 转换器的信号转换作用是什么？

第10章 新能源汽车技术应用基础

学习目标

- 熟悉新能源汽车的三电系统。
- 掌握新能源汽车常用的动力蓄电池类型及其特性。
- 了解新能源汽车常用驱动电机类型及其性能要求。
- 掌握新能源汽车驱动电机驱动控制技术。
- 熟悉新能源汽车整车控制技术。

10.1 动力蓄电池及其管理、充电技术

动力蓄电池是新能源汽车的主要能量来源，其主要作用是接收和储存由车载充电机、发电机、制动能量回收装置或外置充电装置提供的高压直流电，并且为新能源汽车提供高压直流电，根据环境温度、电池状态及车辆需求等控制电池的充放电功率等。动力蓄电池也是新能源汽车上价格最高的部件之一，其性能好坏直接决定了新能源汽车的实际价值。

10.1.1 动力蓄电池

动力蓄电池主要有铅酸蓄电池、镍氢蓄电池、锂离子蓄电池、燃料电池、超级电容器、飞轮电池等类型，各种电池的介绍如下所述。

1. 铅酸蓄电池

铅酸蓄电池已有160多年的历史，广泛用作内燃机汽车的起动动力源。它也是成熟的新能源汽车蓄电池，可靠性好、原材料易得、价格便宜、使用安全、再生率高，比功率也基本能满足新能源汽车的动力性要求。但是由于铅酸蓄电池的比能量低、循环寿命短、供电不稳定、使用寿命短等缺点，目前已不作为动力蓄电池使用。

2. 镍氢蓄电池

镍氢蓄电池是20世纪90年代发展起来的一种新型绿色电池，因具有能量密度高、使用寿命长、无污染等特点而成为世界各国竞相发展的高科技产品之一。镍氢蓄电池具有比能量高、比功率高、适合大电流放电、可循环充放电、无污染等优点，被誉为"绿色电池"。

与锂离子蓄电池相比，镍氢蓄电池具有大功率技术成熟、安全及可靠性好、循环利用率高、成本低等优势。镍氢蓄电池在工业用电池领域，特别是在大功率工业用动力蓄电池领域

正逐步占据市场主导地位。

(1) 镍氢蓄电池的性能优点

1) 功率性能好。镍氢蓄电池内部使用了大量的金属材料，导电性能良好，可以适应大功率放电，目前比功率达到 1500W/kg 以上。

2) 低温性能好。镍氢蓄电池采用无机电解液体系，低温性能相对比锂系列蓄电池好。

3) 循环寿命长。

4) 耐过充电、过放电。

5) 应用比较成熟。混合动力电动汽车如丰田普锐斯（Prius）、本田 Insight 均使用镍氢蓄电池。

6) 管理系统相对简单。耐过充电和过放电能力比较强，不必监测每只单体蓄电池的电压。动力蓄电池在充电过程中可以通过消耗气体（氧气）的副反应来实现自均衡，不必采用特别的均衡电路。

7) 具有较高的回收价值。

(2) 镍氢蓄电池的缺点

1) 电池的热效应。镍氢蓄电池在新能源汽车的应用中遇到的主要问题为热问题。主要原因有两个：一是镍氢蓄电池本身的充电反应是一个放热反应，充电过程中产生的热量达到 949J/A·h；二是充电效率低，镍氢蓄电池即使在空态下，充电效率也达不到 90%，充电量超过 80% 后，副反应速度增加很快，产热速度迅速上升，严重时会带来热失控问题。充电电流越大，充电效率越低，产生的热量越多。

2) 蓄电池比能量较低。镍氢蓄电池的比能量一般为 50~70W·h/kg，虽然是铅酸蓄电池的 2~3 倍，但与锂系列蓄电池相比较，相差较大。

3) 标称电压低。镍氢蓄电池的标称电压为 1.2V，若用来组合成数百伏的车用动力电源系统，就需要更多的蓄电池串联，对蓄电池的一致性、可靠性要求更高。

4) 高温充电性能差。镍氢蓄电池高温下充电效率降低，反应效率的降低推动蓄电池温度的进一步升高，最终可能会因出现热失控而出现安全问题。

5) 自放电速度快。一般镍氢蓄电池充满电在常温下搁置 28 天时自放电会达到 9%~30%。

6) 材料成本高。镍氢蓄电池中使用了大量较贵重的金属如镍、钴等，蓄电池原材料成本比较高。

3. 锂离子蓄电池

锂离子蓄电池是 1990 年由日本索尼公司首先推向市场的新型高能蓄电池，是一种在电极材料中使用锂元素作为主要活性物质的电池。锂离子蓄电池作为高电压、高能量密度的可充电蓄电池，其突出的特点是：重量轻、储能大、无污染、无记忆效应、使用寿命长，开发前景非常光明。同时它是一种真正的绿色环保电池，不会对环境造成污染，是目前最佳的能应用到新能源汽车上的蓄电池。

(1) 锂离子蓄电池的分类　根据材料的不同，锂离子蓄电池可分为磷酸铁锂蓄电池、钴酸锂蓄电池与三元聚合物锂蓄电池（简称三元电池）。磷酸铁锂蓄电池技术相对成熟、安全，但能量密度相对较低，蓄电池一致性问题难以解决，精确性和稳定性很难控制，虽然装车较多，但车辆续驶里程短，难以满足消费者需求；钴酸锂蓄电池相比于磷酸铁锂蓄电池，虽然能量密度较大，但安全性较低，且成本高；三元电池能量密度高，成本低，但目前存在高温问题，导致安全性能保障力度不够。

（2）锂离子蓄电池的结构　锂离子蓄电池一般使用锂合金金属氧化物为正极材料、石墨为负极材料，使用非水电解质。

锂离子蓄电池由正极、负极、电解液、隔膜和导电材料等组成，如图10-1所示，其中正负极材料的选择和质量直接决定锂离子蓄电池的性能与价格。负极材料一般选用碳材料，目前已比较成熟；正负极材料的开发已经成为制约锂离子蓄电池性能提高、价格降低的重要因素。

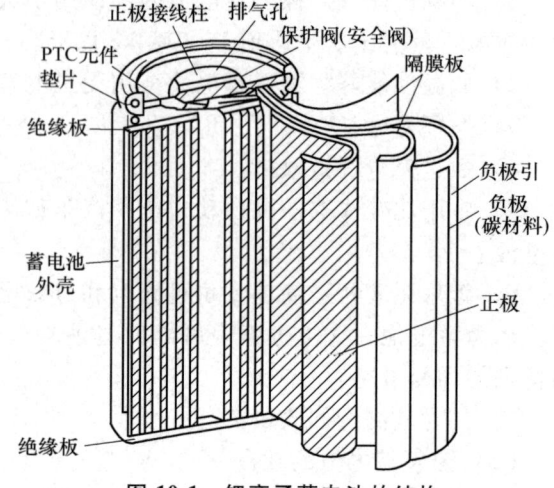

图 10-1　锂离子蓄电池的结构

注：PTC 是 Positive Temperature Coefficient 的缩写，意思是正温度系数。PTC 元件指正温度系数热敏电阻。

（3）锂离子蓄电池的性能

1）锂离子蓄电池的优点：

① 单体电池的工作电压高达 3.7V，是镍氢蓄电池的 3 倍、铅酸蓄电池的 2 倍。

② 质量能量密度高达 150W·h/kg，是镍氢蓄电池的 2 倍、铅酸蓄电池的 4 倍，因此质量是相同能量铅酸蓄电池的 1/4。

③ 体积能量密度高达 400W·h/L，因此体积是相同能量铅酸蓄电池的 1/3~1/2。

④ 循环寿命长，循环次数可达 900~2000 次。

⑤ 自放电率低，每月不到 9%。

⑥ 无记忆效应，充电前不必像镍镉蓄电池一样完全放电，可以随时随地进行充电。蓄电池深度充放电，对蓄电池的循环寿命影响不大，放电深度可达 95%。

2）锂离子蓄电池的缺点：

① 成本高。正极材料 $LiCoO_2$ 的价格高，按单位瓦时的价格来计算，已经低于镍氢蓄电池，与镍镉蓄电池持平，但高于铅酸蓄电池。

② 必须有特殊的保护电路，以防止过充电。

日产汽车公司推出的纯电动零排放日产聆风（Leaf）汽车，现代汽车公司的 Blue On 电动汽车及奔驰 S400 Hybrid 汽车上都采用了锂离子蓄电池。

4. 燃料电池

燃料电池是将外部供应的燃料和氧化剂中的化学能通过电化学反应直接转化为电能、热能和其他反应产物的发电装置。燃料电池电动汽车是以燃料电池系统作为动力源或主动力源的车辆。燃料电池又称电化学发电器，它是按电化学原理把储存在燃料和氧化剂中的化学能直接转化为电能，实际过程是氧化还原反应，反应产物对环境无污染。

燃料电池的结构原理如图10-2所示，主要由电极、电解质和外部电路三部分组成。燃料主要是氢气、甲醇等碳氢化合物。常用的燃料电池按其电解质不同，可以分为质子交换膜燃料电池、固体氧化物燃料电池、熔融碳酸盐燃料电池、磷酸燃料电池和碱性燃料电池。其中质子交换膜燃料电池由于具有多种性能优势（包括电池操作温度低、启动速度快等），是目前应用较为成熟和广泛的燃料电池。

(1) 燃料电池的性能

1) 优点：

① 热效率高。碳氢化合物燃料经过重整器重整，并由燃料电池将化学能转变为电能，然后通过电机和驱动系统驱动汽车车轮，其综合效率可达34%；而内燃机汽车的发动机将燃料的化学能转变为机械能，然后通过传动系统驱动汽车车轮，其综合效率为11%，仅为燃料电池电动汽车的1/3。热效率高是燃料电池突出的优点，这意味着燃料电池电动汽车比内燃机汽车更加节能。

② 零污染或超低污染。采用以氢气为燃料的燃料电池，燃料经过化学反应后的产物只有水，其排放属于零污染；采用以甲醇或

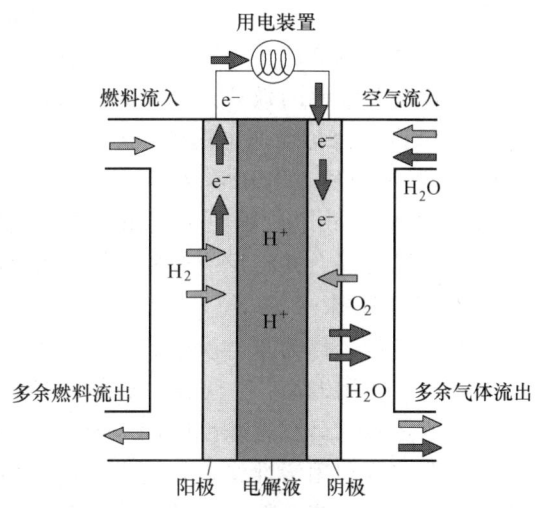

图10-2 燃料电池的结构原理

汽油为燃料的燃料电池经过重整后产生氢气，也只有少量的CO、CH和NO等有害气体排放，属于超低污染，完全可达到最严格的排放标准要求。并且燃料电池本身没有运动副的摩擦损耗，在化学反应过程中无噪声。

③ 在很大范围内保持高效率且过载能力强。燃料电池组在额定功率下运行，效率可达到60%左右；在部分功率下运行时，效率可达到70%；在过载功率下运行时，效率可达到50%左右。其功率范围宽，效率受输出功率变化影响小，短时过载能力可达到200%，可满足各种类型的燃料电池电动汽车在动力性和加速性能等方面的要求。

④ 配置灵活且机动性强。不同类型的燃料电池的单体电池所能产生的电压略有不同，单体电池所能产生的电压约为1V。通常将多个单体电池按使用电压和电流的要求组合成燃料电池组，有利于组合成不同功率的燃料电池组。其辅助设备可以在不同类型燃料电池电动汽车上灵活配置，能够充分地利用车辆上的有效空间。

2) 缺点：

① 辅助设备复杂。以甲醇或汽油为燃料的燃料电池电动汽车，其燃料通过重整器进行重整后，除产生氢气外，还有少量的CO、CO_2、CH和NO等气体混杂在氢气中，其中CO会使催化剂"中毒"失效，在氢气进入燃料电池组之前，必须采用净化装置对CO、CO_2、CH和NO等气体进行分离处理，这增加了结构和工艺的复杂性。由于甲醇或汽油在重整装置中会产生热量，因此还需要对重整装置进行热控制和热管理。

② 辅助设备重而体积大。目前，燃料电池电动汽车大部分采用氢气作为燃料，但氢气的制取、存储、运输和罐装还没有实现规模化，安全保护要求高。采用氢气作为燃料需要特种储气罐，罐体体积大、占用空间大。在采用甲醇、汽油等燃料的电池系统中，需要通过重整器对甲醇和汽油等燃料进行重整后才能制取氢气。目前重整器、净化器和其他辅助装置在燃料电池电动汽车上所占的体积和质量都较大，还必须进一步解决其小型化和轻量化的问题。

③ 启动时间长并需提高系统的抗振能力。采用甲醇和汽油作为燃料时，需要通过重整器进行重整，一般需要9min以上才能产生足够的氢气，比内燃机启动的时间长得多，影响

了汽车的机动性。燃料电池动力系统包括燃料电池本身和各种辅助设备，在车辆受到振动或冲击时，各种管道的连接和密封的可靠性需要进一步提高，以防止发生氢泄漏，降低氢的利用率，影响燃料电池的效率，严重时还会引发氢气燃烧事故。

（2）燃料电池与普通电池的区别

1）燃料电池通过电化学反应转化为电能的活性物质是从外部输入而不是在内部的。

2）燃料电池放电过程中所消耗的活性物质无须通过充电来还原，只须向电池内部不断输入燃料及氧化剂，并将反应产物及时排出即可持续提供电能。

5. 超级电容器

超级电容器又称为双电层电容，是一种通过极化电解质来储能的新型储能装置，它具有充电时间短、使用寿命长、温度特性好、节约能源和绿色环保等特点。它是一种介于传统电容器与电池之间，具有特殊性能的电源。

超级电容器利用活性炭多孔电极和电解质组成的双电层结构获得超大容量，依靠双电层和氧化还原电荷储存电能，其储能的过程并不发生化学反应，这种储能过程是可逆的，因此超级电容器可以反复充放电数十万次，一般使用活性炭电极材料，具有吸附面积大、静电储存多的特点，在新能源汽车中广泛使用。

超级电容器的突出优点是功率密度高、充放电时间短、循环寿命长、工作温度范围宽。相对于传统的电池产品，超级电容器能储存的电量并不多。因此在充电式电动汽车上，这种电容器并不能作为供电设备单独使用，而要与燃料动力电池配合使用。它兼顾化学电池、燃料电池和超导电池等储能装置的优点，主要表现在以下几个方面：

1）充电速度快，只要充电几十秒到几分钟就可达到其额定容量的95%以上。

2）循环使用寿命长，深度充放电循环使用次数可达50万次。

3）大电流放电能力超强，能量转换效率高，过程损失小，大电流能量循环效率大于或等于90%。

4）功率密度高，可达300~5000W/kg，相当于普通电池的数十倍。

5）产品原材料构成、生产、使用、储存及拆解过程均没有污染，是理想的环保电源。

6）充放电电路简单，无须充电电池的充电电路，安全系数高，长期使用免维护。

7）超低温特性好，使用环境温度范围宽，达40~70℃。

8）检测方便，剩余电量可直接读出。

9）单体容量范围通常为0.1~3400F。

6. 飞轮电池

飞轮电池是20世纪90年代才提出的新概念电池，它突破了化学电池的局限，用物理方法实现储能。它是一种把飞轮旋转时产生的动能转化成电能的装置，高技术型的飞轮用于储存电能，很像标准电池。

飞轮电池内部结构如图10-3所示。飞轮电池中有一个电机，充电时该电机以电动机形式运转，在外电源的驱动下，电机带动飞轮高速旋转，即用电给飞轮电池

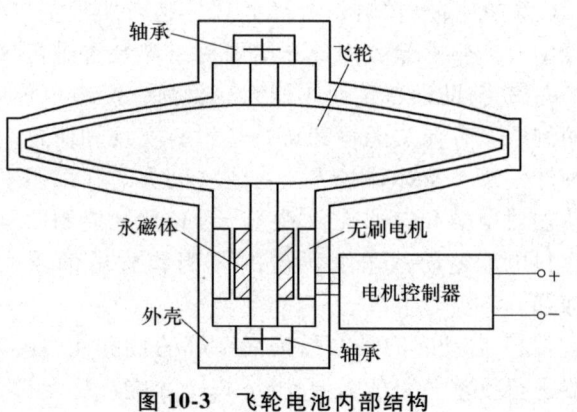

图10-3 飞轮电池内部结构

"充电"来增加飞轮的转速,从而增大其动能;放电时,电机则以发电机状态运转,在飞轮的带动下对外输出电能,完成机械能(动能)到电能的转化。

实际使用的飞轮装置主要包括以下部件:飞轮、轴、轴承、电机、真空容器和电力电子变换器。飞轮是整个电池装置的核心部件,它直接决定了整个装置的储能多少,它储存的能量与飞轮的形状、重量及旋转角速度有关。

飞轮电池兼顾化学电池、燃料电池和超导电池等储能装置的优点,主要表现在以下几个方面:能量密度高,能量转换效率高,体积小、重量轻,工作温度范围宽,使用寿命长,低损耗、低维护。

7. 动力蓄电池性能指标

动力蓄电池的性能指标主要有电压、容量、比能量、比功率、使用寿命等,由于种类不同,性能指标也有较大差异。

(1)电压 电压的指标包括额定电压、开路电压、终止电压等,常用单位是伏(V)或千伏(kV)等。具体含义如下:

1)额定电压。额定电压指该电化学体系的蓄电池工作时公认的标准电压。例如:锌锰干电池为1.5V,镍镉蓄电池为1.2V,铅酸蓄电池为2V,锂离子蓄电池为3.7V。

2)开路电压。蓄电池的开路电压是无负荷情况下的蓄电池电压。开路电压不等于蓄电池的电动势。必须指出,蓄电池的电动势是根据热力学函数计算得到的,而蓄电池的开路电压是实际测量出来的。

3)终止电压。蓄电池在一定标准规定的放电条件下放电时,蓄电池的电压逐渐降低,当蓄电池不宜再继续放电时,蓄电池的最低工作电压称为终止电压。

(2)容量 蓄电池的容量单位为库(C)或安时(A·h)。蓄电池容量的大小与正、负极上活性物质的数量和活性有关,与蓄电池的结构、制造工艺和蓄电池的放电条件(电流、温度)有关。影响蓄电池容量因素的综合指标是活性物质的利用率。换言之,活性物质利用率越充分,蓄电池的容量就越高。蓄电池容量特性的专用术语如下:

1)额定容量。在设计和生产蓄电池时,规定或保证在指定的放电条件下蓄电池应该放出的最低限度的电量。

2)实际容量。在一定的放电条件下,即在一定的放电电流和温度下,蓄电池在终止电压前所能放出的电量。由于蓄电池的活性物质不可能100%地被利用,蓄电池的工作电压总是小于电动势,所以蓄电池的实际容量总是小于理论容量。

(3)功率 蓄电池的功率是指蓄电池在一定放电条件下,单位时间内蓄电池输出的能量,功率单位为W或kW。理论上,蓄电池的功率可表示为

$$P_0 = \frac{W_0}{t} = \frac{C_0 E}{t} = IE$$

式中,t为放电时间;C_0为蓄电池的理论容量;E为蓄电池的电动势;I为恒定的放电电流。

此时蓄电池的实际功率应为

$$P = IU = I^2 R_W$$

式中,$I^2 R_W$为消耗于蓄电池内阻上的功率,这部分功率对负载是无用的。

(4)比能量 比能量是指蓄电池的单位质量或单位体积所能获得的电能(W·h/kg或W·h/L),也称作能量密度。

比能量是蓄电池的关键性能参数，是表征车辆续驶里程的关键因素。

（5）比功率　比功率是从蓄电池的单位质量或单位体积所获取的输出功率，其单位为 W/kg 或 W/L。比功率也称作功率密度。比功率是蓄电池的关键性能参数，其大小表征蓄电池所能承受的工作电流的大小，蓄电池比功率大表征蓄电池可以承受大电流放电。比功率是评价蓄电池及蓄电池组是否满足动力驱动系统在车辆加速、爬坡和再生制动时的指标。

（6）能量效率　能量效率（瓦时效率）指放电时从蓄电池中释放的能量与同循环过程中充电能量的比值。

（7）蓄电池的剩余容量 Q_{rem}　蓄电池的剩余容量是指蓄电池在一定放电倍率下放电后，蓄电池剩余的可用容量。剩余容量的估计和计算受到蓄电池前期应用的放电率、放电时间、蓄电池老化程度、应用环境等多种因素的影响，估算比较困难。

（8）蓄电池的最大可用容量 Q_{max}　蓄电池的最大可用容量是指蓄电池从充满电状态以足够小的电流放电至放完电状态过程中的总放电容量。

（9）蓄电池的荷电状态（SOC）　蓄电池的荷电状态（State of Charge，SOC）是指当前蓄电池中按规定放电条件可以释放的容量占可用容量的百分比。

（10）放电深度（DOD）　放电深度（Depth of Discharge，DOD）表示蓄电池放电量与蓄电池额定容量的百分比。

当蓄电池的放电量至少超过其额定容量的 80% 时即可认为达到深度放电。

（11）循环充放电次数　对动力蓄电池而言，蓄电池的寿命为循环充放电次数。循环充放电次数是衡量二次电池性能的一个重要参数。经受一次充电和放电，称为一次循环。在一定的充放电制度下，蓄电池容量降至某一规定值之前（不能满足寿命终止标准前），蓄电池能承受的循环充放电次数，也称为二次电池充放电循环寿命。充放电循环寿命越长，蓄电池的性能越好。

8. 新能源汽车对动力蓄电池的要求

由于新能源汽车安装动力蓄电池的空间有限，动力蓄电池的体积太大会占据有限的空间，动力蓄电池的重量会影响续驶里程，同时起动和加速需要瞬时的响应速度，动力蓄电池的能量和电流要瞬间响应，因此新能源汽车对动力蓄电池提出的要求如下：

1）高能量密度：容量大、重量轻、体积小。
2）高功率密度：瞬间放电电流大，起动和加速性能好。
3）使用寿命长：动力蓄电池模组的平均寿命要求一致。
4）费/效比低：动力蓄电池的更换维护费用低、效率高。
5）充电时间短：快速充电时间与燃油加注时间接近。
6）安全性能好：防爆燃、防高温性能稳定。
7）过充电/过放电性能好：充放电过程有动力蓄电池管理系统（BMS）监控和智能化管理。

10.1.2　动力蓄电池管理技术

动力蓄电池管理系统与动力蓄电池紧密结合在一起，通过对动力蓄电池模组和动力蓄电池单元（电芯）的电压、电流、温度等参数的采集、计算，进而监控和管理动力蓄电池的充放电过程，实现对动力蓄电池的保护，提升动力蓄电池的综合性能，使动力蓄电池工作在最佳状态。

1. BMS 的基本结构

BMS 的基本结构如图 10-4 所示,主要包括数据采集、蓄电池状态计算、能量管理、安全管理、热管理、均衡电路、通信功能和人机接口等功能模块。

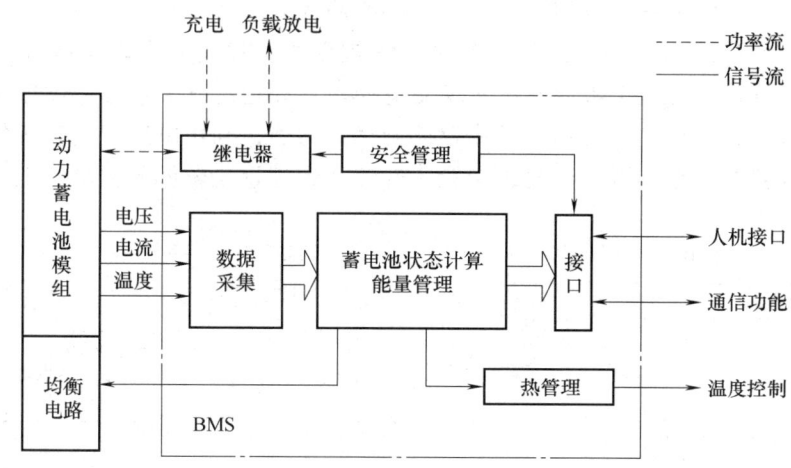

图 10-4　BMS 的基本结构

2. BMS 的工作原理

数据采集单元采集蓄电池的状态信息(电压、电流、温度等)数据后,通过 CAN 总线将数据传送给电控单元进行数据处理和分析,然后 BMS 根据分析结果对系统内的相关功能模块发出控制指令,并向外界传递蓄电池状态信息,同时 BMS 通过 CAN 总线与组合仪表及车载充电机等进行通信,实现蓄电池状态信息显示、蓄电池充电监控等功能。

3. BMS 的功能

BMS 是动力蓄电池保护和管理的核心部件,它不仅要保证动力蓄电池安全可靠地使用,而且要充分发挥动力蓄电池的性能和延长其使用寿命。在动力蓄电池系统中,它的作用就相当于人的大脑。BMS 作为动力蓄电池和整车控制单元(Vehicle Control Unit,VCU)以及与驾驶人沟通的桥梁,通过控制接触器进而控制动力蓄电池模组的充放电,并向整车控制器传送动力蓄电池系统的基本参数及故障信息。

BMS 的主要功能包括数据采集、状态分析、均衡控制、安全保护、热管理、数据通信等。

(1)数据采集　BMS 能够实时采集纯电动汽车动力蓄电池中每个动力蓄电池模块的端电压、充放电电流、动力蓄电池模组总电压及温度等,在实际使用过程中,动力蓄电池在不同温度下的电化学性能不同,因而各个蓄电池所放出的能量也不同。BMS 可以通过软件分析单体蓄电池的状态,有效预测单体蓄电池的供电性能,及时发现性能劣化的故障蓄电池,为对动力蓄电池模组进行精细维护提供测量依据,保证动力蓄电池使用的安全性和可靠性。

(2)状态分析　BMS 能够准确地对动力蓄电池的 SOC 和动力蓄电池健康状态(State of Health,SOH)这两个方面进行估测,随时预报动力蓄电池的 SOC 值,使其控制在 30%~70% 的工作范围内,让驾驶者获得直接的信息,了解剩余电量对续驶里程的影响。对 SOC 的分析结果会受到 SOH 的影响,而动力蓄电池在使用过程中 SOH 又受到温度和电流等影响而不断变化,因而需要不断对其进行分析,以确保 SOC 分析结果的准确性。

(3)均衡控制 受到生产制造和工作环境的影响,单体蓄电池之间在电压、容量和内阻等性质上会有所差别,导致它们在实际使用过程中有效容量和充放电电量不同,因此,为保证动力蓄电池系统的整体工作性能以及延长其使用寿命,减少单体蓄电池之间的差异,在蓄电池模组各个蓄电池之间设置均衡电路,实施均衡控制。

均衡控制示例如图 10-5 所示。均衡控制分为被动均衡控制和主动均衡控制。被动均衡又称能量耗散式均衡,通过电阻能耗法实现充电均衡,即通过开关信号,高容量蓄电池的容量以热量的形式转化消耗。主动均衡又称容量转移式均衡,利用电感或电容等储能元件,把蓄电池模组中容量高的单体蓄电池通过储能元件转移到容量比较低的蓄电池上。

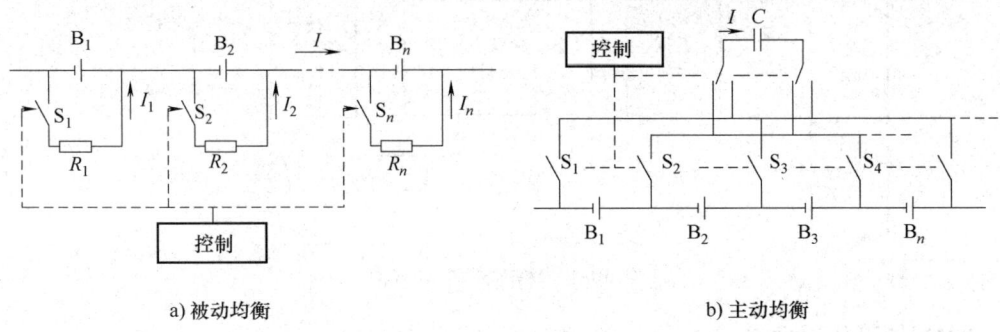

图 10-5 均衡控制示例

(4)安全保护 安全保护是 BMS 最重要的功能,是基于前面 3 个功能而进行的,主要包括过电流保护、过充电过放电保护、过温保护和绝缘监测。

1)过电流保护是根据 SOC 限制充电电流或放电电流,防止动力蓄电池电流过大而造成内部发热、热量积累增加造成温度上升,从而导致动力蓄电池的热稳定性下降,影响动力蓄电池的使用寿命和安全性能。BMS 会判断电流值是否超过安全范围,一旦超过则会采取相应的安全保护措施。

2)过充电过放电保护是指动力蓄电池在充电或放电过程中,BMS 会检测系统中单体蓄电池的电压,当电压超过充电或放电限制电压时,BMS 会断开充电或放电回路从而保护动力蓄电池系统。

3)过温保护是指 BMS 能够在动力蓄电池温度超过高温限制值或是低于低温限制值时,禁止进行充放电。

4)绝缘监测功能是保证动力蓄电池系统安全的重要功能之一。动力蓄电池系统的电压通常有几百伏,一旦出现漏电将会给驾乘人员带来安全隐患,所以绝缘监测功能就显得格外重要。BMS 会实时监测总正和总负对车身搭铁的绝缘阻值,如果出现绝缘阻值低于安全范围,则会上报故障并断开高压电。

(5)热管理 由于空间有限,动力蓄电池工作中产生的热量积累会造成各处温度不均匀,从而影响电池蓄单体的一致性,进而降低动力蓄电池充放电循环效率,影响动力蓄电池的功率和能量的发挥,严重时还将导致热失控,影响系统的安全性与可靠性。为了使动力蓄电池模组发挥出最佳性能,需要对动力蓄电池进行热管理,将动力蓄电池包的温度控制在合理的范围内。BMS 热管理的主要功能包括:动力蓄电池温度的准确测量和监控、动力蓄电池模组温度过高时的有效散热、低温条件下的快速加热、保证动力蓄电池模组温度的均匀分布,以及动力蓄电池散热系统与其他散热单元的匹配。

(6) 数据通信　动力蓄电池数据通信示意图如图 10-6 所示。通过 BMS 实现蓄电池参数和信息与车载设备或非车载设备的通信,为充放电控制和整车控制提供数据依据是动力蓄电池管理系统的重要功能之一。根据应用需要,数据交换可采用不同的通信接口,如模拟信号、PWM 信号、CAN 总线或串行接口。

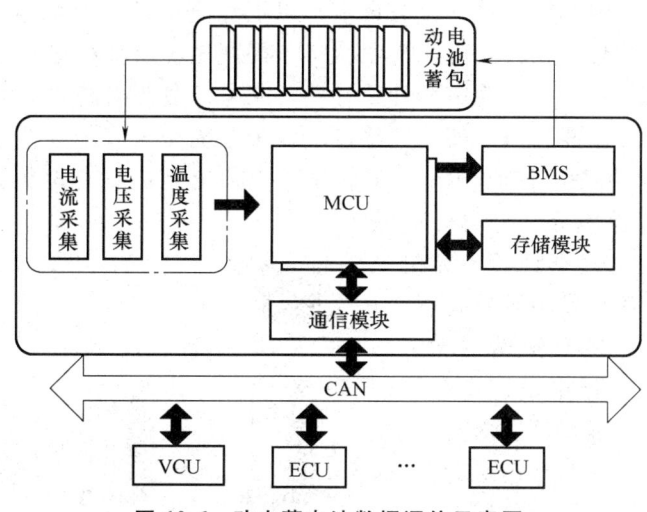

图 10-6　动力蓄电池数据通信示意图

10.1.3　动力蓄电池充电技术

与传统内燃机汽车需要添加燃油来驱动汽车行驶不同,新能源汽车需要依靠补充电能来驱动汽车行驶。

新能源汽车补充电能的方式可分为换电式和充电式两种。换电式是指通过更换动力蓄电池来实现补充电能的目的,充电式是指通过外接充电接口从供电电源处提取能量从而对动力蓄电池进行充电。如何解决并延长新能源汽车充电动力蓄电池的循环使用寿命是影响新能源汽车发展最核心的技术问题之一。

1. 新能源汽车充电概述

(1) 充电设施

1) 充电桩。充电桩如图 10-7 所示。充电桩分为交流充电桩(慢充)、直流充电桩(快充)两种。交流充电桩的基本功能包括交流供电、计量计费与监控;直流充电桩的基本功能包括直流供电、计量计费与监控。充电桩基本构成包括桩体、电气模块和计量模块。交流充电桩通过一定规格接口为车载充电机提供交流电能。

直流充电桩通过一定规格接口为新能源汽车动力蓄电池模组提供小容量直流电能。充电桩由一个能将输入的交流电转换为直流电的整流器和一个能调节直流电功率的功率变换器组成,通过

图 10-7　充电桩

把带电线的插头插入新能源汽车上配套的插座中，直流电能就输入动力蓄电池对其充电。

2）充电机。充电机通过接口与新能源汽车进行连接，为新能源汽车提供一定规格的电源，是新能源汽车的能量补给装置，其充电性能关系到动力蓄电池模组的使用寿命、充电时间。实现对动力蓄电池快速、高效、安全、合理的电量补给是新能源汽车充电机设计的基本原则，还要考虑充电机对各种动力蓄电池的适用性。充电机根据实时检测到的动力蓄电池模组的端电压、充电电流、温度、动态内阻等信息，通过采用智能控制算法实现对充电电流脉冲宽度、间歇时间、放电电流脉冲的分段调节，以消除充电动力蓄电池模组的电极化现象，使动力蓄电池模组时刻处于较佳的电流接收状态，提高充电速度和充电效率。

充电机的基本功能包括直流充电和计量计费。充电机主要由高频开关电源模块、监控单元、人机操作界面、与新能源汽车的电气接口、计量系统和通信接口等组成。

3）充电站。充电站基本构成如图10-8所示，包括充电机（充电柜）、监控系统、安全防护设施和其他配套设施等。充电站的基本功能包括直流充电、计量计费、充电过程监控、配电设备监控与站内设备管理。

监控系统的基本功能包括站内设备的监视、保护、控制、数据记录、安全管理和事故情况下的紧急处理，可以对充电机、配电设备等进行监控，并对站内视频监视、火灾报警及其他设备进行管理。

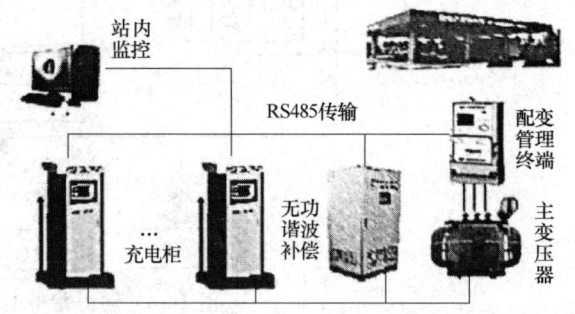

图10-8 充电站的基本构成

充电站、充电桩场所应配置安全防护、电击防护的电气装置，配置必要的防火、消防设施。充电站、充电桩的防雷要求、建筑物构件、电力设备消防安全要求应符合国家有关规定。

（2）动力蓄电池充电的类型　按照不同的分类要求，对动力蓄电池的充电进行如下分类：

1）按照充电方法的不同，可分为恒压充电、恒流充电、脉冲充电、智能充电、均衡充电、初充电。

① 恒压充电：在充电过程中，充电电压始终保持不变，称为恒定电压充电，简称恒压充电或等压充电。电信装置、不间断电源（UPS）等的蓄电池的浮充电和涓流充电都采用恒压充电。该方法的优点是随着动力蓄电池SOC的变化，自动调整充电电流。

② 恒流充电：在充电过程中，充电电流始终保持不变，称为恒定电流充电，简称恒流充电或等流充电。此方法的优点是可以根据动力蓄电池的容量确定充电电流值，直接计算充电量并确定充电完成时间。

③ 脉冲充电：先用脉冲电流对动力蓄电池进行充电，然后让动力蓄电池停充一段时间，如此循环。充电脉冲使动力蓄电池充满电量，而间歇期使动力蓄电池经化学反应产生的氧气和氢气有时间重新化合而被吸收掉，使动力蓄电池可以吸收更多的电量；间歇脉冲使动力蓄电池有较充分的反应时间，减少析气量，提高了动力蓄电池的充电效率。

④ 智能充电：应用dU/dt技术，跟踪检测动力蓄电池端电压在单位时间内的变化量，动态跟踪动力蓄电池可以接受的充电电流，保持充电电流始终处于动力蓄电池可接受的充电

电流曲线附近，使动力蓄电池几乎在无气体析出的条件下进行充电。

⑤ 均衡充电：均衡充电实际上是以小电流（约 20h 放电率的电流）进行 1~3h 的过充电过程，一般均衡充电不能频繁进行。

⑥ 初充电：对于动力蓄电池模组，在投入使用前，应按照使用说明书的规定进行小电流长时间的初充电。

在新能源汽车上，可根据动力蓄电池模组的情况和发动机-发电机的发电情况，选择不同的充电方法。

2）按照充电方法的不同，可分为传导式充电、感应式充电、远程无线充电。

① 传导式充电。传导式充电是利用电缆传导给动力蓄电池进行充电的方式。以电缆为传输介质，通过电缆和插头插座连接，进行直接的接触式电能传输。

传导式充电又可分为交流充电和直流充电。交流充电由交流充电桩提供 220V 或 380V 交流电能，车载充电机完成交直流变换，充电功率一般不大于 5kW，充电时间通常为 5~8h。直流快充由非车载充电机完成交直流变换，充电功率较大，从几十千瓦到上百千瓦，充电时间可从 9min（直流快充）~6h（直流普通充电）。当前动力蓄电池技术性能下，直流快充仅可作为新能源汽车充电的应急补充。

充电站布局如图 10-9 所示。目前，新能源汽车充换电设施接入配电网的典型方式主要有两种。一种是充电桩，就近接入 380V 低压配电网。另一种是充/换电站，采用专用变压器接入或专线接入 10kV 中压配电网。

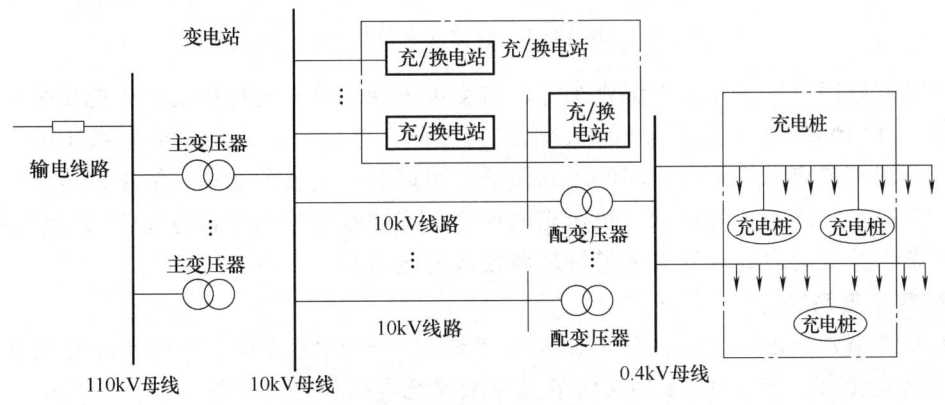

图 10-9　充电站布局

② 感应式充电。感应式充电是一种无线充电方式，又叫感应充电、非接触式感应充电，是基于电磁感应原理的空间范围内的电能无线传输技术。具体而言，车主将汽车停在停车点地板下感应线圈磁场范围内，可变磁场对动力蓄电池电路施加电压，从而为动力蓄电池充电。这一方法的优势是驾驶者无须主动参与充电流程或接触电路，因此可以最大限度地防止不当操作。

③ 远程无线充电。远程无线充电技术具体方案为：利用一台无线发射器将电能转换成一种符合现行标准的特殊的微波束给移动中的新能源汽车充电，汽车只要进入发射器工作范围，用安装在车顶的专用接收天线接收微波束即可。这样，给车辆充电就像使用车载电话一样方便。

(3) 新能源汽车充电的基本要求　新能源汽车对充电系统的基本要求如下:

1) 安全性。包括驾乘人员和操作人员的人身安全和动力蓄电池的安全。

2) 易用性。操作简单便捷,具有较高的智能性,操作人员不需要过多地干预充电过程。

3) 高效性。能够高效率地完成充电过程是对新能源汽车充电系统最重要的要求之一。

4) 经济性。价格低廉、性能优异的充电设备有助于降低新能源汽车的整体成本,增强新能源汽车的市场竞争力。

2. 快速充电系统

快速充电系统如图 10-10 所示,主要由直流充电桩、直流充电插头(俗称充电枪)、快充接口、高压配电盒等组成。其作用在于从公共电网获取电能并为动力蓄电池进行充电。

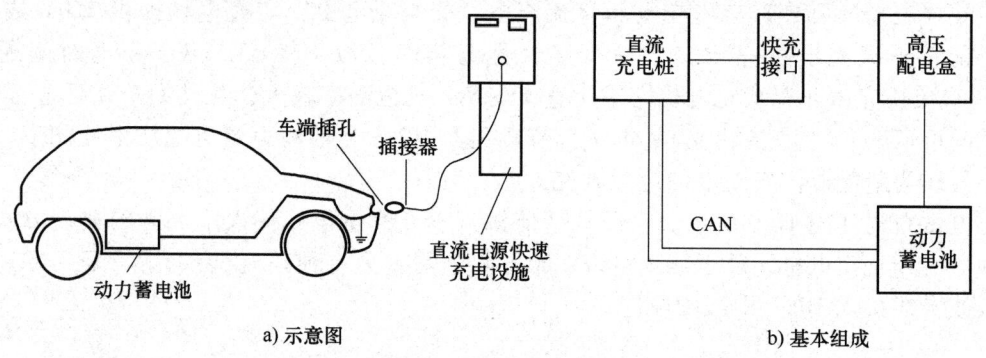

图 10-10　快速充电系统

快速充电桩固定安装在新能源汽车外,与交流电网连接,充电桩的输入电压采用三相四线 AC 380 (1±15%) V,频率为 50Hz,输出为可调直流电,直接为新能源汽车的动力蓄电池充电。由于直流充电桩采用三相四线制供电,可以提供足够的功率,输出的电压和电流调整范围大,满足实现快充的要求。快速充电桩可以有效地保护动力蓄电池,监控动力蓄电池的工作状态,并为动力蓄电池模组提供最高效的充电方案。

3. 慢速充电系统

新能源汽车常规慢速充电(简称慢充)是通过慢速充电线束(家用慢速充电线束或充电桩慢速充电线束)与 220V 家用交流插座或交流充电桩相连,对整车进行充电的交流慢充方式,以实现对动力蓄电池的电能补给。

新能源汽车根据使用情况在使用结束后或动力蓄电池 SOC 低于设定值时应立即充电。可用外部交流电源(交流充电桩)给新能源汽车车载充电机提供电能。交流慢速充电电流比较小,充电时间相对较长,一般充电时间为 5~8h,有的甚至长达 9~20h。慢速充电示意图如图 10-11 所示。

慢速充电桩原理拓扑图如图 10-12 所示。它是一种利用专用充电接口为具有车载充电机的新能源汽车提供交流电能,并提供友好的人机操作界面,具有相应的控制、计费和

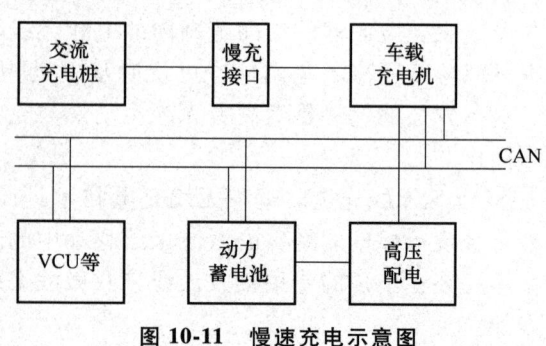

图 10-11　慢速充电示意图

通信等功能的新能源汽车专用交流供电装置。慢速充电方式对电网没有特殊要求，只要能够满足照明要求的供电质量就能够使用。

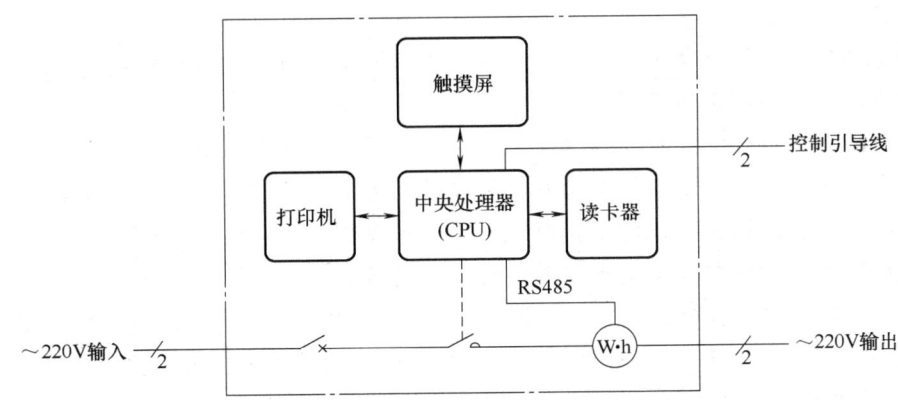

图 10-12　慢速充电桩原理拓扑图

小型充电站是新能源汽车的一种最重要的充电方式，慢充充电桩可设置在街边、超市、办公楼、停车场等处。新能源汽车驾驶人只需将车停靠在充电站指定的位置上，插上充电枪即可开始充电。

10.2　电机及其驱动控制技术

新能源汽车通过驱动电机将电能转化为机械能，并通过传动装置将能量传递到车轮，从而使车辆按照驾驶人的意愿行驶。驱动电机是电动汽车的关键动力部件之一。

10.2.1　电动汽车驱动电机

1. 电机的基本概念

电机是指依据电磁感应定律实现电能转换或传递的电磁装置。它的主要作用是产生驱动转矩，作为车用电器或各种机械的动力源。电机通常具有电动机与发电机的双重功能。

新能源汽车的驱动电机有有刷或无刷直流电机、永磁或电磁直流电机、交流异步电机、永磁同步电机、开关磁阻电机等，它们的选用也与整车配置、用途和档次有关。另外，驱动电机的调速控制可分为有级调速和无级调速，有采用电子调速控制器和不采用调速控制器之分。

2. 驱动电机的作用

驱动电机在新能源汽车上的具体任务是：在驾驶人操纵控制下，将内燃机-发电机系统、动力蓄电池模组的电能转化为车轮的动能驱动车辆，并在车辆制动时把车辆的动能再生为电能反馈到动力蓄电池中以实现车辆的再生制动。近 90% 的电机由旋转磁场设备组成，其主要优势在于可通过旋转磁场从定子向转子进行非接触式能量传输，这样就不需要直流电机换向器等磨损件。因此，这类设备磨损低，所需维护少。

3. 驱动电机的主要性能指标

驱动电机主要性能指标如下：

1) 额定电压:在额定工况运行时,电机定子绕组应输入的线电压值。
2) 额定电流:在额定电压下,电机轴上输出的机械功率为额定功率时,电机定子绕组通过的线电流值。
3) 额定转速:在额定电压输入下,以额定功率输出时对应的电机转速,单位为 r/min。
4) 额定功率:在额定条件下,电机轴上输出的机械功率,单位为 kW。
5) 峰值功率:在规定的时间内,电机允许输出的最大功率,单位为 kW。
6) 最高工作转速:相应于新能源汽车最高设计车速的电机转速,单位为 r/min。
7) 最高转速:在无负载条件下,电机允许的最高转速,单位为 r/min。
8) 额定转矩:电机在额定功率和额定转速下的输出转矩,单位为 N·m。
9) 峰值转矩:电机在规定的持续时间内允许输出的最大转矩,单位为 N·m。
10) 堵转转矩:电机转子在所有角位堵住时所产生的转矩最小测得值,单位为 N·m。
11) 机械效率:电机在额定条件下运行时,额定功率与电源输入到电机定子绕组上的功率百分比。

$$\eta = \frac{P_2}{P_1} \times 100\%$$

式中,η 为电机机械效率;P_2 为有效输出功率;P_1 为实际输出功率。

12) 温升:电机在运行时允许升高的最高温度,单位为℃。

4. 新能源汽车对驱动电机的要求

新能源汽车对驱动电机通常要求频繁起动、停车、加速、减速,低速或爬坡时要求高转矩,高速行驶时要求低转矩,并要求变速范围大。

新能源汽车对驱动电机的具体要求如下:

1) 电压高。在允许的范围内,尽可能采用高电压,可以减小电机的尺寸和重量,特别是可以降低逆变器的成本。
2) 转速高。新能源汽车所采用的感应电机的转速可以达到 8000~12000r/min,高转速电机的体积较小、重量较轻,有利于降低整车的装备质量。
3) 重量轻,体积小。可通过采用铝合金外壳等途径减轻电机的重量,各种控制装置和冷却系统的材料等也尽可能选用轻质材料。
4) 电机应具有较大的起动转矩和较宽范围的调速性能,以满足车辆起动、加速、行驶、减速、制动所需的功率与转矩。
5) 新能源汽车驱动电机需要有 4~5 倍的过载能力,以满足短时加速行驶与最大爬坡度的要求,而工业驱动电机只要求有 2 倍左右的过载即可。
6) 新能源汽车驱动电机应具有高的可控性、稳态精度和动态性能,以满足多部电机协调运行,而工业驱动电机只要求满足某一种特定的性能。
7) 电机应具有高效率、低损耗,在车辆减速时可进行制动能量回收。
8) 电气系统的安全性和控制系统的安全性应达到有关标准和规定。
9) 电机应具有高的可靠性、耐温和耐潮性,运行时噪声低,能够在较恶劣的条件下长期工作。
10) 结构简单,适合大批量生产,使用维修方便,价格便宜等。

10.2.2 新能源汽车电机驱动技术

1. 电机驱动系统的基本组成

电机驱动系统是新能源汽车的心脏,也是新能源汽车的关键子系统。它由电机、功率变换器、控制器、各种检测传感器和电源(动力蓄电池模组)组成,其任务是在驾驶人的控制下,高效地将动力蓄电池的电能转化为车轮的动能,或者将车轮的动能反馈到动力蓄电池中。电机驱动系统的基本组成如图 10-13 所示。

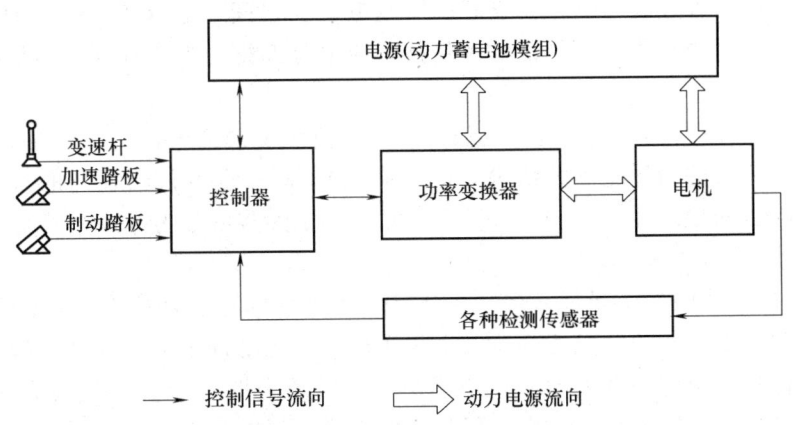

图 10-13 电机驱动系统的基本组成

电机一般要求具有电动与发电两项功能,即有四象限运行特性,按其类型可选用直流、交流、永磁无刷或开关磁阻电机。功率变换器按所选电机类型,有 DC/DC 功率变换器、DC/AC 功率变换器等形式,其作用是按所选电机驱动电流要求,将动力蓄电池的直流电变换为所需电压等级的直流、交流或脉冲电源。各种检测传感器为提高改善电机的调速特性而设置,主要有电压、电流、速度、转矩以及温度等检测反馈,对于永磁无刷电机或开关磁阻电机还要求有电机转角位置检测。

2. 电机驱动系统的特点

为了满足汽车的动力性、经济性、排放性,电机驱动系统应具有以下特点:

1)以电磁转矩为控制目标,通过加速踏板和制动踏板的开度来实现电磁转矩的目标值,要求转矩响应迅速、波动小。

2)新能源汽车要求驱动电机有较宽的调速范围,电机能在四象限内工作。

3)为保证加速时间,要求电机低速时有大的转矩输出和较大的过载倍数。为保证汽车能达到最高车速,要求电机高速区处有一定的功率输出。

4)驱动系统高效,电磁兼容性好,易于维护。

5)良好的可靠性、耐温、耐潮湿,可以在恶劣的环境条件下长时间运转,结构简单,适合批量生产。

3. 电机驱动系统的类型

目前常用的电机驱动系统主要有两类:直流电机驱动系统和交流电机驱动系统。直流电机驱动系统即由直流电源给电机供电的驱动系统,交流电机驱动系统即由交流电源给电机供电的驱动系统。

10.2.3 驱动电机控制技术

1. 直流变换技术

同一辆新能源汽车有不同的直流母线电压需求,动力蓄电池、超级电容器、燃料电池可以输出高电压,形成高压直流母线,常见的标称电压为 DC 90~400V;为了进一步提高驱动电机的功率密度和系统效率,高压直流母线的工作电压可超过 DC 800V。灯光、音响等汽车小功率负载往往使用传统的 12V 和 24V 的低压直流电源。最新的汽车低压直流电压标准趋向统一的 48V。在高压直流母线之间或高低压直流母线之间,通常需要一个直流(DC/DC)变换器,完成直流电源至直流电源的功率变换,对电源匹配、效率提高、体积减小或成本降低有益处。

DC/DC 变换器是将一个直流电源变换为另一个直流电源的电力电子电路。通过 PWM 技术控制功率半导体器件的导通和关断时间,连续调节 DC/DC 变换器输出的直流电压,可实现输入/输出电压之间的下降或上升。因此,DC/DC 变换器可分为降压变换器、升压变换器和升降压变换器。

(1)DC/DC 升降压变换器(双向) 图 10-14 所示的直流功率变换器是双向直流功率变换器,实现动力蓄电池和电机逆变器两个高压母线电压之间的双向功率转换。当动力蓄电池作为供能装置时,半桥型直流功率变换器是一个升压电路,开关 S 进行升压 PWM 斩波,将 200V 动力蓄电池升压为高压 500V,可与发电机逆变器输出的电能共同为驱动电机逆变器提供功率。当动力蓄电池需要吸收电能时,半桥型直流功率变换器是一个降压电路,开关 S 进行降压、PWM 斩波,将 500V 高压降压为 200V,吸收源自驱动电动机逆变器或发电机逆变器的输出电流。

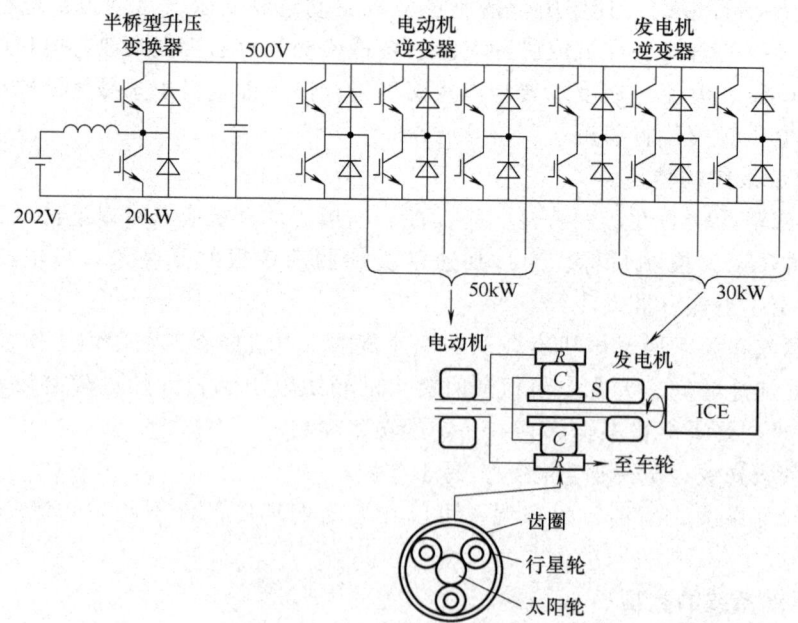

图 10-14 某典型混合动力电动汽车的驱动系统结构

对于交流电机驱动系统而言,在动力蓄电池和驱动电机控制器之间增加一个直流功率变换器，提高了电机控制器输入侧的直流母线电压，有3个好处：①增大感应电动势幅值，电机基速增大，扩大了电机的调速范围，也增加了输出功率，具有电子升速的功能；②感应电动势增大，相同功率下驱动电机的电流可减小，电机的铜损耗和功率半导体器件的开关损耗均可减小，系统效率提高；③电机转速范围扩大，驱动电机的功率密度可提高，重量和体积均可减小，增加了车载空间布置的灵活性。当然，在电压升高后的高压母线侧电气系统，电气材料的电绝缘性能等级必须提高，满足汽车电安全标准的要求。

（2）DC/DC降压变换器（单向） 与传统汽车一样，车灯、音响、刮水器等低压电器对新能源汽车来说同样重要。因此，就需要DC/DC变换器将动力蓄电池提供的几百伏高电压降为安全电压的12V或24V，为低压铅酸蓄电池补充电能，满足车载低压电器的功率和能量需求。

如图10-15所示，低压DC/DC变换器采用隔离变压器的DC/DC技术，常用全桥式的功率电路拓扑。全桥式隔离DC/DC变换器的电路原理是先将直流电逆变成单相交流电，从隔离变压器的一次侧传递到二次侧，而后整流为直流电，供给负载。提高功率密度、改善系统效率、减小对其他电子元件干扰、降低成本是高低压DC/DC技术的研究方向。

新能源汽车保留了低电压铅酸蓄电池，既可以降低车辆的整体成本，又可以确保电源的冗余度。铅酸蓄电池能在短时间内向车灯和刮水器等低压电器释放大电流，如果省去铅酸蓄电池，DC/DC变换器的功率要增加，体积要增大，从而使系统成本增加。当DC/DC变换器出现故障停止供电时，如果没有铅酸蓄电池，车载电器设备就会立即停止运行，影响汽车的安全行驶。

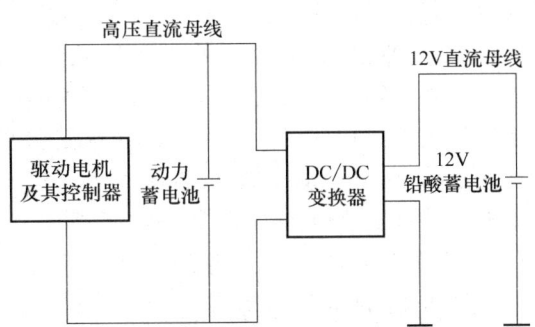

图10-15 高压直流母线与12V直流母线的电能转换电路示意图

延展阅读：解读国家新能源汽车发展战略，做好个人职业规划！

我国就新能源汽车的发展部署了"三纵三横"（"三纵"指插电式混合动力（含增程式）汽车、纯电动汽车、燃料电池汽车；"三横"指动力蓄电池与管理系统、驱动电机与电力电子、网联化与智能化技术）总体路线战略，清晰地指明了研发和产业化思路。因此，在我国当代语境下，新能源汽车主要是指"插电式混合动力（含增程式）汽车、纯电动汽车、燃料电池汽车"3种。汽车驱动系统的电气化将是汽车能源转型的主要途径，也是未来我国新能源汽车的主要战略方向。

2. 逆变技术

逆变器是一个将直流电能变换成交流电能的电路系统，它能够输出频率、幅值和相位可调的正弦波。因此，逆变器广泛应用在工业交流电机调速、太阳能、风能等新能源并网发电、不间断电源、新能源汽车等领域。

根据输入电源类型，逆变器可分为电压型逆变器和电流型逆变器。

电压型逆变器的特点是：

1) 直流侧为电压源或并联大电容。
2) 交流侧输出脉冲波电压,交流电流波形由负载决定。

电流型逆变器的输入为直流电流源,常通过直流链路的电感产生。另外,输出并入电网的逆变器称为有源逆变器,而输出供给负载的逆变器则称为无源逆变器。

电压型逆变器的基本电路结构如图10-16所示。图中的直流链路是围绕滤波电容构成的电容预充电电路和回馈过电压泄放电路,逆变电路是由功率半导体器件构成的拓扑电路,控制电路的主要功能是产生逆变电路的PWM触发信号。

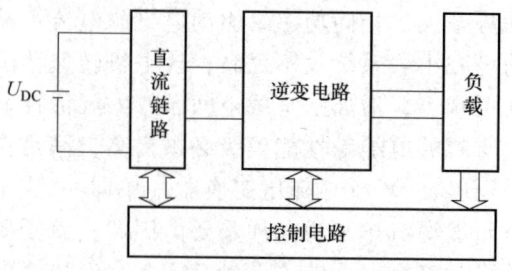

图 10-16 电压型逆变器的基本电路结构

在中大功率的逆变电源中,3个桥臂的三相电压源逆变器应用广泛,因为它能够提供一个幅值、相位和频率都可控的三相电压源。三相电压源逆变器在新能源汽车的动力驱动和辅助系统中得到广泛应用。

(1) 三相电压源逆变器的工作原理 三相电压源逆变器的标准电路拓扑如图10-17所示。它由直流输入滤波电容和3个两开关串联的桥臂组成。每个功率半导体开关并联了一个用于感性负载续流的反向二极管,而且使逆变器具备了再生能量回馈的功能。

在逆变器中,每个桥臂的两个功率半导体开关不能同时导通,否则会导致直流链路电压源的短路。在逆变器的运行过程中,桥臂上的两个开关不能同时都处于截止状态,否则将引起负载电压的瞬时不确定性。

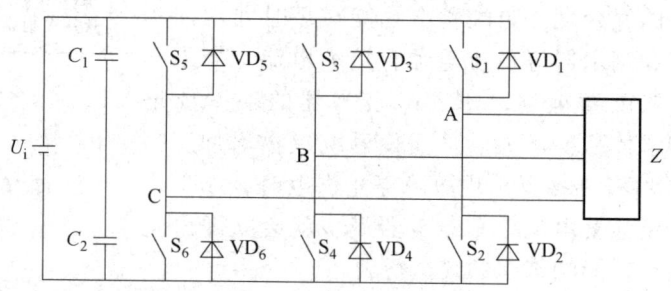

图 10-17 三相电压源逆变器的标准电路拓扑

如果三相星形负载 Z 的中性点为 N,则三相电压源逆变器有 8 个有效的开关模式,其中有 2 个零电压开关状态,表示上桥臂或下桥臂的 3 个开关完全关断,感性负载的电流能够通过它们续流。这 2 个零电压开关状态也能优化其他 6 个开关状态的相互切换。

例如:当开关模式 $S_A S_B S_C$ 为 100 时,表示 A 相连接桥臂的上桥臂开关 S_1 导通,下桥臂开关 S_2 截止,B 相连接桥臂的上桥臂开关 S_3 截止,下桥臂开关 S_4 导通,C 相连接桥臂的上桥臂开关 S_5 截止,下桥臂开关 S_6 导通。开关电流的路径与负载相电流相关。

总之,开关模式中 $S=1$ 表示同一桥臂的上桥臂开关导通,下桥臂开关截止;$S=0$ 表示同一桥臂的上桥臂开关截止,下桥臂开关导通。

(2) 三相电压源逆变器应用举例 三相交流电机控制电路由直流链路、功率电子电路和电子控制单元3个部分组成,如图10-18所示。该控制器采用一个电压源逆变器,动力蓄电池经过一个直流接触器与直流链路连接,直流接触器能够同时切断驱动电机控制器与动力蓄电池正负极的连接,它可以采用手动控制或自动控制方式,对新能源汽车的安全行驶和日常维护具有保护作用。

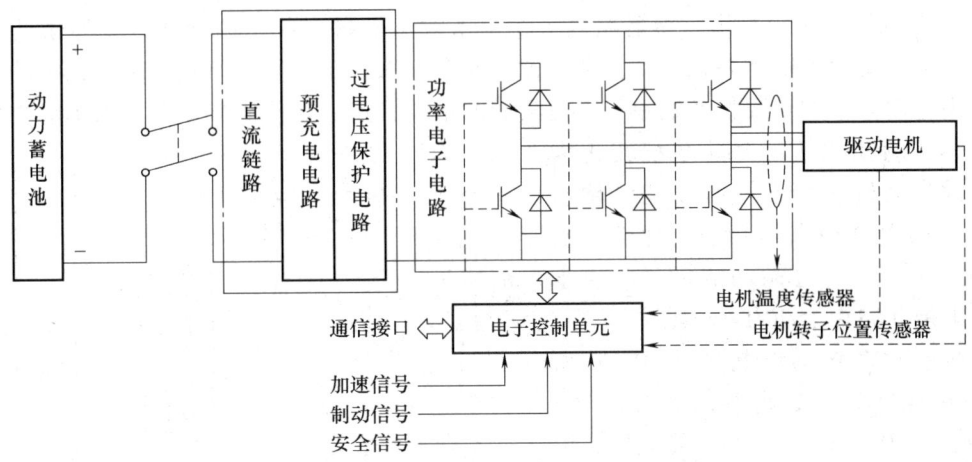

图 10-18 三相交流电机控制电路

功率电子电路通常采用智能三相全桥功率模块，它由 IGBT 模块、驱动与保护模块、传感器（电流、温度）和散热器组成。IGBT 模块实质上是由 6 个 IGBT 组成的逆变器，该模块直流转换成对称三相交流电流，加在电机三相定子绕组所在的空间形成旋转磁场。功率电子电路的驱动与保护模块是驱动电机电子控制单元与功率电路的接口电路，主要传送、隔离和转换驱动电机电子控制单元的 IGBT PWM 驱动信号，输送传感器信号，对 IGBT 模块进行过电压、过电流、短路和过热保护。

3. 整流技术

（1）整流技术的概念　在新能源汽车中，车载充电桩或充电机设计与开发的基础是将公用电网的单相或三相交流电转换成直流电的整流技术。整流技术中主要利用 AC/DC 功率变换器（模块）将交流电压如 380V、220V、19V 转换成电子设备需要的稳定直流电压，新能源汽车中 AC/DC 功率变换模块的功能主要是将交流发电机发出的交流电转换成直流电提供给用电器或储能设备储存。

AC/DC 功率变换模块电路的一般原理如图 10-19 所示。图中 U_{ref} 为参考电压，PWM 为脉冲宽度调制式开关变换器。AC/DC 功率变换模块由输入滤波电路、全波整流和 DC/DC 变换电路、过电压和过电流保护电路、控制电路和输出整流电路组成。整流电路的作用是将交流电压变为直流脉冲电压，输入滤波电路的作用是使整流后的电压更加平滑。DC/DC 变换电路和控制电路是模块的关键环节，由它实现直流电压的转换和稳压。

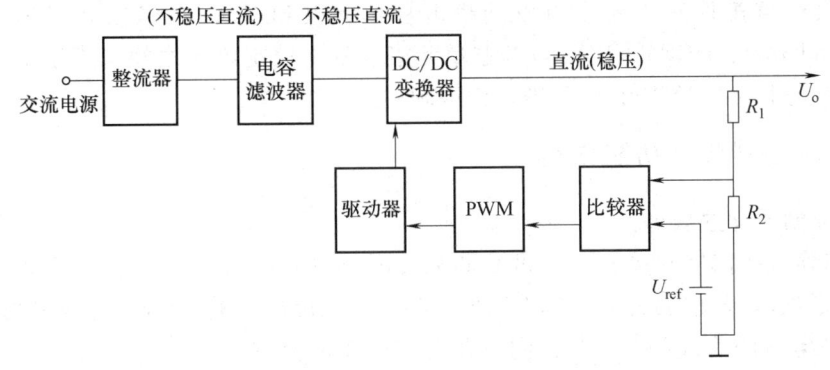

图 10-19　AC/DC 功率变换模块电路的一般原理

（2）整流技术应用举例　新能源汽车在制动时车辆减速产生的动能，能够借助电机在发电机运转下转化为电能并且在动力蓄电池里储存下来。制动能量回收是现代纯电动汽车与混合动力电动汽车的重要技术之一，也是它们的重要特点。在传统汽车上，当车辆减速、制动时，车辆的动能通过制动系统转化为热能，并向大气中释放。而在纯电动汽车与混合动力电动汽车上，这种被浪费的运动能量可以通过制动能量回收技术转化为电能并储存于动力蓄电池中。

再生制动系统的结构如图10-20所示，由主减速器、变速器、电机、AC/DC变换器、DC/DC变换器、传感器，以及再生制动控制器组成。

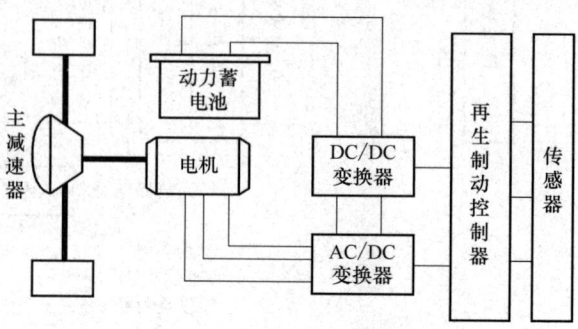

图10-20　再生制动系统的结构

新能源汽车减速或制动过程中，由于惯性的作用，车轮通过传动机构使电动机的转子受力转动，切割磁力线，从而产生三相交流电。由于动力蓄电池的充电电流是直流电，所以需要三相整流电路进行整流后才能完成能量回收。

10.3　整车控制技术

新能源汽车整车控制技术体现在：整车控制系统连接动力蓄电池管理系统、动力电机驱动控制系统；对新能源汽车动力链的各个环节进行管理、协调和监控，以提高整车能量利用效率，确保安全性和可靠性；理解驾驶意图，实现整车驱动控制、能量优化控制和制动回馈控制。

10.3.1　整车控制单元的结构

新能源汽车整车控制单元（VCU）的逻辑控制框图如图10-21所示。从该图中可以看到，VCU相当于新能源汽车的大脑，可根据驾驶人意图及整车状态通过CAN总线传输信号，协调动力系统及电源系统对车速、转矩与功率进行管理和控制。

新能源汽车整车控制单元是由发动机电控单元（ECU）、VCU、混合动力控制单元（Hybrid Control Unit，HCU）、BMS等控制单元组成的。控制单元之间采用了CAN数据总线进行通信。在这里仅对VCU的作用进行详细阐述。

10.3.2　整车控制单元功能作用

1. 整车控制单元主要作用

1）VCU读取换档控制单元（Shift Control Unit，SCU）的PRND信息及制动开关信号，并通过CAN总线将报文发送到所有相同协议的控制单元及网关（GW），协议相同的控制单元执行对驱动电机的前进和倒车的方向以及P档驻车的控制。

2）当VCU接收到加速踏板传感器的信号后，经VCU将信号转换为CAN数据总线传输

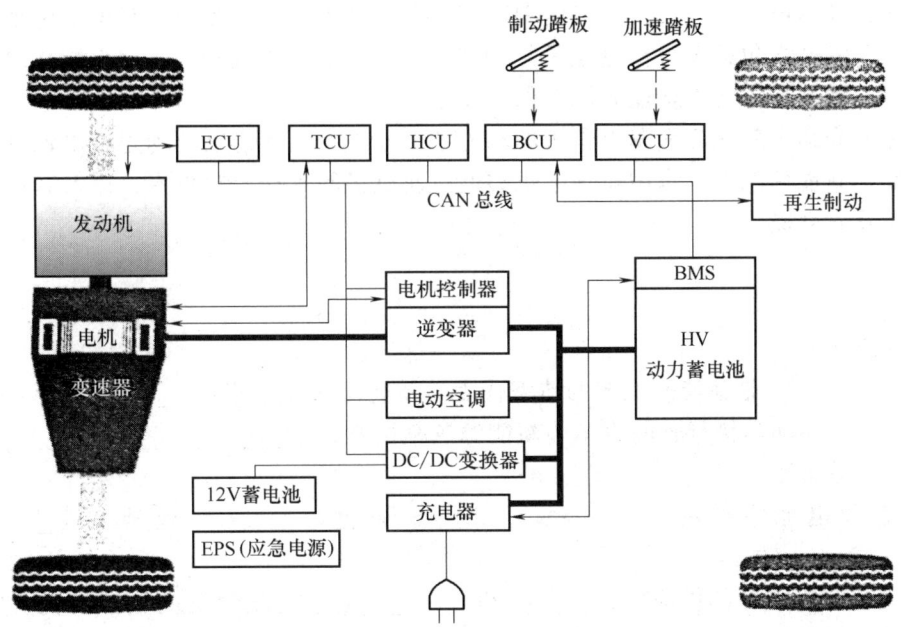

图 10-21 新能源汽车整车控制单元逻辑控制框图

给 ECU、变速器控制单元（Transmission Control Unit，TCU）、车身控制单元（Body Control Unit，BCU）、电力电子箱（Power Electronic Box，PEB）以及 BMS 等控制单元，经过 HCU 与 BMS 对动力蓄电池的荷电量进行计算，判断是选择使用发动机作为驱动力，还是选择驱动电机作为驱动力，或者选择发动机与驱动电机叠加输出转矩。根据 VCU 的计算以及 HCU 的信号，PEB 控制输出给电机的电压频率和电流幅值，对驱动电机的输出转矩和转速进行调节控制。

3）VCU 根据加速踏板的位置信号判断汽车处于加速状态，如果 BMS 反馈动力蓄电池的荷电量不足，则 ECU 会起动发动机输出转矩。如果 BMS 反馈动力蓄电池的荷电量充足，则 HCU 会给 PEB 信号驱动电机输出转矩。

4）在放开加速踏板后，VCU 将根据动力蓄电池的 SOC 决定发动机是否为动力蓄电池充电。如果动力蓄电池荷电量充足，VCU 将发出指令使发动机停止工作。此时驱动电机将作为发电机进行能源回收。例如滑行或者减速时，VCU 能够进行制动能量的回收。制动能量通过电机转化为电能储存到高压动力蓄电池中，但当防抱死制动系统（Anti-Lock Braking System，ABS）被激活或者 ABS 故障时，VCU 将取消该功能。

2. 整车控制单元的辅助作用

1）冷却风扇控制：根据热管理策略控制冷却风扇的工作。如果动力蓄电池或 PEB 温度超过标定限值，VCU 将起动冷却风扇降温。

2）仪表显示：仪表上动力系统就绪、动力系统故障的信号来自 VCU。

3）充电下的辅助功能：充电模式下，VCU 控制风扇、冷却液泵和 DC/DC 变换器的工作。

小结

纯电动汽车是新能源汽车的典型代表。新能源汽车是指由车载储能元件提供能源，用电机驱动车辆行驶的汽车，主要分为纯电动汽车、混合动力电动汽车及燃料电池电动汽车。新能源汽车的关键技术包括动力蓄电池及其管理、充电技术，电机及其驱动控制技术和整车控制技术，这三项技术决定着新能源汽车的各项性能。

本章主要介绍了新能源汽车上常用的动力蓄电池类型、性能以及动力蓄电池管理系统的结构、功能，新能源汽车上常用驱动电机类型以及电机的驱动控制技术，以及新能源汽车整车控制系统及其功能。

课后练习

一、填空题

1. ＿＿＿＿＿＿是新能源汽车的典型代表。新能源汽车是指由＿＿＿＿＿＿提供能源，用＿＿＿＿＿＿驱动车辆行驶的汽车。新能源汽车主要分为＿＿＿＿＿＿、＿＿＿＿＿＿及＿＿＿＿＿＿等类型。

2. 动力蓄电池主要有＿＿＿电池、＿＿＿＿电池、＿＿＿＿电池、＿＿＿＿电池、＿＿＿＿、＿＿＿＿电池等。

3. 燃料电池是将外部供应的＿＿＿＿和＿＿＿＿通过电化学反应直接转化为电能、热能和其他反应产物的发电装置。燃料电池电动汽车是以＿＿＿＿＿作为动力源或主动力源的车辆。

4. 动力蓄电池的性能指标主要有＿＿＿＿、＿＿＿＿、＿＿＿＿、＿＿＿＿、＿＿＿＿等，由于种类不同，性能指标也有较大差异。

5. 动力蓄电池管理系统主要包括＿＿＿＿、＿＿＿＿、＿＿＿＿、＿＿＿＿、热管理、均衡控制、＿＿＿＿和＿＿＿＿等功能模块。

6. 按照充电方法的不同，充电可分为＿＿＿＿充电、＿＿＿＿充电、＿＿＿＿充电。

7. 新能源汽车对驱动电机通常要求＿＿＿＿、＿＿＿＿、＿＿＿＿，或＿＿＿＿时高转矩，高速行驶时低转矩，并要求变速范围大。

8. 新能源汽车控制单元是由＿＿＿＿、＿＿＿＿、＿＿＿＿、＿＿＿＿、BMS等控制单元组成。

二、选择题

1. （　　）是新能源汽车的关键装备，它储存的电能、质量和体积，对新能源汽车的性能起到决定性的影响。
   A. 发电机　　　　B. 电动机　　　　C. 动力蓄电池　　　　D. 发动机

2. 新能源汽车产业有三大核心技术，分别是动力蓄电池、电机和（　　）控制策略。
   A. 燃油控制系统　B. ABS　　　　　C. 发动机　　　　　D. 电控系统

3. 纯电动汽车（BEV）是指以（　　）为动力源，用电机驱动车轮行驶，符合道路交通、安全法规各项要求的车辆。
   A. 发动机　　　　B. 变速器　　　　C. 动力蓄电池　　　　D. 车载电源

4. 电池容量单位用（　　）表示。
   A. C　　　　　　B. A·h　　　　　C. m·A　　　　　　D. A

5. 电池的荷电状态用（　　）表示。
   A. DOD　　　　　B. SOF　　　　　C. DTC　　　　　　D. SOC

6. 下列不属于 BMS 热管理功能的是（　　）。
A. 蓄电池温度的准确测量和监控　　B. 蓄电池组温度过高时的有效散热
C. 减少单体蓄电池之间的差异　　　D. 保证蓄电池温度的均匀分布

7. 永磁同步电机与普通异步电机的不同之处在于（　　）。
A. 定子结构　　B. 线圈结构　　C. 转子结构　　D. 绕组结构

8. 下列参数用来反映动力蓄电池健康状态的是（　　）。
A. SOC　　B. SOP　　C. SOH　　D. DOD

9. 高压电路的线束和插接器都为（　　）。
A. 红色　　B. 棕色　　C. 橙色　　D. 黑色

10. 人体能承受的最大安全电压为（　　）。
A. 12V　　B. 24V　　C. 36V　　D. 48V

三、问答题

1. 锂离子蓄电池有哪些特性？
2. 动力蓄电池管理系统的基本结构及功能是什么？
3. 新能源汽车对动力蓄电池有哪些要求？
4. 动力蓄电池的充电方法有哪些？
5. 新能源汽车驱动电机的作用是什么？
6. 驱动电机的控制技术是什么？
7. 整车控制单元的作用是什么？

第11章 新能源汽车电路检测维修基础

学习目标

- 了解汽车电工常用测量仪表的结构原理，掌握其使用方法。
- 熟悉汽车电工常用维修工具的类型、用途和使用方法。
- 掌握汽车电路基本电子元件的检测方法。
- 掌握汽车电路半导体器件的检测方法。
- 掌握汽车电路电磁器件的检测方法。

11.1 新能源汽车电路常用测量仪器仪表

11.1.1 万用表

万用表又称为多用表，是一种多功能、多量程的测量仪表。一般万用表可测量直流电流、直流电压、交流电流、交流电压、电阻和音频电平等，有的万用表还可以测量电容、电感量及半导体器件的一些参数（如 β 值）等，按显示方式的不同分为指针式万用表和数字式万用表。下面主要介绍数字式万用表的面板结构和使用方法。

数字式万用表采用了集成 A/D（模拟/数字）转换器和数显技术，即 A/D 转换器将模拟量变换成数字量，再由译码液晶显示电路将测量结果显示出来。数字式万用表显示清晰、直观，读数精确，与指针式万用表相比，其各项性能指标均有大幅度的提高。下面以通用型 DT890A 数字式万用表为例介绍其面板结构和使用方法。

1. 面板结构

通用型 DT890A 数字式万用表面板结构如图 11-1 所示，主要由液晶显示器、电源开关、转换开关、输入插孔等组成。

（1）液晶显示器 液晶显示器显示的数首位只能是"0"或"1"两个数码，而其余各位都能够显示 0~9 这 10 个完整的十进制数码。最大指示值为 1999 或 -1999。当被测量的值超过最大指示值时，显示"1"或"-1"。

（2）电源开关 使用时将开关置于"ON"位置，使用完毕置于"OFF"位置。

（3）转换开关 转换开关用于选择功能和量程。根据被测的电量（电压、电流、电阻等）选择相应的功能位，按被测量程的大小选择合适的量程。

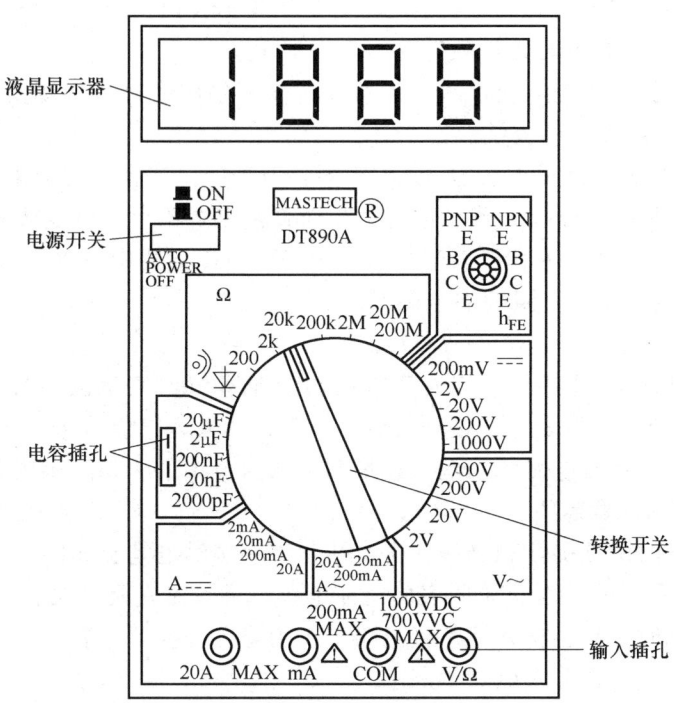

图 11-1 通用型 DT890A 数字式万用表面板结构

（4）输入插孔　将黑表笔插入 COM 插孔，红表笔有 3 种插法：测量电压和电阻时插入 V/Ω 插孔，测量小于 200mA 的电流时插入 mA 插孔，测量大于 200mA 的电流时插入 20A 插孔。

2. 万用表的使用

（1）使用前的准备

1）将电源开关置于"ON"位置，检查 9V 电池，如果电池电压不足，将显示在显示器上，这时需更换电池。如果显示器没有显示，则按以下步骤操作。

2）表笔插孔旁边的符号表示输入电压或电流不应超过指示值，这是为了保护内部线路免受损伤。

3）测试之前将转换开关应置于所需要的量程。

（2）直流电压测量

1）将黑表笔插入 COM 插孔，红表笔插入 V/Ω 插孔。

2）将转换开关置于直流电压档 V ⎓ 量程范围，并将表笔连接到待测电源（测开路电压）或负载（测负载电压降）上，红表笔所接端的极性将同时显示于显示器上。

3）查看读数，并确认单位。

（3）交流电压测量

1）将黑表笔插入 COM 插孔，红表笔插入 V/Ω 插孔。

2）将转换开关置于交流电压档 V~量程范围，并将笔连接到待测电源或负载上。测量交流电压时，没有极性显示。

（4）直流电流测量

1）将黑表笔插入 COM 插孔，当测量最大值为 200mA 的电流时，红表笔插入 mA 插孔；当测量最大值为 20A 的电流时，红表笔插入 20A 插孔。

2）将转换开关置于直流电流档 A ⎓量程，并将表笔串联接入待测负载电路中，电流值显示的同时，将显示红表笔的极性。

（5）交流电流测量　测量方法与（4）相同，但档位应该置于交流电流档，电流测量完毕后应将红表笔插回 V/Ω 插孔，若忘记这一步而直接测电压，万用表或电源将会报废。

（6）电阻测量　将黑表笔和红表笔插进 COM 和 V/Ω 插孔中，将转换开关置于"欧姆"档中所需的量程，表笔接在电阻两端金属部位。

（7）电路通断检查

1）将黑表笔插入 COM 插孔，红表笔插入 V/Ω 插孔（红表笔极性为"+"），将转换开关置于"蜂鸣器"档，并将表笔连接到待测二极管，读数为二极管正向压降的近似值。

2）将表笔连接到待测电路的两端，如果两端电阻值小于 70Ω，则内置蜂鸣器发声。

3. 万用表的使用注意事项

1）为保证测量时的准确性和操作安全，切勿用手接触电笔金属部分。

2）"欧姆"档调不到 0 时，说明表内电池电压不足，应更换电池。

3）使用电流档时，禁止将表笔跨接电路，否则将会烧损万用表。

4）测电阻时，一定不能带电测量。

5）万用表用完后，应将转换开关拨到电压或电流档上，防止两笔短接致使表内电池电量很快消耗掉。

11.1.2　绝缘电阻表

绝缘电阻表是电力、邮电、通信、机电安装和维修，以及汽车尤其是新能源汽车生产、维修常用的仪表。它适用于测量各种绝缘材料的电阻值及变压器、电机、电缆及电气设备等的绝缘电阻。绝缘电阻表输出功率大、短路电流值大、输出电压等级多（每种机型有 4 个电压等级）。

1. 测试原理

绝缘电阻表主要由表身、测试线及测试线夹（探头）、量程选择旋钮、电源开关、连接电缆等组成。

绝缘电阻表测试原理电路如图 11-2 所示。绝缘电阻表内电池作为电源，经 DC/DC 变换产生的直流高压电，由 E 极（红线夹）出经被测试设备到达 L 极（绿线夹），从而产生一个从 E 极到 L 极的电流，然后测量激励所产生的电流经过 I/U 变换，再经除法器（利用欧姆定律）完成运算直接将被测的绝缘电阻值由液晶屏示屏显示出来。

2. 使用方法

1）测量前必须将被测设备电源切断，

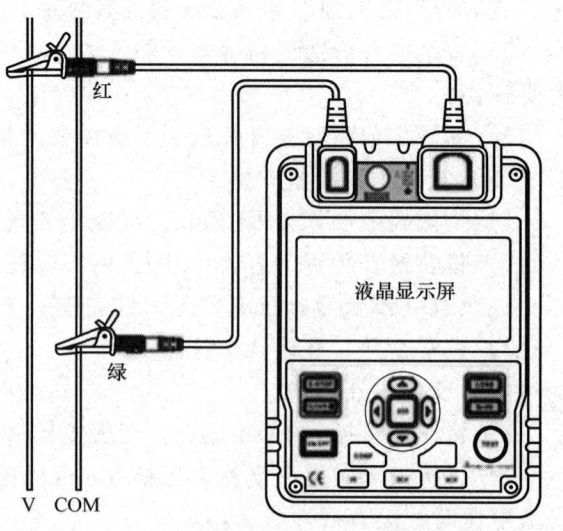

图 11-2　绝缘电阻表测试原理电路

并对地短路放电。决不能让设备带电进行测量,以保证人身和设备的安全。

2)被测设备表面要清洁,减少接触电阻,确保测量结果的正确性。

3)测量前应将绝缘电阻表进行一次开路和短路试验,检查绝缘电阻表是否良好。

4)绝缘电阻表使用时应放在平稳、牢固的地方,且远离大的外电流导体和外磁场。

5)必须正确接线。绝缘电阻表上一般有两个接线柱,其中 L(黑探头或线夹)接在被测设备和大地绝缘的导体部分,E(红探头或线夹)接被测设备的外壳或大地。

6)读数完毕将被测设备放电。放电方法是将测量时使用的地线从绝缘电阻表上取下,与被测设备短接一下即可(不是绝缘电阻表放电)。

11.1.3 钳形电流表

钳形电流表是集电流互感器与电流表于一身的仪表,是数字万用表的一个重要分支,是一种不需要断开电路就可直接测电路交流电流的携带式仪表。

1. 结构原理

钳形电流表的结构如图 11-3 所示。它实质上是由一只电流互感器、钳形扳手和一只整流式磁电系反作用力仪表所组成。

钳形电流表的工作原理和变压器相同。一次绕组是穿过钳形铁心的导线,相当于一匝的变压器的一次绕组,这是一个升压变压器。二次绕组和测量用的电流表构成二次回路。当导线有交流电流通过时,就是这一匝线圈产生了交变磁场,在二次回路中产生了感应电流,感应电流和一次电流的比值相当于一次和二次绕组的匝数的反比。钳形电流表用于测量大电流。

旋钮实际上是一个量程选择开关,扳手的作用是开合穿心式互感器铁心的可动部分,以便使其钳入被测导线。

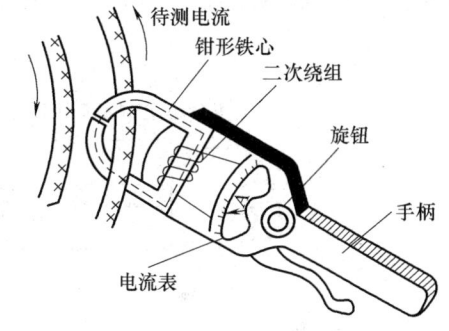

图 11-3 钳形电流表的结构

测量电流时,按动扳手,打开钳口,将被测载流导线置于穿心式电流互感器的中间,当被测载流导线中有交变电流通过时,交流电流的磁通在互感器二次绕组中感应出电流,该电流通过电磁式电流表的线圈,使指针发生偏转,在表盘标度尺上读出被测电流值。

被测载流导线放入窗口后,要注意钳口的两个面有良好的吻合,不能让其他物体夹在中间。

2. 使用方法

1)测量前要机械调零。

2)选择合适的量程,先选大量程,后选小量程,或看铭牌值估算。

3)当使用最小量程测量,其读数还不明显时,可将被测导线绕几匝,匝数要以钳口中央的匝数为准,则读数=指示值×量程/(满偏×匝数)。

4)测量完毕要将旋钮放在最大量程处。

5)测量时,应使被测载流导线处在钳口的中央,并使钳口闭合紧密,以减少误差。

3. 使用注意事项

1)被测电路的电压要低于钳形电流表的额定电压。

2）测高压电路的电流时，要戴绝缘手套，穿绝缘鞋，站在绝缘垫上。

3）钳口要闭合紧密，不能带电换量程。

11.1.4 示波器

示波器是一种用途十分广泛的电子测量仪器。它能把肉眼看不见的电信号变换成看得见的图像，便于人们研究各种电现象的变化过程。示波器利用狭窄的由高速电子组成的电子束，打在涂有荧光物质的屏幕上，产生细小的光点。在被测信号的作用下，电子束就像一支笔的笔尖，可以在屏幕上描绘出被测信号瞬时值的变化曲线。利用示波器能观察各种信号幅度随时间变化的波形曲线，还可以用它测试不同的电量，如电压、电流、频率、相位差、调幅度等。

1. 结构组成

示波器主要由示波管、信号放大器、扫描信号发生器、同步系统和电源等组成，其中示波管是一种特殊的电子管，是示波器的一个重要组成部件，其结构如图11-4所示。示波管是一种特殊的电子管，由电子枪、偏转系统和荧光屏3个部分组成。为了使电子运动尽可能少与空气分子碰撞，以上部件被安装在抽成真空的玻璃泡里。

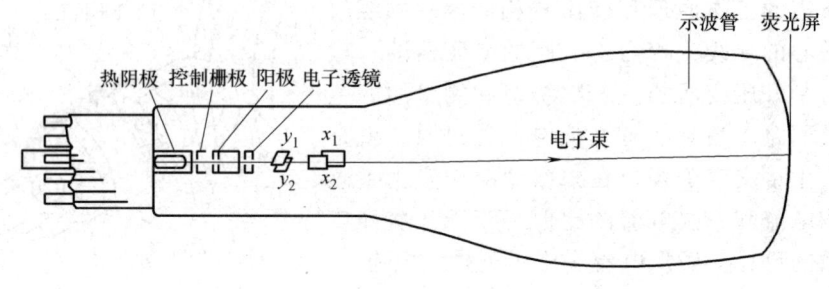

图 11-4 示波管

（1）电子枪　电子枪用于产生并形成高速、聚束的电子流，轰击荧光屏使其发光。它主要由热阴极 K、控制栅极 G、阳极 A 组成，且它们的轴心都保持在同一轴线上。热阴极 K 灯丝被加热发射电子，电子束通过控制栅极 G，在阳极 A 产生的加速电场作用下以很高的速度向阳极运动，通过电子透镜对发散的电子束起聚焦作用。电子束的强度是用控制栅极 G 来控制的，其电位通常低于阴极，对电子束中电子数起控制作用。

（2）偏转系统　示波管的偏转系统大多数是静电偏转式，在阳极与荧光屏之间安装两组相垂直的 x 极板和 y 极板，分别称为水平偏转板和垂直偏转板，分别控制电子束在水平方向和垂直方向的运动。

（3）荧光屏　荧光屏位于示波管的终端，当它受到电子撞击时发出荧光。它的作用是将偏转后的电子束显示出来，以便观察。在示波器的荧光屏内壁涂有一层发光物质，因而荧光屏上受到高速电子冲击的地点就显现出荧光。光点的亮度取决于电子束的数目、密度及其速度。

2. 示波器的使用

（1）波形调试方法　SR-8 型双踪电子示波器面板如图 11-5 所示。下面以 SR-8 型双踪示波器为例介绍示波器的使用方法。

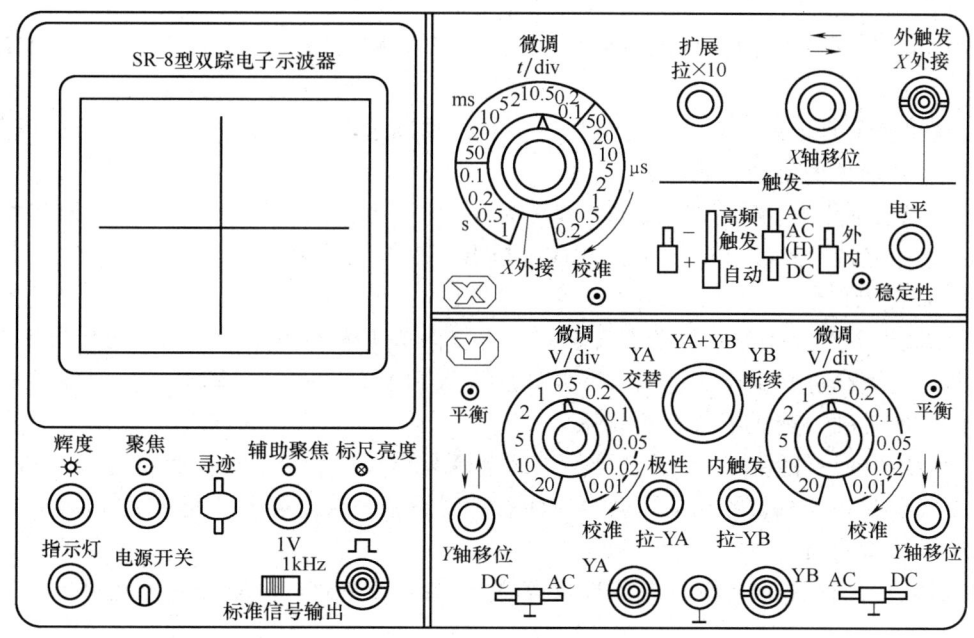

图 11-5　SR-8 型双踪电子示波器面板

示波器初次使用前或久藏复用时，有必要进行一次能否工作的简单检查和进行扫描电路稳定度、垂直放大电路直流平衡的调整。示波器在进行电压和时间的定量测试时，还必须进行垂直放大电路增益和水平扫描速度的校准。

选择 Y 轴耦合方式：根据被测信号频率的高低，将 Y 轴输入耦合方式选择开关"AC-地-DC"置于 AC 或 DC。

选择 Y 轴灵敏度：根据被测信号的大约峰-峰值（如果采用衰减探头，应除以衰减倍数；在耦合方式取 DC 档时，还要考虑叠加的直流电压值），将 Y 轴灵敏度选择开关（或 Y 轴衰减开关）V/div 置于适当档位。实际使用中若无须读测电压值，则可适当调节 Y 轴灵敏度微调（或 Y 轴增益）旋钮，使屏幕上显现所需要高度的波形。

选择触发（或同步）信号来源与极性：通常将触发（或同步）信号极性开关置于"+"或"-"档。

选择扫描速度：根据被测信号周期（或频率）的估计值，将 X 轴扫描速度（或扫描范围）t/div 开关置于适当档位。实际使用中若无须读测时间值，则可适当调节扫描速度 t/div 微调（或扫描微调）旋钮，使屏幕上显示测试所需周期数的波形。如果需要观察的是信号的边沿部分，则扫速 t/div 开关应置于最快扫描速度档。

输入被测信号：被测信号由探头衰减后（或由同轴电缆不衰减直接输入，但此时的输入阻抗降低、输入电容增大），通过 Y 轴输入端输入示波器。

（2）波形测量方法

1）将示波器探头插入通道 1 插孔，并将探头上的衰减置于"1"档。

2）将通道选择置于 CH1，耦合方式置于 DC 档。

3）将探头探针插入校准信号源小孔内，此时示波器屏幕出现光迹。

4）调节垂直旋钮和水平旋钮，使屏幕显示的波形图稳定，并将垂直微调和水平微调置于校准位置。

5）读出波形图在垂直方向所占格数，乘以垂直衰减旋钮的指示数值，得到校准信号的幅度。

6）读出波形每个周期在水平方向所占格数，乘以水平扫描旋钮的指示数值，得到校准信号的周期（周期的倒数为频率）。

7）一般校准信号的频率为1kHz，幅度为0.5V，用以校准示波器内部扫描振荡器频率，如果不正常，应调节示波器（内部）相应电位器，直至相符为止。

(3) 日常维护

1）示波器的存放条件。仪器在日常使用时应保持干燥和清洁，不使用时应罩上塑料外罩，以避免金属杂物和尘埃的进入，存放处应干燥和通风，在气候潮湿时，应放入干燥剂，以免机内元件受潮，造成不应有的故障。

2）示波器使用注意事项。本仪器使用的电源为单相三线制，故仪器通电前应检查供电电源是否符合此要求。仪器在使用时，应注意辉度适中，荧光屏上的光迹不宜长期停留于一点，以免示波管受损。

3）示波器元器件的更换。当发现仪器需更换元器件时，应首先切断电源，拔去电源插头。

11.2 新能源汽车电路常用维修工具

11.2.1 低压验电器

低压验电器是一种检测物体是否带电以及粗略估计带电量大小的仪器。它用来检验对地电压在1000V及以下的低压电气设备是否带有电压，也是汽车电路检测维修中常用的电工安全工具。

1. 低压验电笔

（1）结构与类型　低压验电笔是电工常用的一种辅助安全用具，用于检查电压范围为50~500V的导体或各种用电设备的外壳是否带电。一支普通的低压验电笔可随身携带，常用的有钢笔式和螺钉旋具式两种。低压验电器由笔尖、降压电阻、氖管、弹簧、笔尾金属体等部分组成，如图11-6所示。

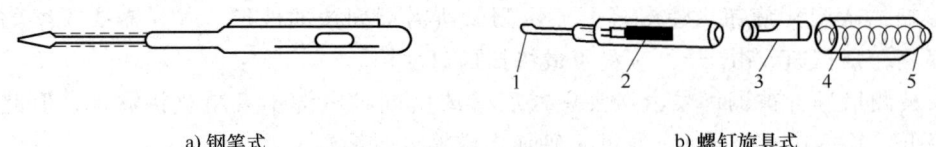

a) 钢笔式　　　　　　　　　　b) 螺钉旋具式

图 11-6　低压验电笔

1—笔尖　2—降压电阻　3—氖管　4—弹簧　5—笔尾金属体

（2）用途与用法

1）低压验电笔可以用来区分相线和中性线，氖管发亮的是相线，不亮的是中性线。低压验电笔也可用来判别接地故障。如果在三相四线制电路中发生单相接地故障，用低压验电笔测试中性线时，氖管会发亮；在三相三线制电路中，用低压验电笔测试3根相线，如果两相很亮，另一相不亮，则不亮的相线可能有接地故障。

2）低压验电笔可用来判断电压的高低。氖管越暗，表明电压越低；氖管越亮，表明电压越高。

3）低压验电笔可用来区别直流电与交流电。交流电通过低压验电笔时，氖管里的两极同时发光；直流电通过低压验电笔时，氖管里两极只有一极发光，发光的一极即为直流电的负极。

4）低压验电笔可用来判断直流电正负极。氖管的前端指验电笔笔尖一端，氖管的后端指手握的一端，前端明亮为负极，反之为正极。

（3）使用注意事项

1）使用低压验电笔时，必须按照图11-7所示的正确握法操作。注意手指必须接触笔尾的金属体（钢笔式）或笔顶部的金属螺钉（螺钉旋具式）。因此，只要带电体与大地之间的电位差超过50V时，电笔中的氖管就会发光。

2）使用前，先要在有电的导体上检查电笔是否正常发光，检验其可靠性。验电时应将电笔逐渐靠近被测物体，直至氖管发光。只有在氖管不发光并采取防护措施后，才能与被测物体直接接触。

3）在明亮的光线下往往不容易看清氖管的辉光，应注意避光观察。

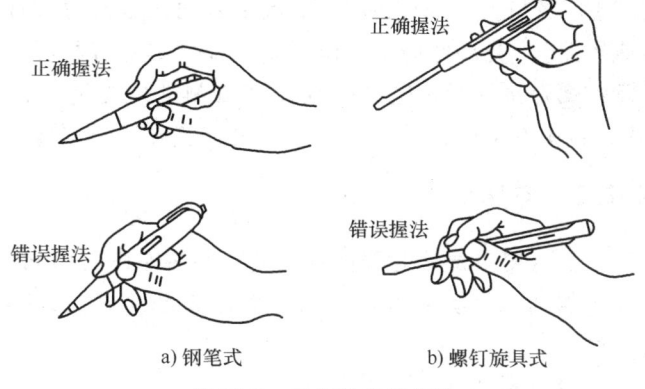

图11-7 低压验电笔握法

4）电笔的笔尖虽与螺钉旋具形状相同，但它只能承受很小的扭矩，不能像螺钉旋具那样使用，否则会损坏。

2. 测试灯

测试灯也称测电灯，其作用是用显示电路导通状态的指示灯是否发光判断电路是否有断路或短路故障，还可以根据灯泡的明暗程度判断被测电路电压的大小。测试灯分无源测试灯和有源测试灯，无源测试灯可用电压表代替，有源测试灯可用欧姆表代替。

图11-8所示为无源测试灯外形及应用实例，其中12V测试灯电路由12V测试灯、导线、搭铁夹、探针组成，主要用来检查系统电源电路是否给电气部件供电。检查时，将12V测试灯一端搭铁，另一端接电气部件电源接头。如灯亮，说明电气部件的电源电路无故障；如灯不亮，再接向电源方向的第二个接线点，如灯亮，则故障在第一个接点与第二个接点之间；如灯仍不亮，则再接第三个接点，直至灯亮为止。如故障出现在最后被测接点与上一个被测接点间的电路上，大多数为断路故障。

3. 跨接导线

跨接导线用于特定位置的测量。跨接导线只起一个旁通电路的作用，检查电路是否断路或短路。例如，某一电气部件不工作，首先将跨接导线连接在被测部件"−"端子与车身搭铁之间，若此时部件工作，说明其搭铁电路断路；若搭铁电路良好，将跨接导线连接在蓄电

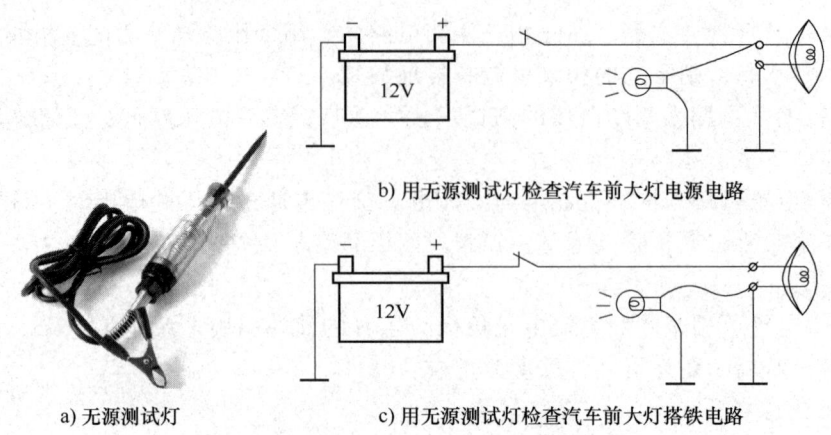

图 11-8 无源测试灯的外形及应用实例

池"+"极与被测部件的"+"端子之间,若此时部件工作,说明部件电源电路有故障(断路或短路);若部件仍不工作,说明部件本身有故障,应予以更换。使用跨接导线检测时应注意:用跨接导线将电源电压加到被测部件之前,必须先确认被测部件的电源电压是否为12V,否则有可能使其损坏。不可将跨接导线错误地连接在被测部件"+"端子与搭铁之间。

11.2.2 电烙铁

电烙铁用来焊接元器件及导线,是汽车电气维修的必备工具。为方便使用,通常用焊锡丝作为焊剂,焊锡丝内一般都含有助焊的松香。焊锡丝使用约60%的锡和40%的铅合成,熔点较低。

1. 电烙铁分类

电烙铁按机械结构可分为外热式电烙铁和内热式电烙铁,按功能可分为无吸锡电烙铁和吸锡电烙铁,根据用途不同可分为大功率电烙铁和小功率电烙铁。下面介绍几种常用的电烙铁。

(1)外热式电烙铁 外热式电烙铁由烙铁头、烙铁心、外壳、手柄、电源线、插头等部分组成。由于烙铁头安装在烙铁心里面,故称为外热式电烙铁。烙铁心是电烙铁的关键部件,用以热传导性好的铜为基体的铜合金材料制成。烙铁头的长短可以调整(烙铁头越短,烙铁头的温度就越高),且有凿式、圆斜面、尖锥式和半凿式等不同的形状,以适应不同焊接面的需要,如图11-9所示。外热式电烙铁的规格很多,常用的有25W、45W、75W、100W等,功率越大烙铁头的温度也就越高。

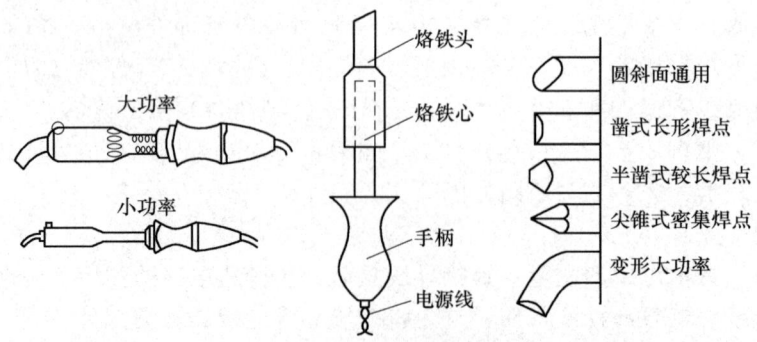

图 11-9 常用电烙铁的种类

（2）内热式电烙铁 内热式电烙铁由手柄、连接杆、弹簧夹、烙铁心、烙铁头组成。由于烙铁心安装在烙铁头里面，因而发热快，热利用率高，因此称为内热式电烙铁。内热式电烙铁的常用规格为 20W、50W 等。由于它的热效率高，20W 内热式电烙铁就相当于 40W 左右的外热式电烙铁。内热式电烙铁的后端是空心的，用于套接在连接杆上，并且用弹簧夹固定，当需要更换烙铁头时，必须先将弹簧夹退出，同时用钳子夹住烙铁头的前端，慢慢地拔出，切记不能用力过猛，以免损坏连接杆。

（3）吸锡电烙铁 吸锡电烙铁是将活塞式吸锡器与电烙铁熔为一体的拆焊工具。它具有使用方便、灵活、适用范围宽等特点。这种吸锡电烙铁的不足之处是每次只能对一个焊点进行拆焊。

2. 电烙铁的选用

电烙铁的种类及规格有很多，被焊工件的大小又有所不同，因而合理地选用电烙铁的功率及种类，对提高焊接质量和效率有直接的影响。

1）焊接集成电路、晶体管及受热易损元器件时，应选用 20W 内热式或 25W 外热式电烙铁。

2）焊接导线及同轴电缆时，应选用 45~75W 外热式电烙铁，或 50W 内热式电烙铁。

3）焊接较大的元器件如输出变压器的引脚、大电解电容器的引脚、金属底盘接地焊片等时，应选用 100W 以上的电烙铁。

3. 使用方法

1）选用合适的焊锡，应选用焊接电子元件用的低熔点焊锡丝。

2）助焊剂，用 25% 的松香溶解在 75% 的酒精（重量比）中作为助焊剂。

3）电烙铁使用前要上锡，具体方法是：将电烙铁烧热，待刚刚能熔化焊锡时，涂上助焊剂，再用焊锡均匀地涂在烙铁头上，使烙铁头均匀地覆盖一层锡。

4）焊接方法：把焊盘和元器件的引脚用细砂纸打磨干净，涂上助焊剂。用烙铁头蘸取适量焊锡，接触焊点，待焊点上的焊锡全部熔化并浸没元器件引线头后，烙铁头沿着元器件的引脚轻轻往上一提离开焊点。

5）焊接时间不宜过长，否则容易烫坏元件，必要时可用镊子夹住引脚帮助散热。

6）焊点应呈正弦波峰形状，表面应光亮圆滑，无锡刺，锡量适中。

7）焊接完成后，要用酒精把电路板上残余的助焊剂清洗干净，以防炭化后的助焊剂影响电路正常工作。

8）集成电路应最后焊接，电烙铁要可靠接地，或断电后利用余热焊接。或者使用集成电路专用插座，焊好插座后再把集成电路插上去。

9）使用后电烙铁应放在烙铁架上。

4. 使用注意事项

1）电烙铁使用前应检查使用电压是否与电烙铁标称电压相符。

2）电烙铁应该接地。

3）电烙铁通电后不能任意敲击、拆卸及安装其电热部分零件。

4）电烙铁应保持干燥，不宜在过分潮湿或淋雨环境使用。

5）拆烙铁头时要切断电源。

6）切断电源后，最好利用余热在烙铁头上上一层锡，以保护烙铁头。

7）当烙铁头上有黑色氧化层时，可用砂布擦去，然后通电并立即上锡。

8）海绵用来收集锡渣和锡珠，用手捏刚好不出水为适。

9）焊接之前做好5S⊖工作，焊接之后也要做5S工作。

延展阅读：解读"工匠精神"思想内涵，书写人生奋斗蓝图！

"工匠精神"一直以来是耐心、专注、坚持、严谨、一丝不苟、精益求精等一系列优异品质的代名词。工匠精神是指工匠不仅要具有高超的技艺和精湛的技能，而且要有严谨、细致、专注、负责的工作态度和精雕细琢、精益求精的工作理念，以及对职业的认同感、责任感、荣誉感和使命感。大国工匠精神主要表现在以下五个方面：执着专注、作风严谨、精益求精、敬业守信、推陈出新。工匠精神的内涵：敬业、精益、专注、创新。

11.3 新能源汽车电路常见元器件的检测

11.3.1 基本电子元件的检测

1. 电阻元件的检测

任何有标志的电阻元件在使用前都要进行性能好坏的检查。具体方法如下：

（1）外观检查　对于固定电阻首先查看标志应清晰，保护漆应完好，无烧焦、无伤痕、无裂痕、无腐蚀，电阻体与引脚紧密接触等。对于电位器还应检查转轴灵活，松紧适当，手感舒适；开关灵活，开关通断时"咔嗒"声清脆，并听一听电位器内部接触点和电阻体摩擦的声音。

（2）万用表检测

1）固定电阻的检测：用万用表的电阻档对电阻进行测量，对于测量不同阻值的电阻选择万用表的不同倍乘档。若测得的阻值超过该电阻的误差范围、阻值无限大、阻值为0或阻值不稳，说明该电阻已损坏。

2）熔丝电阻和敏感电阻的检测：熔丝电阻阻值一般只有几欧到几十欧，若测得的阻值为无限大，则熔丝已熔断。也可在线检测熔丝电阻的好坏，分别测量其两端对地电压，若一端为电源电压，一端电压为0V，说明熔丝已熔断。

敏感电阻种类较多，以热敏电阻为例，分正温度系数和负温度系数热敏电阻。对于正温度系数（PTC）热敏电阻，在常温下一般阻值不大，在测量中用烧热的电烙铁靠近电阻，这时阻值应明显增大，说明该电阻正常，若无变化，说明电阻损坏，负温度系数热敏电阻则相反。

光敏电阻在无光照（用手或物遮住光）时万用表测得的阻值大，有光照时万用表指针指示电阻值有明显减小。若无变化，则电阻已损坏。

（3）电阻检测注意事项

⊖ 5S起源于日本，是Seiri（整理）、Seiton（整顿）、Seiso（清扫）、Seiketsu（清洁）和Shitsuke（素养）这五个词日语中罗马拼音的首字母。

1）在测量中注意拿电阻的手不要与电阻的两个引脚相接触，以免影响测量的准确性。

2）不能在带电情况下用万用表电阻档检测电路中电阻的阻值。在线检测应首先断电，再将电阻从电路中断开，至少要断开一个接头然后进行测量。

3）色环电阻在使用前最好用万用表测量一下其实际阻值，避免读数错误。

2. 电感元件的检测

（1）电感量测量　大多数万用表不能直接测量电感量，需要在外接电路后换算，只有少数型号可以直接测量电感量。

（2）电感元件性能好坏的判断　用万用表欧姆档测量电感器的直流电阻，如电阻值远大于标称值，说明电感器内部断路；如果电阻值远小于标称值，说明电感器内部短路；对于贴片电感，此时的读数应为零。

3. 电容元件的检测

（1）电容量测量　测量前先将电容通过适当的电阻放电，然后将万用表置于电容档（F），选择合适的量程，将电容插入 Cx 测试插孔，进行电容量测量，如 $100\mu F$ 的电容，测量出电容量是 $98\mu F$ 或 $99\mu F$ 都为正常。对于电解电容，要注意极性不要接反。

（2）电容元件性能好坏的判断　可以用电阻档或二极管档通过测量电容两个电极之间的阻值来判断电容是否损坏，如果被测电容的两个电极之间阻值很小或为零，说明电容内部被击穿。

11.3.2　常见半导体器件的检测

1. 二极管的检测

（1）普通二极管的检测　普通二极管是由一个 PN 结构成的半导体器件，具有单向导电特性。通过用万用表检测其正反向电阻值，可以判别出二极管的电极，还可估测出二极管是否损坏。二极管正反向电阻的检测方法如图 11-10 所示。

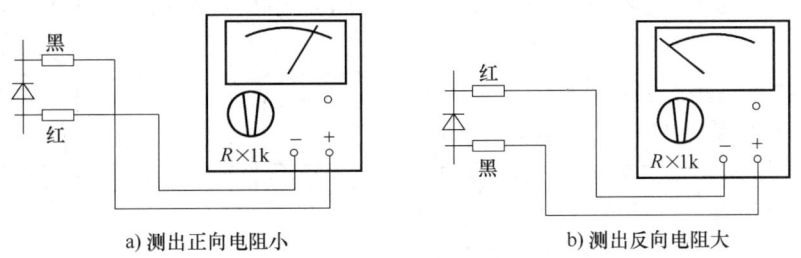

图 11-10　用万用表检测二极管

1）极性的判别：将万用表置于 $R\times 100$ 档或 $R\times 1k$ 档，万用表两表笔分别接二极管的两个电极，测出一个结果后对调两表笔，再测出一个结果。两次测量的结果中，有一次测量出的阻值较大（为反向电阻），一次测量出的阻值较小（为正向电阻）。在阻值较小的一次测量中，黑表笔接的是二极管的正极，红表笔接的是二极管的负极。

2）单向导电性能的检测及好坏的判断：通常，锗材料二极管的正向电阻值为 $1k\Omega$ 左右，反向电阻值为 $300k\Omega$ 左右；硅材料二极管的正向电阻值为 $5k\Omega$ 左右，反向电阻值为无穷大。正向电阻越小越好，反向电阻越大越好。正反向电阻值相差越悬殊，说明二极管的单向导电特性越好。若测得二极管的正反向电阻值均接近 0 或阻值较小，则说明该二极管内部已击穿短路或漏电损坏。若测得二极管的正反向电阻值均为无穷大，则说明该二极管已开路损坏。

(2) 稳压二极管的检测　稳压二极管正负电极的判别从外形上看，金属封装稳压二极管管体的正极一端为平面形，负极一端为半圆面形。塑封稳压二极管管体上印有彩色标记的一端为负极，另一端为正极。对标志不清楚的稳压二极管，也可以用万用表判别其极性，测量的方法与普通二极管相同。若测得稳压二极管的正反向电阻均很小或均为无穷大，则说明该二极管已击穿或开路损坏。

(3) 发光二极管的检测

1) 发光二极管正负极的判别：将发光二极管放在一个光源下，观察两个金属片的大小，通常金属片大的一端为负极，金属片小的一端为正极。

2) 性能好坏的判断：

① 用万用表 $R \times 10k$ 档测量发光二极管的正反向电阻值。正常时，正向电阻值（黑表笔接正极时）为 $10 \sim 20k\Omega$，反向电阻值为 $250k\Omega \sim \infty$（无穷大）。

② 将 3V 直流电源正极串接 1 只 33Ω 电阻后接发光二极管的正极，将电源的负极接发光二极管的负极，若发光二极管有很亮的闪光，则说明该发光二极管完好。

(4) 光电二极管的检测　将万用表置于 $R \times 1k$ 档，测量光电二极管的正反向电阻值。正常时，正向电阻值为 $3 \sim 10k\Omega$，反向电阻值为 $500k\Omega$ 以上。若测得其正反向电阻值均为 0 或均为无穷大，则说明该光电二极管已击穿或开路损坏。

2. 晶体管的检测

晶体管管型及引脚的判别是晶体管检测中很重要的内容。在电路维修中，常会遇到更换电路中已损坏的晶体管，解决类似问题就必须知道晶体管的管型（NPN 型或 PNP 型）和 3 只引脚的极性，除了查阅晶体管手册或用仪器测试外，最简便的方法就是用万用表来测试。

(1) 先判定基极和管型　由于晶体管由两个 PN 结组成，根据 PN 结正向电阻小、反向电阻大的特点，可用万用表的欧姆档来判断基极和管型。测试方法：如图 11-11 所示，将万用表转换开关旋至"Ω"档，选择 $R \times 100$ 档或 $R \times 1k$ 档，用黑表笔（内接表内电池的正极）接晶体管的任意一只引脚，再用红表笔（内接表内电池的负极）接触其余两只引脚，如果两次测量的电阻值都很小（或都很大），然后调换表笔，重复上述过程，如果两次测量的电阻值都很大（或都很小），则黑表笔接的引脚是基极，且这只晶体管是 NPN 型晶体管。若两次测量的电阻都很大，则是 PNP 型晶体管。若测试结果不符合两次电阻均很小或两次电阻均很大的条件，则黑表笔接的不是基极，需另换一个引脚再进行测试，直到确定基极为止。

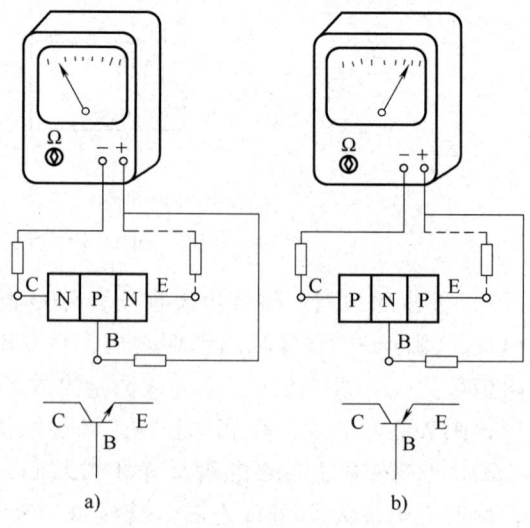

图 11-11　晶体管基极的判断

(2) 判定集电极和发射极 测试方法如图11-12所示，对于 NPN 型晶体管，测定基极后，假设其余的两只引脚中的一只为集电极 C，在 B、C 之间接入一个 $R_b=10\sim100\mathrm{k}\Omega$ 的电阻，或用手指（代替 R_b）捏住基极 B 和假定的集电极 C（两极不能接触），用黑表笔接触集电极 C，红表笔接触发射极 E，读出一个阻值，然后将上述假定的集电极和发射极对调一下，用同样的方法再测一次阻值，比较两次读数的大小，读数较小（即电流较大）的一次为正确的假设，即黑表笔接的是集电极 C，红表笔接的是发射极 E。对于 PNP 型晶体管，则将图11-12中的红黑表笔位置对调，仍用上述方法测两次 C、E 间的阻值，读数较小的一次红表笔接的便是集电极 C。

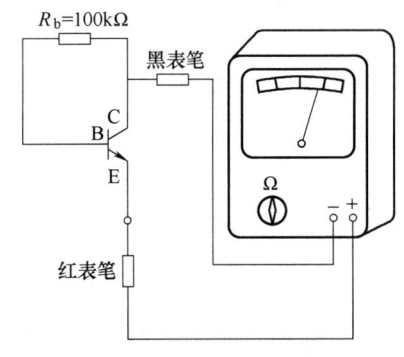

图 11-12 集电极-发射极的判断

(3) 晶体管质量的判断 在检测过程中，如果测得发射结或集电结正反向电阻均很小或均趋向无穷大，则说明此结短路或断路了；若测得集电极、发射极间电阻不能达到几百千欧，说明此晶体管穿透电流较大，性能不良。

3. 场效应管的检测

(1) 场效应管的引脚识别 场效应管的栅极 G 相当于晶体管的基极，源极 S 和漏极 D 分别对应于晶体管的发射极和集电极。将万用表置于 $R\times1\mathrm{k}$ 档，用两表笔分别测量每两个引脚间的正反向电阻。当某两个引脚间的正反向电阻相等，均为数千欧时，则这两个引脚为漏极 D 和源极 S（可互换），余下的一个引脚即为栅极 G。

(2) 判定栅极 用万用表黑表笔碰触场效应管的一个电极，红表笔分别碰触另外两个电极。若两次测出的阻值都很小，说明均是正向电阻，该管属于 N 沟道场效应管，黑表笔接的是栅极 G。

(3) 估测场效应管的放大能力 将万用表拨到 $R\times100$ 档，红表笔接源极 S，黑表笔接漏极 D，相当于给场效应管加上 1.5V 的电源电压。这时表针指示出的是 D-S 间电阻值。然后用手指捏栅极 G，将人体的感应电压作为输入信号加到栅极上。由于场效应管的放大作用，U_{DS} 和 I_D 都将发生变化，也相当于 D-S 极间电阻发生变化，可观察到表针有较大幅度的摆动，说明场效应管放大能力良好。如果手捏栅极时表针摆动很小，说明场效应管的放大能力较弱；若表针不动，说明场效应管已经损坏。

(4) 检测场效应管性能好坏 用万用表测量场效应管的源极与漏极、栅极与源极、栅极与漏极之间的电阻值同场效应管手册标明的电阻值是否相符来判别场效应管的好坏。具体方法：首先将万用表置于 $R\times10$ 档或 $R\times100$ 档，测量源极 S 与漏极 D 之间的电阻，通常在几十欧到几千欧范围，如果测得的阻值大于正常值，可能是由于内部接触不良；如果测得的阻值是无穷大，可能是内部断路。然后把万用表置于 $R\times10\mathrm{k}$ 档，再测栅极与源极、栅极与漏极之间的电阻值，当测得其各项电阻值均为无穷大时，则说明场效应管是正常的；若测得上述各阻值太小或为通路，则说明场效应管是坏的。

4. 晶闸管的检测

(1) 判别各电极 根据普通晶闸管的结构可知，其门极 G 与阴极 K 极之间为一个 PN 结，具有单向导电特性，而阳极 A 与控制极 G 之间有两个反极性串联的 PN 结。因此，通过

用万用表的 $R×100$ 档或 $R×1k$ 档测量普通晶闸管各引脚之间的电阻值，即能确定3个电极。具体方法是：用万用表测任意两引脚之间的正反向电阻，若正反向电阻均接近无穷大，则两极为阳极A和阴极K，而另一极即为控制极G，然后通过检测A、G之间和A、K之间的正反电阻可以很快确定出阳极A、阴极K。普通晶闸管也可以根据其封装形式来判断出各电极。螺栓形普通晶闸管的螺栓一端为阳极A，较细的引线端为控制极G，较粗的引线端为阴极K。平板形普通晶闸管的引线端为控制极G，平面端为阳极A，另一端为阴极K。

（2）触发性能检测　对于小功率（工作电流为5A以下）的普通晶闸管，可用万用表 $R×1$ 档测量。测量时黑表笔接阳极A，红表笔接阴极K，此时表针不动，显示阻值为无穷大。用镊子或导线将晶闸管的阳极A与门极短路，相当于给门极G加上正向触发电压，此时若电阻值为几欧至几十欧，则表明晶闸管因正向触发而导通。再断开阳极A与控制极G的连接（阳极A、阴极K上的表笔不动，只将门极G的触发电压断开）。若表针指示值仍保持在几欧至几十欧的位置不动，则说明此晶闸管的触发性能良好。

5. IGBT 引脚的检测识别

用万用表电阻档测量IGBT时，某一极与其他两极的阻值都显示为无穷大，如果调换表笔后该极与其他两极的阻值仍为无穷大，则可以判断此极为栅极。其余的两极再使用万用表测量，如果测得的阻值为无穷大，调换表笔后测量的阻值比较小，则在测得的阻值较小的一次中，可以判断红表笔接的为集电极，黑表笔接的为发射极。

11.3.3　常见电磁器件的检测

1. 变压器的检测

除了自耦变压器，其他变压器一次、二次绕组均相互绝缘，一次、二次绕组与铁心之间也相互绝缘，而一次和二次绕组都是由铜线绕制而成，即变压器的一次绕组、二次绕组及铁心相互之间的电阻应为无穷大，而一次绕组两端电阻应为一个小电阻（几欧至几十欧），二次绕组两端电阻也应为小电阻（零点几欧至几十欧）。

（1）测一次、二次绕组的好坏（不适用于自耦变压器）　将万用表拨至 $R×1$ 档（或 $R×10$ 档）。将红黑表笔分别并在一次绕组两端和二次绕组两端，若出现小电阻（表针往右摆），则说明绕组是好的（局部短路除外）；若出现大电阻（表针停在表盘的左边），则说明绕组开路；若电阻为零，则说明绕组短路；若所测电阻值比绕组正常电阻值小，则说明绕组有局部短路或受潮。

（2）测绝缘电阻

1）用万用表检测：将万用表拨至 $R×10k$ 档（或 $R×100k$ 档），调零。

① 一次、二次绕组之间：将红黑表笔各接一次、二次绕组的任意一个接线端，若阻值为无穷大，说明绝缘良好；若有一定阻值，说明一次、二次绕组之间有漏电或受潮；若阻值为0，说明一次、二次绕组之间有短路。后两种情况的变压器不能使用。

② 一次、二次绕组与铁心之间：将任一表笔接在裸露的铁心上或固定变压器的螺钉上（不能接在铁心表面的绝缘漆上，必要时可去掉一小块漆），另一表笔分别接在一次或二次绕组的任意一个接线端，若阻值为无穷大，则说明绝缘良好；若有一定阻值，则说明有漏电；若阻值为0，则说明该绕组与铁心之间有短路。后两种情况的变压器不能使用。

2）用绝缘电阻表检测：绝缘电阻表的常用规格有250V、500V、1000V、2500V和

5000V 等。选用绝缘电阻表主要应考虑它的输出电压及其测量范围。一般高压电气设备和电路的检测需要使用电压高的绝缘电阻表，而低压电气设备和电路的检测使用电压低一些的绝缘电阻表。通常 500V 以下的电气设备和电路选用 500~1000V 的绝缘电阻表，而瓷绝缘子、母线等应选用 2500V 以上的绝缘电阻表。检测前应将绝缘电阻表水平放置，空摇绝缘电阻表，指针应该指到∞处，再慢慢摇动手柄，使 L 和 E 两接线柱输出线瞬时短接，指针应迅速指零。注意在摇动手柄时不得让 L 和 E 短接时间过长，否则将损坏绝缘电阻表。检查被测电气设备和电路，看是否已全部切断电源。绝对不允许设备和电路带电时用绝缘电阻表去测量。

测量前应对设备和电路先行放电，以免设备或电路的电容放电危及人身安全和损坏绝缘电阻表，这样还可以减小测量误差，同时注意将被测试点擦拭干净。绝缘电阻表在正常工作时，L 和 E 两接线柱之间有几百伏至几千伏高压，绝对不能用身体的任何部位短接 L 和 E 之间。

① 铁心与一次、二次绕组之间：将绝缘电阻表的接地端 E 接在裸露的铁心或固定变压器的螺钉上，线路端 L 分别接触变压器的一次、二次绕组的任一接线端，然后以 2 转每秒的速度匀速摇手柄，表针稳定后读数，该数值即为所测的绝缘电阻值。绝缘电阻表好坏的判断方法同上。

② 一次、二次绕组之间：将绝缘电阻表的两个接线端（L 和 E）分别接一次、二次绕组的任一端，其余操作方法、判断方法同①。

2. 继电器的检测

1）检测触点的接触电阻：用万用表 Ω 档测量继电器常闭触点的电阻值，正常值应为 0。再将衔铁按下，同时用万用表测量常开触点的电阻值，正常值也应为 0。若测出某组触点有一定阻值或为无穷大，则说明该触点已氧化或触点已被烧蚀。

2）检测电磁线圈的电阻值：继电器正常时，其电磁线圈的电阻值为 $25\Omega \sim 2k\Omega$。额定电压较低的电磁式继电器，其电磁线圈的电阻值较小；额定电压较高的继电器，电磁线圈的电阻值相对较大。若测得继电器电磁线圈的电阻值为无穷大，则说明该继电器的电磁线圈已开路损坏。若测得电磁线圈的电阻值低于正常值许多，则是电磁线圈内部有短路故障。

3）测量吸合电压和吸合电流：用可调稳压电源和电流表，给继电器输入一组电压，且在供电回路中串入电流表进行监测。慢慢调高电源电压，听到继电器吸合声时，记下该吸合电压和吸合电流。

测量释放电压和释放电流：连接测试过程同上，当继电器发生吸合后，再逐渐降低供电电压，当听到继电器再次发出释放声音时，记下此时的电压和电流。一般情况下，继电器的释放电压是吸合电压的 10%~50%，如果释放电压太低（小于 1/10 的吸合电压）则不能正常使用，如使用，会对电路的稳定性造成威胁使工作不可靠。

小结

本章以汽车电工的工作实际需要为出发点和落脚点，从强化培养操作技能、掌握实用技能的角度，着力体现了汽车电工当前需要的实用知识和操作技能，内容涉及汽车电工常用检测设备及其使用操作方法、汽车电工常用维修设备及其使用操作方法、汽车电路中基本电子元件的检测方法、汽车电路中常用的半导体器件的检测方法、汽车电路中常用的电磁器件的检测方法,为汽车电工从业人员提高业务素质、掌握汽车电工的基本技能打下基础。

课后练习

一、填空题

1. 一般万用表可测量_____、_____、_____、_____、_____和_____等,有的万用表还可以测量_____、_____及半导体器件的一些参数(如 $β$)等。

2. 数字式万用表采用了_____转换器和_____技术,即_____转换器将_____量变换成_____,再由_____将测量结果显示出来。

3. 数字式万用表显示_____、_____、_____,与指针式万用表相比,其各项性能指标均有大幅度的提高。

4. 通用型 DT890A 数字式万用表面板结构主要由_____、_____、_____、输入插孔等组成。

5. 绝缘电阻表适用于测量_____及_____、_____、_____及电气设备等的绝缘电阻。绝缘电阻表_____大,_____大,输出电压等级多。

6. 钳形电流表实质上是由一只_____、_____和_____系反作用力仪表所组成。

7. 示波器是一种用途十分广泛的_____。它能把_____电信号变换成_____图像,便于人们研究_____过程。

8. 示波器主要由_____、_____、_____、_____和_____等组成,其中示波管是一种特殊的_____,是示波器一个重要组成部件。

9. 低压验电器是一种_____以及_____大小的仪器。它是用来检验对地电压_____V 及以下的低压电气设备_____,也是汽车电路检测维修中常用的电工安全工具。

10. 低压验电笔是电工常用的一种_____用具。用于检查电压范围为_____的导体或各种用电设备的外壳_____。

11. 测试灯也称测电灯,其作用是_____指示灯_____判断电路是否有断路或短路故障,还可以根据_____判断被测电路电压的大小。

12. 电烙铁用来焊接_____及_____,是汽车电气维修的必备工具。为方便使用,通常用_____作为焊剂。

13. 对于固定电阻首先查看_____、_____、_____、_____、_____,电阻体与引脚紧密接触等。

14. 普通二极管通过用万用表检测其_____、_____值,可以判别_____,还可估测出_____。

15. 在晶体管检测过程中,如果测得_____均很小或均_____,则说明此结短路或断路;若测得_____电阻不能达到几百千欧,则说明此晶体管穿透电流较大,性能不良。

二、选择题

1. 万用表是一种（　　）的测量仪表。
   A. 多功能、单量程　　　　　　　　　　　B. 单功能、多量程
   C. 单功能、单量程　　　　　　　　　　　D. 多功能、多量程

2. 通用型指针式万用表的面板结构主要由（　　）两部分组成。
   A. 表头和转换开关　　　　　　　　　　　B. 刻度表和转换开关
   C. 电磁机构和转换开关　　　　　　　　　D. 电磁机构和表头

3. 关于数字式万用表使用前的准备，下列说法错误的是（　　）。
   A. 将 ON/OFF 开关置于 ON 位置，检查 9V 电池，如果电池电压不足，将显示在显示器上
   B. 测试笔插孔旁边的符号表示输入电压或电流不应超过指示值
   C. 测试之前转换开关应置于所需要的量程
   D. 测量前需要调零

4. 关于绝缘电阻表的测试原理，下列说法错误的是（　　）。
   A. 绝缘电阻表机内电池作为表头电源
   B. 经 DC/DC 变换产生直流高压
   C. 产生一个从 E 极到 L 极的电流
   D. 被测的绝缘电阻值不能直接由 LCD 屏幕显示出来

5. 关于钳形电流表的注意事项，下列说法错误的是（　　）。
   A. 被测电路的电压要低于钳形电流表的额定电压
   B. 测高压电路的电流时，要戴绝缘手套，穿绝缘鞋，站在绝缘垫上
   C. 被测电路的电压可以高于钳形电流表的额定电压
   D. 钳口要闭合紧密，不能带电换量程

6. 下列不是示波器示波管组成部件的是（　　）。
   A. 电子枪　　　B. 信号放大器　　　C. 偏转系统　　　D. 荧光屏

7. 关于低压验电笔用途的说法错误的是（　　）。
   A. 可用来区分相线和中性线　　　　　　　B. 可用来判断电压的高低
   C. 可用来区别直流电与交流电　　　　　　D. 可用来测量直流电流的大小

8. 下列关于跨接导线的功能用途，表述错误的是（　　）。
   A. 用于特定位置的测量　　　　　　　　　B. 只起一个旁通电路的作用
   C. 检查电路是否断路或短路　　　　　　　D. 保护被测试电路

9. 关于电烙铁的选用，下列说法错误的是（　　）。
   A. 焊接集成电路时，应选用 20W 内热式电烙铁
   B. 焊接导线及同轴电缆时，应选用 45~75W 外热式电烙铁
   C. 焊接较大的元器件时，应选用 100W 以上的电烙铁
   D. 焊接集成电路时，应选用 100W 以上的电烙铁

10. 关于电阻检测时应注意的事项，下列说法正确的是（　　）。
    A. 在测量中拿电阻的手可以与电阻的引脚相接触
    B. 可以在带电情况下用万用表电阻档检测电路中电阻的阻值

C. 色环电阻在使用前最好用万用表测量一下其实际阻值

D. 色环电阻在使用前不需要用万用表测量其实际阻值

11. 关于晶体管质量的判断，下列说法正确的是（　　）。

A. 如果测得发射结正反向电阻均很小，则说明发射结断路

B. 若测得集电极、发射极间电阻能达到几百千欧，则说明此晶体管穿透电流较大，性能不良

C. 如果测得集电结正反向电阻均趋向无穷大，则说明集电结短路

D. 若测得集电极、发射极间电阻不能达到几百千欧，则说明此晶体管穿透电流较大，性能不良

12. 电感元件性能好坏的判断，下列说法错误的是（　　）。

A. 可用万用表欧姆档测量电感元件的直流电阻

B. 阻值远小于标称值说明电感元件内部断路

C. 电阻值远小于标称值说明电感元件内部短路

D. 对于贴片电感万用表读数应为零

三、问答题

1. 通用型DT890A数字式万用表面板由哪几部分组成？
2. 通用型DT890A数字式万用表能够测量哪些物理量？

四、简述题

1. 简述绝缘电阻表的使用方法。
2. 简述钳形电流表的使用方法及使用注意事项。
3. 简述示波器的使用步骤及测量方法。
4. 简述低压验电笔的用途与用法。
5. 简述电烙铁的使用方法及使用注意事项。
6. 简述普通二极管的检测方法。
7. 简述晶体管的检测方法。
8. 简述场效应管的检测方法。
9. 简述变压器的检测方法。
10. 简述继电器的检测方法及其性能好坏的判断方法。

参 考 文 献

[1] 张建才. 汽车电工电子技术基础 [M]. 西安：西北工业大学出版社，2011.
[2] 易景然. 汽车电工电子技术 [M]. 北京：机械工业出版社，2017.
[3] 冯津，钟永刚. 新能源汽车电力电子技术 [M]. 北京：机械工业出版社，2020.
[4] 张军. 汽车电工电子基础 [M]. 北京：中国铁道出版社，2011.
[5] 侯丽春，郝俊. 汽车电工电子技术 [M]. 2版. 北京：机械工业出版社，2020.
[6] 陈亚娟，李向林，王东. 新能源汽车电工电子技术 [M]. 成都：电子科技大学出版社，2021.
[7] 宋建桐，么居标. 新能源汽车技术 [M]. 北京：机械工业出版社，2018.
[8] 文春帆，邓金强. 电工与电子技术 [M]. 北京：高等教育出版社，2001.
[9] 何忆斌，侯志华. 新能源汽车驱动电机技术 [M]. 2版. 北京：机械工业出版社，2023.
[10] 严朝勇. 电动汽车电机控制与驱动技术 [M]. 北京：机械工业出版社，2018.
[11] 刘志景. 电工电子技术基础 [M]. 大连：大连理工大学出版社，2009.
[12] 张明金. 电工与电子技术 [M]. 北京：机械工业出版社，2019.
[13] 程夕明，张承宁. 新能源汽车功率电子基础 [M]. 北京：机械工业出版社，2018.
[14] 赵承荻，杨利军. 电机与电气控制技术 [M]. 3版. 北京：高等教育出版社，2011.
[15] 朱升高，冯健，张德军. 电动汽车结构原理与维修 [M]. 北京：机械工业出版社，2019.
[16] 黄显祥，马涛. 纯电动汽车检修 [M]. 上海：华东师范大学出版社，2018.
[17] 黄文进，尹爱华. 新能源汽车电学基础与高压安全 [M]. 北京：机械工业出版社，2018.
[18] 阮观强，张振东. 汽车电器与电子控制技术 [M]. 北京：机械工业出版社，2021.
[19] 宫英伟，张北北. 混合动力电动汽车结构原理与检修 [M]. 北京：机械工业出版社，2018.